Fontanes Havelland

Gabriele Radecke / Robert Rauh

Fontanes Havelland

Neue Wanderungen durch die Mark Brandenburg

BeBra Verlag

Bibliografische Information der Deutschen Nationalbibliothek
Die Deutsche Nationalbibliothek verzeichnet diese Publikation in der Deutschen Nationalbibliografie; detaillierte bibliografische Daten sind im Internet über http://dnb.d-nb.de abrufbar.

Asternplatz 3, 12203 Berlin
post@bebraverlag.de
Lektorat: Gabriele Dietz, Berlin
Umschlag: hawemannundmosch, Berlin (Titelmotiv: Adobe Stock)
Satz: typegerecht berlin
Schrift: Dante MT 10,5/13,7 pt
Druck und Bindung: GGP Media GmbH, Pößneck
ISBN 978-3-89809-222-7

www.bebraverlag.de

INHALT

*Mehr kann man am Ende
nicht verlangen*

VORWORT

Fontane ist im Havelland ein Zauberwort. Erscheint sein Name im Betreff, ist eine Antwort garantiert. Es öffnen sich Tür und Tor – zu alten und neuen Geschichten. Im Havelländischen ist der Dichter besonders populär. Kein Wunder: Seine literarische Erkundung ist die Liebeserklärung an eine historische Kulturlandschaft, die man im Märkischen sonst vergeblich sucht. Seinem dritten *Wanderungen*-Band, der 1873 erschien, stellt er voran, was er seiner Ruppiner Heimat zeitlebens verwehrte: ein sehnsuchtsvolles Gedicht – eine Ode an das Havelland. *Nach langem Säumen* zieht es Fontane, der zuvor als Kriegsberichterstatter in Dänemark, Österreich und Frankreich unterwegs war, nicht an Rhin und Dosse zurück. Wieder aufnehmen soll ihn stattdessen: die *heimische Havel.*

Es ist nicht nur der pointierte und poetische Erzählstil, der den *Havelland*-Band zum »weitaus besten« (Fontane) seiner vierbändigen *Wanderungen durch die Mark Brandenburg* gemacht hat. Der Autor bekam an den *Ufern* und *Seen* der Havel alles geboten, was er für ein ideales *Wanderungen*-Menü brauchte: *architektonisch gescheiterte* Schlösser und *lachende Dörfer, malerisch verfallene* Klöster und *kahle* Kirchen, *dunkle* Grüfte und eine *Geister*-Grotte, *gutmütige* Seen und *eigentümliche* Landschaften, selbst eine *Feeninsel.* Als Vorspeise serviert Fontane allerhand Geschichte(n) aus der *Preußen-Wiege* und zum Dessert erzählt er über seine Spurensuche, die im *Havelland* – mehr als in anderen Bänden – in die Gegenwart reicht und sogar die Kehrseite des industriellen Fortschritts beschreibt. Ihm gelingt, was in der Rezeption häufig übersehen wird: der schwierige Spagat zwischen dichterischer Verklärung und kritischer Distanz.

Mitten im Havelland: Blick vom Petzower Kirchturm

Fontanes Havelland ist geografisch kaum zu fassen. »Seine« Orte und Landschaften liegen, wie die Havel fließt: kreuz und quer in der Mark. Die literarische Vermessung stimmt mit den historischen und gegenwärtigen Grenzen des Havellandes nicht überein. Sie erstreckt sich in Nord-Süd-Richtung vom Kloster Chorin bis zum Schwielowsee und in West-Ost-Richtung von Kattes Wust unweit der Elbe bis nach Charlottenburg in Spree-Athen. Dass Fontane weitaus mehr Orte aufnehmen wollte, geht aus dem Notizbuch von 1869 hervor. Die überlieferte Gliederung enthält auch Orte wie Plaue oder Potsdam, die später unberücksichtigt geblieben sind. Vorgesehen waren insgesamt 28 Kapitel.

Es überrascht daher nicht, dass Fontane für das Havelland zwei Teilbände plante. Weil 1873 zunächst nur der Band *Ost-Havelland* erschien, wurden Orte wie Trebbin und Friedrichsfelde später in das geografisch näher liegende *Spreeland* übernommen. Und Orte wie Sacrow und Fahrland, die für den zweiten Teil *West-Havelland und Potsdam* vorgesehen waren, tauchten erst in der zweiten Auflage von 1880 auf, nun unter dem endgültigen Haupttitel *Havelland*.

Fontanes Notizbuch *Havelland*, 1869

Neue Fahrten und Forschungen

Unsere Auswahl der Fontane-*Lokalitäten* in diesem Buch umfasst sowohl mitten im Havelland liegende Orte wie Werder und Paretz als auch exotische Außenposten wie die Pfaueninsel. Wie Fontane steigen wir auf Kirchtürme hinauf und in Grüfte hinab, wandeln durch alte Herrenhäuser und malerische Klosterruinen, lassen uns mit der Fähre über die Havel chauffieren und durch märkische Obstplantagen führen. Und wir porträtieren Menschen, die heute die Region prägen und sich dem Fontane-Erbe auf kreative Weise verpflichtet fühlen.

Im Gepäck haben wir nicht nur Fontanes *Havelland*-Band, sondern auch seine weniger bekannten Reisenotizen. Sie offenbaren im Vergleich zum gedruckten Text das unmittelbar vor Ort Erlebte und enthalten bisher unbekannte Skizzen, die dem Wanderer damals als visuelle Gedächtnisstütze dienten und heute zusätzliche Details liefern.

Auf unserer Spurensuche im Havelland schauen wir nicht nur, was heute noch zu entdecken ist, sondern gehen auch neuen Fragen nach. In Paretz möchten wir erfahren, warum Fontane sich dem markwürdigen Kult um Königin Luise entzogen hat. In Wust erzählen wir nicht nur vom letzten Akt der *Katte-Tragödie*, die in der Familiengruft endet, sondern auch vom Zweifel an der Echtheit der sterblichen Überreste des enthaupteten Jugendfreundes Friedrichs II. In Werder berichten wir, wie der Klimawandel den Obstbauern zu schaffen macht und den Winzern zu neuen Sorten verhilft. In Chorin wollen wir herausfinden, warum Fontane der Klosterruine so vehement *das eigentlich Malerische* absprach. Im Ziegeleidorf Glindow schildern wir seine temporäre Wandlung vom Dichter zum Journalisten, der uns vor Augen führen wollte, wie Industrialisierung und Proletarisierung den Orten und der Landschaft die *Unschuld* nahmen, und wir fragen, ob der letzte in Betrieb befindliche Ziegelofen eine Überlebenschance hat. In Marquardt suchen wir nach Resten der geheimnisvollen »Blauen Grotte«, in der einem preußischen König suggeriert wurde, er könne mit verstorbenen Persönlichkeiten sprechen.

Apropos Marquardt: Was die erzählerische Vielfalt in Fontanes *Havelland* anbelangt, gilt noch immer die Lektüreempfehlung an seinen Verleger Wilhelm Hertz: »Ich würde Ihnen vorschlagen, nur das lange Kapitel ›*Marquardt*‹ zu lesen, da haben Sie alle Züge des Buches vereinigt: Schloß-, Park- und Landschaftsbeschreibung, Historisches, Anekdotisches, Familienkram und Spukgeschichte. Mehr kann man am Ende nicht verlangen.«

Gabriele Radecke und Robert Rauh
Am Schwielowsee im Winter 2022/23

Im Havelbogen

Neugarten
Wuster-
mark
Rohrbeck
Dyrotz
AS 26
Hoppenrade
Elstal
61
Karpzow
Buchow
Priort
Etzin
Knoblauch
69
Neu
Falken-
rehde
Großer
Graben
Kartzow
35
Falkenrehde
38
Paaren
Havelkanal
KETZIN/
Havel
Satzkorn
Uetz
AS 25
Fahrlan
Paretz
Marquardt
Sacrow-Paretzer
Berliner Ring
Göttin
see
Göttin
Fahr-
lander
See
Schlänitz
see
Schlänitz
see
Kanal
Neu
Fahrland
Neu-
Töplitz
Leest
B273
Nedlitz
45
AS 24
Wublitz
Alt-
Grube
Bornim
Phöben
84
Kleiner
Nattwerder
32
50
AS 23
Kemnitz
Golm
Bornstedt
Eiche
Zernsee
Kol. Zern
Sanssouci
A 10 E 55
Großer
AS 22
Plessow
Kuhfort
Wildpark
West
Wild-
park
Gr.
Plessower
See
WERDER
(Havel)
Neuplötzin
B 1
HAVEL
B1
83
Bf.
Pdm.
Pirsch-
heide
Geltow
Plötzin
Glindow
Glindower
See
Templiner See
AT
Elisabeth-
höhe
Wentorf
WF
Petzow
Caputh

Ich würde Ihnen vorschlagen,
nur das lange Kapitel »Marquardt« zu lesen,
da haben Sie alle Züge des Buches vereinigt.
Fontane an Wilhelm Hertz, 9. Mai 1872

MARQUARDT

Als Drehort ist Marquardt heiß begehrt. Nicht nur für Serien wie *Babylon Berlin* oder für Musikvideos mit Silbermond und Scooter, sondern auch für echte Blockbuster. Steven Spielberg drehte hier mit Tom Hanks Szenen für seinen Agententhriller *Bridge of Spies* und Hollywood-Star Kristen Stewart wandelte in *Spencer* als Lady Di durch dunkle Gänge. Wenn die Filmcrews abreisen, fällt das Schloss wieder in seinen Dornröschenschlaf. So läuft es seit vielen Jahren.

Dabei hat Marquardt auch ohne Scheinwerferlicht viel zu bieten: »Schloss-, Park- und Landschaftsbeschreibung, Historisches, Anekdotisches, Familienkram und Spukgeschichte. Mehr«, meinte schon Fontane, »kann man am Ende nicht verlangen.«[1] Allein das Schloss tanzt aus der Reihe märkischer Gutsanlagen. Nicht nur architektonisch. Es war Herrensitz und Hotel, Gehörlosen- und Gartenbauschule. Es beherbergte illustre Besitzer wie den Adligen Hans Rudolf von Bischoffwerder, der den preußischen König im 18. Jahrhundert zur Geisterbeschwörung in eine mit blauer Schlacke ausgestattete Grotte lockte. Oder das Unternehmen Kempinski, welches das Schloss in ein märkisches Luxushotel verwandelte.

Aber nichts davon erfährt man vor Ort. Das Schloss ist an nahezu allen Ecken und Enden sanierungsbedürftig und kann nur betreten werden, wenn man es für ein Event mietet oder einer Hochzeitsgesellschaft angehört. Hinweise zur Geschichte finden sich weder am Gebäude selbst noch in dem weitläufigen Park, der nach Plänen von Peter Joseph Lenné angelegt wurde. Es gibt auch keine Informationen über das, wonach am häufigsten gefragt wird: die Blaue Grotte.

Beliebter Drehort: Schloss Marquardt, 2023

Wir wollen ermitteln, wo sich die *Geistergrotte* befand und ob noch Reste davon existieren. Wir wollen wissen, wen Fontane damals vor Ort getroffen hat, und sind gespannt, wem wir begegnen werden. Und natürlich wollen wir ins Schloss.

Wieder auf der Suche
Die Blaue Grotte

Irgendwo zwischen Schloss und Schlänitzsee, eingelassen in einen Hügel, soll die Blaue Grotte angelegt worden sein. Aber wo genau? Ziemlich ratlos stehen wir auf der kahlen, mit grauen Kieselsteinen bedeckten Schlossterrasse und schauen durch den schattigen Park auf den silberglänzenden See. Die Aussicht ist auf beiden Seiten begrenzt von zugewucherten Erhebungen, unter denen vielleicht Reste der Grotte verborgen sein könnten. Immer wieder wird berichtet, im Park finde man Splitter der blauen Schlackensteine, mit denen die Grotte ausgekleidet war.[2] Wo sie sich allerdings genau befindet, erfährt man auch in den diversen Broschüren über Marquardt nicht.[3] Es herrscht Uneinigkeit, wie wir am besten vorgehen. Während der eine sich am liebsten gleich auf die Suche begeben und ins Gebüsch schlagen würde, möchte die andere zunächst die Quellen sichten. Hierfür kommt vor allem eine infrage: die *Wanderungen*. Fontane hat die – damals bereits baufällige – Grotte noch gesehen. Er hat sie in seinem Notizbuch gezeichnet und im *Havelland*-Band beschrieben. Vermutlich war er der letzte Wanderer, der ihr so nahe kam. Weil ein Spaten nicht zu unserer Grundausstattung gehört und weil wir Fontanes Text und seine Notizbuchaufzeichnungen im Gepäck haben, ist die Entscheidung schnell gefallen: lesen statt graben.

Günstling par excellence

Anlegen ließ die Grotte Johann (Hans) Rudolf von Bischoffwerder (1741–1803), der aus einer sächsischen Adelsfamilie stammte und das Gut 1795 erworben hatte. Bischoffwerder war der 16. Besitzer von Marquardt, das bereits 1313 erstmals urkundlich erwähnt wurde.[4] Fontane hob ihn ausdrücklich hervor: *Erst mit General von Bischofswerder* [Fontanes Schreibung ist nicht korrekt] *begann eine neue Zeit. Marquardt trat in die Reihe der historischen Plätze ein.* Bischoffwerder war ein königlicher Günstling par excellence. Nachdem er 1778 in preußische Dienste berufen worden war, gelangte er in die Nähe des drei Jahre jüngeren Kronprinzen Friedrich Wilhelm (II.). Bischoffwerder gewann das Vertrauen des labilen Thronfolgers, beriet ihn in politischen Fragen und erkannte dessen Schwächen, die er für sich zu nutzen verstand. Der Kronprinz war – zum Missfallen seines Onkels Friedrichs des Großen – weniger mit Politik als vielmehr mit seinen Mätressen beschäftigt. Mit der berühmtesten, Wilhelmine Enke, zeugte der »dicke Lüderjahn« nicht nur fünf Kinder, sondern erhob sie auch – reich beschenkt mit Gütern – in den Adelsstand.

Was dem Alten Fritz wohl am meisten zu schaffen machte: Friedrich Wilhelm glaubte nicht an die Aufklärung, sondern an Zauberei, und suchte in spiritistischen Sitzungen Kontakt zu Verstorbenen. Damit lag er durchaus im Trend der Zeit. Man traf sich in Geheimlogen und hoffte auf mystische Erfahrungen, indem man Geister beschwor.

Auch Bischoffwerder war der Magie und Mystik zugetan. Es gelang ihm sogar, den Kronprinzen 1781 unter dem Namen »Ormerus Magnus« in den von ihm und Johann Christoph Wöllner initiierten Orden der Gold- und Rosenkreuzer[5] aufzunehmen. Die Rosenkreuzer prophezeiten Friedrich Wilhelm, anlässlich seiner Thronbesteigung würden »die Geheimen Oberen aus dem Osten« nach Berlin kommen und ihm als neuem Herrscher magische Kräfte verleihen.[6]

Obwohl nach der Krönung 1786 keine Oberen erschienen, fiel Bischoffwerder nicht in Ungnade. Im Gegenteil: Mit seiner Karriere ging es von nun an bergauf. Über mehrere Stufen erreichte der Günstling 1789 die Ernennung zum Generaladjutanten und zwei Jahre später schließlich zum Generalmajor. Er erhielt weitreichende Vollmachten in der Außen- und Militärpolitik und avancierte zeitweise zum einflussreichsten Akteur am preußischen Hof. Wie hoch er in der Gunst des Königs gestiegen war, zeigte sich in der großzügigen finanziellen Unterstützung durch den Monarchen, als Bischoffwerder Marquardt erwerben wollte.[7]

Mit Bischoffwerder begann in Marquardt tatsächlich *eine neue Zeit*. Als dessen Sohn am 17. Juli 1795 getauft wurde, erschien der König als Pate persönlich in dem kleinen Havelort.[8] *Noch leben Leute im Dorfe, achtzigjährig,* berichtet Fontane in den *Wanderungen, die sich dieses Tages entsinnen.* Zu ihnen gehörte vermutlich der damals 84-jährige Gemeindevorsteher Carl Friedrich Gruhl.[9] *Der Taufe folgte die Tafel und im Laufe des Nachmittags ein ländliches Fest. Der König blieb; die schöne Jahreszeit lud dazu ein. [...] Ein Erinnerungsbaum wurde gepflanzt, ein Ringelreihen getanzt; der König, in weißer Uniform, leuchtete aus dem Kreise der Tanzenden hervor. Am Abend brannten Lampions in allen Gängen des Parks, und die Lichter, samt den dunklen Schatten der Eichen- und Ahornbäume, spiegelten sich im Schlänitz-See. Sehr spät erst kehrte der König nach Potsdam zurück.* Und er kam wieder. Nicht um für Neugeborene Pate zu stehen, sondern um mit Verstorbenen zu kommunizieren.

Geisterstunde in Marquardt

Fontanes Erzählung über die Marquardter Geisterstunden in den *Wanderungen* gilt als eine wichtige Quelle für die Forschung zu den mystischen Sitzungen Friedrich Wilhelms II. Allerdings gab Fontane zu bedenken, dass es *wohl für alle Zeiten unaufgeklärt bleiben* werde, ob der König in den zwei Sommern bis zu seinem Tod 1797 in Marquardt *eintraf, lediglich um sich des schönen Landschaftbildes und der loyalen Gastlichkeit des Hauses zu freuen, oder ob er erschien, um »Geisterstimmen« zu hören*. Welcher Version Fontane zugeneigt war, gibt er am Ende preis. Er könne denjenigen nicht beistimmen, *die den ganzen Schatz Marquardter Volkssagen einfach zur Fabel erklären*. Schließlich war Bischoffwerder *ein Rosenkreuzer* und ließ für Friedrich Wilhelm nicht nur *im Belvedère zu Charlottenburg wirklich »Geister« erscheinen*. Warum also nicht auch in Marquardt? Fontanes Geschichte ist auch zu schön, um hier nicht zitiert zu werden:

Die Dorftradition sagt, er kam in Begleitung weniger Eingeweihter, meist in der Dämmerstunde […], passierte nie die Dorfstraße, sondern fuhr über den »Königsdamm« direkt in den Park, hielt vor dem Schlosse. Mit Bischoffwerder, der die Sitzungen vorbereitet hatte, begab er *sich nach der »Grotte«, einem dunklen Steinbau, der im Parke, nach dem rosenkreuzerischen Ritual, in einem mit Akazien bepflanzten Hügel angelegt worden war. Der Eingang, niedrig und kaum mannsbreit, barg sich hinter Gesträuch. Das Innere der Grotte war mit blauem Lasurstein mosaikartig ausgelegt und von der Decke herab hing ein Kronleuchter. In diese »blaue Grotte«, deren Licht- und Farbeneffekt ein wunderbarer gewesen sein soll, trat man ein; der König nahm Platz. Alsbald wurden Stimmen laut; leiser Gesang, wie von Harfentönen begleitet. Dann stellte der König Fragen und die Geister antworteten.* Zu den Gesprächspartnern seiner Majestät gehörten der römische Kaiser Marc Aurel, der Große Kurfürst und der Philosoph Gottfried Wilhelm Leibniz.[10] *Jedesmal tief ergriffen, kehrte Friedrich Wilhelm ins Schloss und bald darauf nach Potsdam zurück.*

So die Tradition. Es wird hinzugesetzt, die Grotte sei doppelwandig gewesen und eine Vertrauensperson des Ordens habe von diesem Versteck aus die »musikalische Aufführung« geleitet und die Antworten erteilt. Dass die Grotte eine doppelte Wandung hatte, ist seitdem und zwar durch den jetzigen Besitzer, der den Bau öffnete, um sich von seiner Konstruktion zu überzeugen, über jeden Zweifel hinaus erwiesen worden. Die Lasursteine existieren noch, ebenso der Akazienhügel.

Waren Bischoffwerder und die Rosenkreuzer also doch nur Betrüger? Fontane ging der Frage in einem anschließenden *Wanderun-*

gen-Kapitel über die *Geheime[n] Gesellschaften des 18. Jahrhunderts* nach. Und kam zu einem überraschenden Urteil: Es sei *nichts damit getan,* den Rosenkreuzern *einfach den Zettel »Dunkelmänner« aufzukleben und sie damit, zu beliebiger Verhöhnung, auf den Markt zu stellen. Seinem Kern und Wesen nach war das moderne Rosenkreuzertum nichts als eine Vereinigung von Männern, die, ob katholisierend oder nicht, an den dreieinigen Gott glaubten und diesen Glauben dem Deismus, dem Pantheismus und Atheismus gegenüberstellten.* Wenn Fontane *dennoch das Auftreten des Rosenkreuzertums* beklagte *und sein Erlöschen, nach kurzer Allmacht, als ein Glück für das Land* bezeichnete, *so liegt das in Nebendingen* – wie den *Geistererscheinungen.* Ja: *Es war ein Unrecht. Aber betonen wir dieses Unrecht nicht stärker als nötig.*

Dem pflichteten nicht alle Zeitgenossen bei. Werner von Meding, Oberpräsident der Provinz Brandenburg, sah in den Rosenkreuzern – er meinte damit vor allem Bischoffwerder – »Heuchler und Karrieremacher« und versuchte, die Veröffentlichung der Fontane-Aufsätze über Marquardt und die Geheimen Gesellschaften zu unterbinden. Fontane ließ sich nicht beirren: »Kann mir bewiesen werden (und ich gehöre nicht zu denen, die sich in vorgefassten Meinungen versteifen), dass er ein Heuchler war, so will ich zerreißen, was ich gesammelt habe. Aber Ew. Exzellenz werden es verzeihlich finden, wenn ich auf diesen Beweis warte.«[11] Den Beweis blieb Meding schuldig.

Ein umstrittener Gutsbesitzer

Fontane wollte die Marquardter *Spukgeschichte* nicht nur erzählen, sondern auch vom Ort des Geschehens berichten. Bei seinem Besuch im August 1869[12] besichtigte er das Schloss und anschließend den Park, in der sich die Grotte befand. Ob er bei seinem Rundgang vom *jetzigen Besitzer* begleitet wurde, kann nur vermutet werden. Fontane erwähnt ihn im Schlussteil seines *Marquardt*-Kapitels: *Herr Tholuck, ein Neffe des berühmten Hallenser Theologen.* Bei dem berühmten Onkel handelte es sich um August Tholuck (1799–1877), der sich mit seinen Kommentaren zum Römerbrief, zum Johannesevangelium und zur Bergpredigt in der Religionswissenschaft einen Namen gemacht hatte. Über seinen Neffen Paul Theodor Gustav Tholuck ist hingegen wenig Biografisches bekannt. Belegt ist, dass er 1860 Marquardt erworben hatte – als erster bürgerlicher Gutsbesitzer. Beliebt machte er sich im Dorf offenbar nicht. »Durch den P. Tholuck, der nur ein rationeller Landwirt sein wollte und nur Dampfmaschinen und andere Maschinen in das ruhige und stille Marquardt einführt, wurden alle Poesie und Idyll vernichtet«, notierte Pfarrer Carl Müller 1862. »Gleicherweise verschwindet ein Stück Heide nach dem anderen, wodurch Marquardt so ein liebliches Aussehen hatte. Es herrscht nur noch Nützlichkeits-Prinzip und alles kommt auf den Gewinn, auf den Geldbeutel an.«[13] Müller, seit 1843 als Pfarrer in Marquardt tätig, wurde 1867 »wegen Ehebruchs« entlassen. Sein Nachfolger, Friedrich Reifenrath, hatte einen anderen Eindruck. Nach seiner Ankunft in Marquardt schrieb er seiner Frau: »Herr Tholuck ist ein redlicher Mann.« Sein Haus sei »nicht prächtig, aber geräumig«. Ins Schwärmen geriet er angesichts des »herrlichen Parks«.[14]

Auch Fontane wusste nichts Negatives zu berichten. Oder wollte es nicht. Mit Tholuck wäre seit Bischoffwerders Tod 1803 *dem devastierten [verwüsteten] Gute endlich wieder ein Wirt gegeben, eine feste und eine geschickte Hand. […] Der Park klärte sich auf, das alte Schloss gewann wieder wohnlichere Gestalt und an der Stelle verfallender oder wirklich schon zerbröckelter Wirtschaftsgebäude erhoben sich wieder Ställe und Scheunen.* Marquardt sei *wieder ein schöner Besitz geworden.* Die unkritische Würdigung kann der Unterstützung Tholucks geschuldet sein. Mehrfach lässt sich belegen, dass der Gutsbesitzer dem Autor bei seiner Arbeit geholfen hat, wie es indirekt aus der Ankündigung eines zweiten Besuchs im Frühjahr 1870 hervorgeht. »In der Pfingstzeit hab' ich vor, noch einmal einen Tag in Paretz zuzubringen«, schrieb Fontane im Februar 1870 an Tholuck, »wenn Sie mir gestatten, so spreche ich bei dieser Gelegenheit auf eine halbe Stunde bei Ihnen vor und bitte Sie, mich Ihrer Gemahlin vorstellen zu wollen.«[15] Ob es zu dieser Begegnung kam, ist nicht überliefert. Fontane bat den Gutsbesitzer im Februar 1870, den Aufsatz über Marquardt »zur Begutachtung« vorlegen zu dürfen, »damit er möglichst durchgesiebt und von Fehlern befreit, in das Buch übergeht«.[16] Als die Erstausgabe (*Ost-Havelland*) 1873 erschien, wurde die Unterstützung Tholucks in den Anmerkungen zu Marquardt bei der Aufzählung der verwendeten Literatur explizit erwähnt: »Mündliche und briefliche Mittheilungen des Herrn Tholuck in Marquardt«.[17] Und schließlich sandte Fontane 1874 Tholuck, der das Gut bereits 1870 verkauft hatte, noch ein Belegexemplar mit einer überlieferten Widmung zu:

»Dass dies Buch Sie noch erfreue / Über alles Hoffen gehe / Aber auch die späte Reue / Komme noch immer nicht zu spät.«[18]

Grittners Gruft- und Grottenkunde

Bei seinem Besuch in Marquardt hat Fontane die Grotte tatsächlich gesehen. Das belegt sein Notizbuch, in das er den Grundriss gezeichnet und mit seiner Beschriftung den Zauber entlarvt hat: »In Brusthöhe 2 heimliche Eingangslöcher mit Steinen versetzt.«[19] Ausführlicher beschrieben wird der Zustand der Grotte dann im gedruckten Text, am Schluss des *Marquardt*-Kapitels: *Der Aufgang zu ihr ist mit den blauen Schlacken eingefasst, die einst mosaikartig das ganze Innere des Baues ausfüllten. Jetzt ist dieser, weil er den Einsturz drohte, offengelegt. Durch ein Versehen (der Besitzer war abwesend) wurde bei dieser Gelegenheit die Innenmauer niedergerissen und dadurch der sichtbare Beweis zerstört, dass diese Grotte eine doppelte Wand und zwischen den Wänden einen mannsbreiten Gang hatte. Nur die äußeren Mauern, mit Ausnahme der Frontwand, sind stehengeblieben und schieben sich in den Akazienhügel ein. Strauchwerk zieht sich jetzt darüber hin.* Fontane hätte den Spurensuchern einen großen Gefallen erwiesen, wenn er wie andernorts auch in Marquardt einen Lageplan gezeichnet hätte. Schloss, See und dazwischen den Standort der Grotte – es könnte heute so einfach sein.

»Fontane hilft Ihnen da nicht weiter«, sagt auch Wolfgang Grittner und schaut skeptisch auf dessen Notizbuchseiten zu Marquardt, die er längst kennt.[20] Der promovierte Veterinärmediziner ist seit 1988 Ortschronist, hat eine illustrierte Zeittafel publiziert und kennt jeden Winkel seines Hoheitsgebiets. Als er 2001 in den Ruhestand wechselte, fing Grittner noch einmal von vorn an – und studierte zehn Jahre die Geschichte der Frühen Neuzeit mit Schwerpunkt Landesgeschichte an der Universität Potsdam. Auch über Fontane und Marquardt ist Grittner bestens im Bilde. Das entsprechende Kapitel aus den *Wanderungen* hat er in einer Publikation für das Fontane-Jubiläumsjahr 2019 um viele ortsgeschichtliche Details erweitert und mit selbstgemalten Bildern illustriert.[21] Auf einem Aquarell sind Friedrich Wilhelm II. und Bischoff-

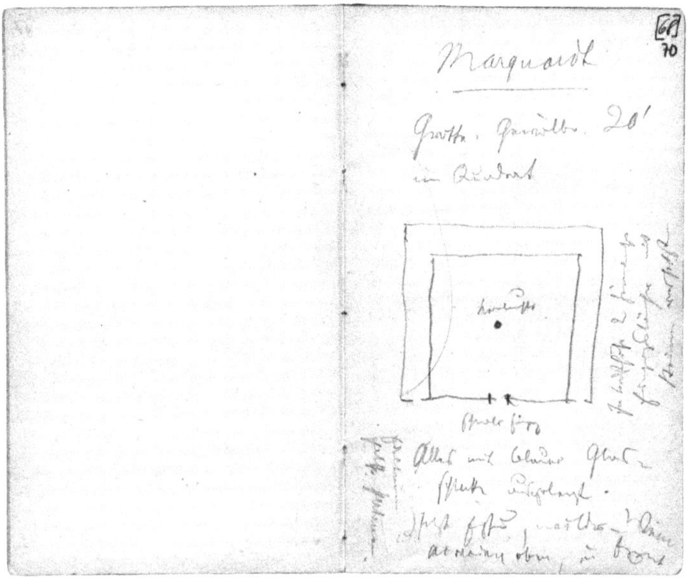

Offengelegt: Grundriss der Blauen Grotte, Fontanes Skizze von 1869, Notizbuch A15, Bl. 70r

werder an der Blauen Grotte zu sehen.[22] In seinem Haus – in Sichtweite von Schloss und Kirche – zeigt er uns stolz das Original.

Und nicht nur das. Auf einem kleinen Tisch liegen Bücher und Dokumente bereit, die uns interessieren könnten. Aus dem Kopf skizziert er so begeistert die historischen Linien seines Ortes, als wären wir die Ersten, die ihm zuhören dürfen. Zwischendurch springt der über Achtzigjährige auf und holt neue Archivalien, die scheinbar wahllos in Schachteln, Heftern und Hüllen verstaut sind, und breitet sie neben sich auf dem grünen Loriot-Sofa aus. »Ich bin nicht nur Chronist, sondern auch Archivar«, betont er. Es ist ein Archiv ohne Signaturen. Grittner weiß aus dem Kopf, wo welches Dokument liegt. Wenn er findet, was er sucht, fühlt er sich bestätigt und fragt mit wachen Augen in kerzengerader Haltung: »Was wollen Sie noch wissen?«

Den Standort der Grotte natürlich! Grittner greift in einen der Stapel und fischt die Kopie eines Park-Plans von 1823 heraus.[23] Bei dem Zeichner handelt es sich um keinen Geringeren als Peter Joseph Lenné,

Urwald statt Strauchwerk: Standort der ehemaligen Grotte in Marquardt (rechts die Erhebung mit den Büschen), im Hintergrund das Schloss, 2022

der im Auftrag des Gutsbesitzers Wilhelm Hans Rudolf Ferdinand von Bischoffwerder, dem Sohn des alten Bischoffwerder, den Marquardter Gutspark umgestalten sollte. Zwischen Schloss und Schlänitzsee, an zwei verschlungenen Wegen, ist die Grotte eingezeichnet.

Eine Stunde später sind wir mit Grittner im Park unterwegs. Er zeigt uns die Stelle – es ist vom Schloss aus gesehen die erste Erhebung linker Hand. Nach 150 Jahren zieht sich noch immer *Strauchwerk […] darüber hin* – inzwischen ein kleiner Urwald, scheinbar undurchdringlich. Nicht für Grittner. Er will jedoch nicht selbst graben, sondern mit professioneller Hilfe und wissenschaftlicher Begleitung der Grotte auf den Grund gehen. Im Juni 2021 organisierte er eine erste Ortsbegehung mit Vertretern des Brandenburgischen Landesamts für Denkmalpflege und der Unteren Denkmalschutzbehörde. Weitere sollen folgen. »Bei einer Grabung würde man bestimmt noch Reste finden«, vermutet Grittner. Aber das setzt voraus, man gräbt an der richtigen Stelle. Hierbei käme ein Bodenradar (auch: Georadar) zum Einsatz, der mit elektromagnetischen Wellen eine Untersuchung des Untergrunds ermöglicht. Dafür müsste der Hügel gerodet werden. Es sieht ganz danach aus, als habe Grittner noch einen langen Weg vor sich, um die Grotte – oder was von ihr noch übrig ist – der Öffentlichkeit zu präsentieren.

So bleiben vorerst nur die wenigen Belege: Lennés Plan und die blauen Schlackensteine, die Grittner im Park gefunden hat. Um nicht ganz ohne Ergebnis aus dem Park zu scheiden, fragen wir Grittner später, ob er uns wenigstens einen Stein überlassen würde. Er überlegt kurz und gibt sich dann einen Ruck. Kurz darauf reißt er uns den kleinen Stein wieder aus den Händen. Aber nur, um uns aus seiner Sammlung einen größeren zu überreichen.

Unter der Garage

Und weil wir schon mal da seien, präsentiert er uns gleich noch eine weitere Entdeckung. Es ist der Fund seines Lebens. Diesmal geht es um die Gruft der Familie Bischoffwerder im Schlosspark. Fontane schreibt in den *Wanderungen*, dass sich General von Bischoffwerder weder in der Kirche noch auf dem Kirchhof beerdigen lassen wollte, *sondern im Park zwischen Schloss und Grotte. In wenig Tagen galt es also ein Erbbegräbnis herzustellen. Eine runde Gruft wurde gegraben, etwa von Tiefe und Durchmesser eines Wohnzimmers, und die Maurer arbeiteten emsig, um dem großen Raum eine massive Wandung zu geben.* Am 4. November 1803 erfolgte die Beisetzung *und zum ersten Male schloss sich die runde Gartengruft. Nur noch zweimal wurde sie geöffnet.* Grittner präzisiert: »Sie wurde laut Kirchenbuch für andere Familienmitglieder noch zwei weitere Male geöffnet.«[24] Auch die Gruft hat Fontane bei seinem Rundgang durch den Park gesehen. Sie sei *wie ein großes Gartenbeet, ein mit Efeu und Verbenen überwachsenes Rondell; nur das griechische Kreuz in der Mitte, das die ursprüngliche Urne ablöste, deutet auf die Bestimmung des Platzes.*

Grittner ging über fünfzig Jahre lang davon aus, die Gruft hätte sich – wie die Grotte – im Park befunden. Beweisen konnte er es nicht. Denn die im Kirchenbuch von Marquardt auch als Gartengewölbe bezeichnete Begräbnisstätte sei »heute nicht mehr auffindbar, ihr unterirdischer Zugang wurde zugeschüttet«.[25]

Erst bei erneuter Recherche kam ihm der Verdacht, dass sich die Familiengruft an einer anderen Stelle befunden haben könnte. In der

Wochenzeitung *Der Bär* von 1893 las Grittner einen Aufsatz, in dem er einen ersten Hinweis fand. Sie lag »dicht an der Kirchhofsmauer, wohin ein Weg zwischen Lebensbäumen führte, zu einem runden Rosenbeet mit einem Immergrünkranz, und in der Mitte ein eisernes Kreuz und darunter das Gewölbe mit den Särgen [...]«.[26] Dass sich die Gruft in der Nähe der Kirche befand, wurde durch eine weitere Quelle bestätigt. In einem Protokoll des Gemeindekirchenrats von 1900 wurde festgehalten, dass die ersten Planungen für den Kirchenneubau unter anderem »wegen des Bischoffwerder'schen [...] Erbbegräbnis[ses]« nicht umgesetzt werden konnten.[27] Und schließlich ein dritter Hinweis: An der von Grittner vermuteten Stelle stand seit fünfzig Jahren eine Garage, in der sich in den letzten Jahren Risse im Zementfußboden gebildet hatten. Inzwischen ist die Garage bis auf die Bodenplatte abgerissen. Mittels einer seitlichen Probegrabung durch das Denkmalamt wurde kurz vor unserem Besuch, im Frühjahr 2022, festgestellt, dass sich im Erdreich ein gemauertes Gewölbe befindet – die Gruft. Zum Abschluss unseres Rundgangs führt Grittner uns zu dem Standort, fegt mit einem Besen schwungvoll über den freigelegten Zementboden, um uns die Risse zu zeigen, und formuliert seine Vision für die Gruft: Vielleicht könne das frühere Rondell mit dem namenlosen Kreuz in der Mitte bis zum »großen Jubiläum 200 Jahre Lenné-Park Marquardt« 2023 wiederhergestellt sein. Wenn das einer schafft, dann Wolfgang Grittner.

Tanz auf der Terrasse
Glanz und Verfall

Bischoffwerder war nicht der einzige schillernde Besitzer von Schloss Marquardt. 1892 erwarb der Berliner Industrielle und Geheime Kommerzienrat Louis August Ravené (1866–1944) das Gut am Schlänitzsee. Wie Fontane stammte er aus einer hugenottischen Familie, die infolge der Aufhebung des Ediktes von Nantes 1685 Frankreich verlassen musste. Im *Havelland*-Band spielte Ravené keine Rolle mehr. Aber die öffentlichkeitswirksame Trennung seiner Eltern lieferte Fontane den Stoff für seinen ersten Berliner Gesellschaftsroman *L'Adultera* [Die Ehebrecherin], der 1882 als Buchausgabe erschienen war und noch acht Jahre nach dem Skandal für Aufsehen gesorgt hatte. Ravenés Mutter Therese hatte 1874 ihren Ehemann, den Besitzer der größten Berliner Eisenwarenhandlung, sowie die gemeinsamen drei Kinder verlassen und war mit ihrem Geliebten, dem Hausgast und Bankier Gustav Simon, nach Königsberg geflohen, wo die beiden zwei Jahre später heirateten. Der Skandal war Stadtgespräch. Selbst Bismarck soll sich empört haben: »Das Ereignis Ravené beraubt für mich Berlin einer Dekoration, solche Dinge kamen früher nur in der französischen Gesellschaft vor.«[28]

Vom Herrenhaus zum Hotel

Louis August Ravené war eines der drei »verlassenen Kinder« der unglücklichen Ehe. Nach einer kaufmännischen Lehre trat er mit 21 Jahren als Mitinhaber in das Familienunternehmen Jacob Ravené & Söhne ein und erbte allein mit der Kunstsammlung seines Vaters ein enormes Vermögen. In Marquardt, wo er sich mit seiner Familie vor allem in den Sommermonaten aufhielt, nahm er eine Reihe von baulichen Veränderungen vor. Zunächst ließ er 1893/94 das Schloss aufstocken und erweitern. Im Westen wurde das Gebäude durch einen Turm ergänzt, an der Nord- und Ostseite entstanden Terrassen. In einer zweiten Phase 1912/13 wurde im Nordwesten ein Flügel mit ovalem Tanzsaal und neobarocker Fassade angebaut. Den Winkel zwischen Saal und Turm füllte eine geräumige Seeterrasse. Neben dem Saal bildete die getäfelte und mit Schnitzwerk verzierte Diele den repräsentativen Mittelpunkt des Hauses.[29] Das von Ravené umgestaltete Schloss ist im Wesentlichen bis heute erhalten geblieben.

Mit der Hochzeit von Ravenés Tochter 1913 wurde der große Tanzsaal mit Seeterrasse eingeweiht. Marquardt erstrahlte in neuem Glanz. Doch die goldenen Jahre waren bald wieder vorbei. Zwar überstand Ravenés Unternehmen den Ersten Weltkrieg und die Inflation, aber der Gutsbetrieb geriet schon vor der Weltwirtschaftskrise in Schwierigkeiten. Ravené entschied sich Ende der 1920er Jahre, Schloss und Gut zu verkaufen. Weil sich für die stolze Summe von 2,5 Millionen Reichsmark kein Käufer fand, verpachtete er das Gut.[30] Im Sommer 1931 war dann endgültig Schluss: Der Gutsbetrieb wurde eingestellt und das Inventar verkauft. Im Dorf wurde die Entscheidung nicht gutgeheißen. »Geheimrat Ravené, der sich so gerne als Pionier von

Marquardt bezeichnete«, vermerkte die Schulchronik spitz, »lässt Gemeinde und Arbeiterschaft im Elend sitzen«. Mit dem Tod von Ravenés Frau Martha Anfang 1932, so wird in der Chronik gemutmaßt, »ist vielleicht das letzte Band der Familie Ravené mit der Gemeinde Marquardt zerrissen«.[31]

Aber Ravenés Rückzug zog keinen Verfall des Schlosses nach sich. Weil sich noch immer kein Käufer gefunden hatte, erlebte Schloss Marquardt einen ungewöhnlichen Nutzungswandel. Ravené verpachtete Schloss und Park ab 1932 für zehn Jahre an das Hotelunternehmen Kempinski. Innerhalb kürzester Zeit war *Hotel Schloss Marquardt* für die Berliner Hautevolee betriebsbereit und warb mit dem Slogan: »Berlins schönstes Ausflugsziel bei jeder Witterung«. Erneut brachen in Marquardt goldene Zeiten an.

Krebse am Schlänitzsee

Was Kempinski in Marquardt alles auffuhr, hat Ortschronist Wolfgang Grittner in einem liebevoll gestalteten Buch zusammengetragen.[32] Ein Highlight ist die dreiseitige Menükarte von 1932. Die kulinarische Palette kann sich auch heute noch schmecken lassen: von Vorspeisen wie Gänseleber-Pastete oder Russischem Kaviar über Tagesplatten mit Rinderbrust oder Rehkeule bis zu Kompott wie Kalifornische Pfirsiche oder eisgekühlte Melone. Der letzte Schrei scheinen Krebse gewesen zu sein. Die Gliederfüßer rangierten an erster Stelle der Speisekarte und wurden in sechs Variationen angeboten. Gespeist wurde in Ravenés Festsaal, der mit einem in Schlesien gewebten Teppich ausgelegt war. In weiteren holzgetäfelten Gasträumen und auf den zum Teil überdachten Terrassen fanden Hunderte Gäste gleichzeitig Platz. Circa dreißig Köche und Konditoren waren mit der Zubereitung der Speisen beschäftigt.[33] »Der Service war vom feinsten«, berichtete später einer der fünfzig bis achtzig im Hotel beschäftigten Kellner. »Es wurde viel am Tisch gearbeitet und nicht nur Crêpes Suzette, Obstsalate und Bowlen wurden unter den Augen der Gäste zubereitet, sondern auch schwierige Sachen, wie Hummer-Cocktails und vieles andere.«[34] Die Übernachtungskapazität war überschaubar: 14 Doppel- und zehn Einzelzimmer standen den Gästen zur Verfügung. Nicht alle Zimmer waren mit fließendem Wasser ausgestattet. Technischer Fortschritt

Gänseleber und Rehkeule: Hotel Schloss Marquardt (Südterrasse), Postkarte, um 1935

herrschte dagegen im Küchenbereich. Im Schloss Marquardt werde »elektrisch gekocht, gebraten und gegrillt«, heißt es in einem Prospekt. »Die Küchenhilfsmaschinen, auch die Geschirr-, Wasch- und Spülmaschinen werden elektrisch angetrieben [...] Große Mengen kochenden Wassers liefert augenblicklich ein elektrischer Kochend-Wasserspeicher.«[35]

Den Gästen wurde auch außerhalb des Schlosses einiges geboten. Ein Badestrand am Schlänitzsee, für den mit Lastkähnen Ostseesand angefahren worden war. Eine neuerrichtete »Badeanstalt, Tennisplätze, Garagen und Stallungen, ja auch eine Kegelbahn vervollständigen den Lebenskomfort dieses Havelparadieses«.[36] Das Hotel war der größte Arbeitgeber im Ort: 135 Menschen fanden im Service und bei der Park- und Gartenpflege eine Anstellung.[37] Überliefert ist auch, wer im Schloss Marquardt zu Gast war. Im Gästebuch mit über 120 Autographen finden sich Schauspieler wie Theo Lingen und Hans Albers, Vertreter des Adels wie der Kaiserenkel Eitel Friedrich Prinz von Preußen oder Sportfunktionäre wie der IOC-Präsident Graf Henri de Baillet-Latour, die sich im Schlosshotel zur Vorbereitung der Olympischen Sommerspiele 1936 in Berlin trafen.[38]

Als die Nationalsozialisten 1933 die Macht übernahmen, schienen die Tage des Hotelwesens auf Schloss Marquardt gezählt. »Im Frühjahr 1933 brach für den Betrieb Kempinski eine schlimme Zeit an«, hielt die Schulchronik fest. »Heißsporne der Partei marschierten vors Schloss und verlangten die Schließung des jüdischen Unternehmens.«[39] Nachdem der Landrat des Kreises Osthavelland angekündigt hatte, die Gewerbe-Erlaubnis prüfen zu wollen, wandte sich Ende März 1933 der Marquardter Gemeindevorsteher mit der Bitte an den Landrat, von einer Rücknahme der Gewerbegenehmigung abzusehen, um die Einnahmen für vierzig ortsansässige Familien sowie die Gewerbesteuer für die Gemeinde zu sichern. Die Gewerbe-Erlaubnis wurde zwar nicht widerrufen, aber der Hotelbetrieb 1937 – wie alle Kempinski-Betriebe – von der Aschinger AG unter Beibehaltung des Namens »Kempinski« übernommen. Die »Arisierung« zeigte sich auch im Firmenlogo: Der Stern wurde durch eine Traube ersetzt.[40] Nach Ablauf des zehnjährigen Pachtvertrags verkaufte Ravené Schloss Marquardt für 1,28 Millionen Reichsmark endgültig an die Aschinger AG.[41]

Inzwischen gingen im Schloss Marquardt ranghohe Nationalsozialisten ein und aus. Mit einem Bootskonvoi machte im Juli 1938 auch Propagandaminister Joseph Goebbels Station am Schlänitzsee. Sein Gast war der italienische Filmproduzent Vittorio Mussolini, dem er zuvor, wie aus dem Gästebucheintrag hervorgeht, die Ufa-Stadt Babelsberg gezeigt hatte. Mit an Bord befanden sich die Schauspielerinnen Zarah Leander und Anneliese Uhlig. Zumindest Uhligs Teilnahme war unfreiwillig, nicht nur aus politischen Gründen. »Doch der Produzent kommt ins Atelier und bestimmt, dass ich trotzdem zu diesem Bootsfest hingefahren würde. Auf Wunsch des Herrn Ministers persönlich! Woher kennt mich Goebbels denn? Dass er der ›Bulle von Babelsberg‹ genannt wird, habe ich längst gehört, auch dass er sich nicht ausschließlich mit seiner bekannten Favoritin [der tschechischen Sängerin und Schauspielerin Lida Baarova] beschäftigt. Nun, das geht mich nichts an. Bei einem solchen Staatsempfang wird er sich ja nicht gerade eine Neue aussuchen.«[42]

Ein Jahr später begann der Zweite Weltkrieg. Der Niedergang von Schloss Marquardt vollzog sich schrittweise. Die Wehrmacht beschlagnahmte es 1939, um ein Reservelazarett einzurichten. Der Restaurantbetrieb wurde zwar eingeschränkt fortgeführt, aber die Hotelzimmer beherbergten schon verwundete Soldaten. »So langsam spürten wir aber auch schon das nahende Unheil«, erinnerte sich Kellner Fritz Kohl. »Immer öfter passierte es, dass Leute in Ledermänteln von der Tanzfläche weg Menschen verhafteten. Viele mussten ihre Autos stehen lassen; sie wurden requiriert. Und mein geliebter Direktor Mai trug plötzlich eine gelbe Armbinde, auf der ›Deutsche Wehrmacht‹ stand.«[43] Eines der letzten Fotos aus dieser Zeit zeigt Wehrmachtsoldaten und Frauen auf einer Schlosspark-Terrasse, die um einen Akkordeonspieler tanzen.[44]

Nichts passt zusammen
Im Schloss

Schloss Marquardt ist ein bizarrer Bau. An einem Frühjahrsmorgen laufen wir um den verwinkelten Gebäudekomplex herum und bestaunen ein Sammelsurium verschiedener Stilepochen. Nichts passt zusammen. Allein auf der Südseite erheben sich über einer rechtwinklig angelegten und schmucklos verglasten Veranda sowohl ein rundes Türmchen mit kupfergrüner Haube als auch ein kunstvoll geschnitztes Erkerfenster aus dunklem Holz. Obwohl die Sonne scheint und die noch kahlen Bäume keine Schatten werfen, wirkt das Schloss blass. Der graue, an vielen Stellen bröckelnde Putz der Fassade und die verblichenen Biberschwänze auf dem Dach strahlen eher einen morbiden Charme aus. Die alte Pracht lässt sich nur noch erahnen. Mit Fontanes Beschreibung können wir unsere Beobachtungen nicht abgleichen. Der Wanderer hat bei seinem Besuch vor 150 Jahren noch den Vorgängerbau von Bischoffwerder gesehen und sich auch sonst nur sparsam über die Ansicht geäußert. Das Schloss mache *einen viel älteren Eindruck, zum Teil wohl, weil ganze Wandflächen mit Efeu überwachsen sind.* Man sollte ernsthaft überlegen, es mit Efeu noch einmal zu versuchen.

Gebeugt über Fontanes Notizen und seinen *Wanderungen*-Text, vermitteln wir offenbar den Eindruck, wir seien ortskundige Experten.

Nichts passt zusammen: Südseite von Schloss Marquardt, 2022

Vor dem Haupteingang auf der nördlichen Seite spricht uns ein älteres Paar an. »Kennen Sie sich hier aus?« Während der eine schnell »Leider nein« antwortet, fragt die andere freundlich zurück: »Was wollen Sie denn wissen?« Die Frau atmet erleichtert auf und erklärt: »Wir wollten sehen, wo genau Lady Di nachts ins Schloss eingestiegen ist.« »Du meinst Kristen Stewart«, korrigiert sie der Mann und beschreibt uns die Filmszene aus dem Hollywood-Streifen *Spencer*, in dem Schloss Marquardt als Kulisse für Dianas verlassenen Kindheitsort »Park House« dient.

»Das war genau hier!« Wir zeigen auf den Haupteingang, der in der betreffenden Filmszene von künstlichem Nebel eingehüllt ist. Der Blickfang ist die auf Säulen getragene, mit kunstvollem Ravené-Gitter umzäunte Galerie, die den Eingangsbereich überdacht. Andächtig schauen die beiden auf die Schlosstür, als würde gleich Lady Di erscheinen. Der Mann holt sein Smartphone hervor und will Portal und Treppe fotografieren. »Halt!«, ruft die Frau und setzt ihren Rucksack ab. »Mit mir davor!« Als wir uns langsam entfernen wollen, fragt der

Repräsentativer Mittelpunkt aus der Ravené-Zeit: Empfangshalle in Schloss Marquardt, 2020

Mann: »Wissen Sie, ob man das Schloss besichtigen kann?« Unsere Antwort finden die beiden nicht spaßig: »Nur wenn Sie heiraten wollen.« Aber was sollen wir auch sagen? Dass es für uns gleich eine exklusive Führung gibt und sie leider draußen bleiben müssen? Wir kommen nicht dazu, es zu erklären, weil sich ein Mann nähert. Es ist Schlossmanager Mario Steder. Er begrüßt uns und deutet auf den Treppenturm rechter Hand. »Dort geht's rein.« Das Paar verfolgt die Szene. Plötzlich strahlt die Frau und ruft: »Na dann, herzlichen Glückwunsch!«

Mystische Hochzeiten

Der Schlossmanager scheint nicht recht ins Bild zu passen. Steder trägt einen Backenbart und sein Haar über dem an beiden Seiten kahl rasierten Kopf zu einem Pferdeschwanz gebunden. Mit seiner dunkelblauen Latzhose wirkt er wie der Hausmeister. Das täuscht. Steder ist der Mann für alle Fälle; er restauriert das Schloss, organisiert die Hochzeiten und koordiniert die Dreharbeiten. Passt irgendwie auch nicht zusammen. Nun übernimmt er für uns noch die Rolle des Schlossführers.[45]

Die innere Einrichtung bietet nichts Besonderes, schreibt Fontane in den *Wanderungen, hier und dort begegnet man noch einem zurückgebliebenen Stück aus der »historischen Zeit«: Möbel aus den Tagen des ersten Empire.* Gemeint ist die Zeit des ersten Napoleonischen Kaiserreichs (1804–1814/15). Aus dieser Epoche ist nichts mehr im Schloss zu sehen. Stattdessen Räume und Stücke aus anderen Zeiten. Zu ihnen gehört die bereits restaurierte Empfangshalle im Erdgeschoss. Die mit dunklem Holz getäfelte Diele aus den Ravené-Jahren bildet noch immer den repräsentativen Mittelpunkt des Hauses. Eine rechtwinklig angelegte Treppe führt auf die Galerie, die der Halle einen sakralen Charakter verleiht. Das Galerie- und Treppengeländer ist mit kunstvollen Schnitzereien gestaltet. Auch der offene Kamin ist mit Figuren und Ornamenten reich verziert. Dass er noch genutzt wird, belegen verkohlte Holzstücke auf dem Rost. Der Raum bietet für »Veranstaltungen im historischen Ambiente« etwa sechzig Personen Platz. Aber möchte man hier feiern? Eine Fotografin wirbt auf ihrer Website mit Bildern, auf denen vor dem Kamin Blumen- und Gräsergestecke drapiert sind, für eine »mystische Hochzeit«.

Alle Einnahmen aus der Vermietung an Hochzeits- und Filmgesellschaften fließen in die Sanierung des Schlosses, das der Penelope Immobilien Verwaltungs GmbH gehört. Sie bezahlt auch Schlossmanager Mario Steder, der zunächst nur für Tischlerarbeiten engagiert wurde. Obwohl Steder der Auffassung war, hier sei »eine Vollsanierung nötig«, nahm er den Job an. Mit der Tür am Haupteingang fing er an und arbeitet sich seitdem Stück für Stück voran. Und verleiht den verschiedenen Stilrichtungen des Schlosses noch eine ganz persönliche Note. Im Grünen Salon malt er gerade Pfauen an die Wand. Sieht gekonnt aus, entspricht aber keiner historischen Vorlage. Das Ende der Restaurierung werde er »nicht erleben«, meint er. Steders Motivation ist eine andere. Er sagt sich: »Du rettest das Schloss für die nächste Generation.«

So ist auch in weite Ferne gerückt, was der Münchener Investor beim Kauf des Schlossareals im Jahr 1998 ankündigte: die Wiedereröffnung eines Hotels. Dabei wollten schon die Marquardter nach 1989 an die glanzvollen Zeiten des Schlosses anknüpfen. Träumten von einem luxuriösen Ausflugsziel, das den Bewohnern wieder Arbeitsplätze und der Gemeinde Steuern beschert hätte. Eine Rückkehr von Kempinski oder einer anderen noblen Hotelkette schien nicht ausgeschlossen. Steder zeigt uns den historischen Küchentrakt, der vom Flur mit einer riesigen Wand aus matten Glasfenstern getrennt ist. Hier ahnt man, welche Summen eine komplette Restaurierung verschlingen würde. Knapp hundert Jahre ist das Schloss nicht grundlegend saniert worden.

Wechselvolle Nachkriegszeit

Nach der Besetzung durch die Rote Armee Ende April 1945 und der Enteignung der Aschinger AG Anfang 1949 wurden Schloss und Gutshof von der Provinzialverwaltung Brandenburg übernommen und für unterschiedliche Zwecke genutzt. Bereits unmittelbar nach Kriegsende waren ins Schloss Flüchtlinge, ab 1946 für kurze Zeit eine Schule für gehörlose Kinder und von 1947 bis 1949 die Gartenbauschule Oranienburg eingezogen. Nach Gründung der DDR gaben sich verschiedene Obstbau-Institute die Schlossklinke in die Hand; es entstanden Arbeits- und Laborräume und eine Fachbibliothek.[46] Zum Verständnis einer Provinzposse aus dem Jahr 2001 ist es wichtig zu erwähnen, dass die LPG Obstproduktion Marquardt der letzte Rechtsträger von Schloss und Gutshof in der DDR war.

Existiert ein *zurückgebliebenes Stück* aus vier Jahrzehnten der DDR? Steder überlegt kurz und führt uns in den oval angelegten Festsaal. Zwei repräsentative Fensterfronten lassen am Tage jede Menge Licht in den Raum fluten. Wie zu Kempinskis Zeiten hängt ein golden verzierter Kronleuchter von der Saaldecke. Was dazu gar nicht passt, ist die Wandbeleuchtung. Die zweiarmigen Einheitslampen mit weißen Glasschirmen aus den 1970er Jahren zierten nicht nur DDR-Kulturhäuser, sondern auch – wenn man sie zu kaufen bekam – Privatwohnungen.

Der Raum wird heute vorrangig für Hochzeiten genutzt; im Saal und auf der Seeterrasse können bis zu 110 Gäste feiern. In den 1930er Jahren diente er als Hauptrestaurant für das *Hotel Schloss Marquardt*. Kurz nach der Wiedervereinigung sah es so aus, als würde der Hotelbetrieb wiederbelebt werden. Die Hotelgruppe Esplanade erwarb 1991 das Schlossareal und kündigte an, mit einer 200-Millionen-Investition ein Fünf-Sterne-Hotel zu errichten.[47] Schon nach zwei Jahren platzte der Traum vom neuen Luxus am Schlänitzsee. Aufgrund zu hoher Auflagen des Umwelt- und Denkmalamtes gab das Unternehmen den

Standort Marquardt auf.[48] Die Einwohner seien, berichtete die *Märkische Allgemeine* 1993, »schockiert und empört, wie offenbar ungerührt kalte Denkmalpflege an den brennenden Problemen der Marquardter vorbeigeht«.[49] An Marquardt vorbei zog auch die Bundesregierung, die Mitte der 1990er Jahre prüfen ließ, ob das Schloss als Gästehaus infrage käme. Bekanntlich entschied man sich für ein anderes Fontane-Schloss: Meseberg.[50]

Zwei Besitzer und eine Besetzung

Erneut musste Schloss Marqardt von der Treuhand zum Verkauf ausgeschrieben werden. Den Zuschlag erhielt 1998 die Münchener Penelope Immobilien Verwaltungs GmbH. Der Investor kündigte an, das Schloss zu einem »Hotel, Residenz- und Geschäftscenter« umzugestalten, am See würden eine Yachtanlage und ein Anlegesteg für Ausflugsdampfer entstehen.[51] Der Marquardter Gemeinderat stimmte dem Konzept in der Hoffnung auf neue Arbeitsplätze zu. Dann meldete sich plötzlich ein weiterer Besitzer. Die Schloss Marquardt Entwicklungsgesellschaft behauptete, sie habe das Anwesen vom LPG-Nachfolger gekauft. Da die LPG Obstproduktion Marquardt der letzte Rechtsträger war, hätte die Treuhand das Schloss gar nicht verkaufen dürfen.[52] Marquardt hatte nun zwei Schlossherren. Die Bewohner des Ortes waren nicht amüsiert. Erst recht nicht, als sie hörten, dass der zweite Eigentümer Verbindungen zum Verein Lichtring unterhielt. Hans-Joachim Czada, der stellvertretende Bürgermeister, informierte sich beim Sektenbeauftragten der Evangelischen Kirche, der Lichtring als »gefährliche Sekte« einstufte. Doch der Anwalt der Entwicklungsgesellschaft bestritt jeden Zusammenhang mit dem Verein. Vielmehr wolle die Stiftung Schlossring einen »Wirtschaftsbetrieb mit Veranstaltungen, Kursen und Konzerten« entwickeln.[53]

Am 6. Mai 2001 eskalierte der Streit. Mitglieder des Lichtring-Vereins besetzten das Schloss, schalteten die Alarmanlage aus und wechselten die Schlösser. Ortschronist Wolfgang Grittner wusste das Ereignis umgehend in den historischen Kontext einzuordnen. Es sei die dritte Besetzung in der langen Geschichte des Schlosses: 1806 hätten bayerische und napoleonische Truppen das Haus besetzt, 1945 seien es russische Einheiten gewesen und nun die Mitglieder von Lichtring.[54]

Man kann von Glück sagen, dass der dritten Besetzung kein Krieg vorausging und sie nur zwei Tage dauerte. Auch die »Befreiung« verlief gewaltlos. Das erledigte nicht etwa die Polizei, sondern die Marquardter selbst kümmerten sich darum. Die Bürger hatten sich längst auf die Seite des rechtmäßigen Eigentümers (Penelope) geschlagen. Am 8. Mai machten sich etwa hundert Marquardter – immerhin zehn Prozent der Einwohner – auf zum Schloss.[55] Anschließend berichtete der Vize-Bürgermeister stolz der Presse: »Im Handumdrehen hatten wir das Schloss besetzt und die illegalen Eindringlinge vertrieben.«[56] Fünf Jahre später war die Zahl der Befreier schon angewachsen. »Hunderte Marquardter« hätten das Schloss befreit.[57] Wenn der 8. Mai nicht schon mit einem anderen historisch relevanten Datum belegt wäre, könnte er in Marquardt zum Feiertag ausgerufen werden.

Die Ironie der Geschichte ist jedoch bitter. Die Befreiungsaktion brachte den Marquardtern keine neuen Arbeitsplätze. Das Schloss ist noch immer kein Hotel, sondern nach wie vor ein Sanierungsfall. Weil sich niemand mehr darüber aufzuregen scheint, ist das Haus wieder in einen Dornröschenschlaf gesunken. Und gerät nur in die Schlagzeilen, wenn es als Kulisse für Dreharbeiten gebucht wird. Von Steven Spielbergs Spionagefilm *Bridge of Spies* über die französische Neuverfilmung von *Die Schöne und das Biest*, den Kinderfilm *Hanni und Nanni* und den ZDF-Mehrteiler *Unsere Mütter, Unsere Väter* bis hin zu Hermine Huntgeburths Verfilmung von *Effi Briest*. Darüber hinaus wurden hier Werbespots für VW und den neuen Duplo-Riegel sowie Musikvideos für Rammstein, Peter Maffay und Andrea Berg gedreht. Jedes Mal passt der Schlossmanager auf, dass nichts kaputtgeht – oder verweigert unerfüllbare Wünsche. So wollte Sarah Connor für ein Musikvideo den Grünen Salon rosa streichen lassen. Das konnte Mario Steder natürlich nicht zulassen. Seine gemalten Pfauen sind schließlich für die Ewigkeit bestimmt.[58]

Du schönster Ort im ganzen Havelland,
Wer könnte je dich ungerührt verlassen!
Aus einem Gedicht von Schmidt von Werneuchen, 1802

UETZ

Weil diese Verse in den *Wanderungen* das *Uetz*-Kapitel einleiten, werden sie oft Fontane zugeschrieben. Das Gedicht stammt aber nicht von ihm. Und dass er anders über Uetz urteilte, wird einfach ignoriert. Außerdem interessierte sich Fontane weniger für das Dorf als vielmehr für die am Ortsrand gelegene *Fährstelle*. Für die Uetzer ist das zweitrangig. Ihr Ort besitzt ein Privileg, das anderen verwehrt blieb: Das kleine Dorf schaffte es, in die *Wanderungen* aufgenommen zu werden. Es ist zwar das kürzeste Kapitel im *Havelland*-Band, aber es war schon in der Erstauflage von 1873 enthalten und überlebte alle Überarbeitungen. Die Aufnahme hat Uetz einem Königspaar und einem Dichterkollegen zu verdanken. Und der Fähre.

Wählte man im 19. Jahrhundert für die Fahrt von Potsdam nach Paretz den kürzesten Weg, musste man die Wublitz in Uetz überqueren. Im Sommer 1869 nahm auch Fontane mindestens zweimal die Uetzer Fähre, um nach Paretz zu gelangen. In seinem Notizbuch skizzierte er einen Lageplan, auf dem das Fährhaus, die Fähre und ein Detail, das wir zunächst nicht entschlüsseln konnten, zu sehen sind. Mit dem mürrischen Fährmann kam Fontane zwar ins Gespräch, aber das Fährhaus, *ein reizendes Haus im Schweizerstil*, hat er nicht betreten. Dabei diente das Gebäude, wie wir erfahren werden, nicht nur als Unterkunft für den Fährmann.

Der Fährbetrieb ist zwar längst eingestellt, aber das Fährhaus steht noch. Wird uns gelingen, was Fontane nicht möglich war, werden wir das Haus besichtigen dürfen? Und wer ist der Autor, der Uetz als den »schönsten Ort im ganzen Havelland« beschrieben hat?

Schönster Ort im ganzen Havelland?
Unser Sandpoet

Erstmals begegnet ist Fontane dem Ort Uetz vermutlich in den Versen des Dichters Friedrich Schmidt – *unser märkischer Poet par excellence, unser viel bespöttelter Schmidt von Werneuchen.* Karl Friedrich Zelter, Komponist und Leiter der Berliner Singakademie, nannte ihn »unseren Sandpoeten«.[59] Der im Havelland geborene Friedrich Wilhelm August Schmidt (1764–1838) hatte Theologie in Halle studiert und predigte ab 1795 in Werneuchen. Nebenberuflich verfasste er Gedichte, in denen er die ländliche Idylle pries. Uetz widmete er sogar eine Hymne. Der 64 Verse umfassende Text *Der Sonntag im Dorfe Uetz* von 1802 ist bisweilen an unfreiwilliger Komik kaum zu überbieten: »Der dicken Linden losgespühlte Wurzeln, / Worüber oft, so viel die Klucke keift, / Vom Hund gejagt, die jungen Hühner purzeln!«[60]

Ganz Gegenwart, ganz Genre, ganz Mark

Die naive Originalität der Schmidt'schen Dichtung fand durchaus ihre Leserschaft. Allerdings provozierten die Verse auch kritische Rezensionen. Die *Allgemeine Literatur-Zeitung* konstatierte, es widerspreche wahrer Dichtung, »wenn man Sandgruppen so angenehm findet wie fruchtbare Auen, ebenso gern Unken rufen als Nachtigallen singen hört, eine Entenpfütze lieber ansieht als den Rheinfall«. Schmidt könne sich den »Namen eines Dichters« nur verdienen, urteilte Ludwig Tieck, wenn er es sich abgewöhne, »alles so durcheinander schön zu finden«.[61] Aber es gab auch Stimmen, die Schmidt in Schutz nahmen. Christoph Martin Wieland, der in dem dichtenden Pastor ein seltenes Naturtalent sah, griff das Nachtigall-Motiv der Kritiker auf. »Wenn Amseln und Grasmücken in ihrer Art lieblich singen, warum soll ich mich verdrießen lassen, dass sie keine Nachtigallen sind.«[62] Der prominenteste Kritiker war Goethe. Mit seinem satirischen Gedicht *Musen und Grazien in der Mark*, urteilt Günter de Bruyn, sei das Gedicht treffsicherer als die meisten der Rezensionen, »weil es den wirklichen Grund für die mangelnde Größe von Schmidts Gedichten in ihrer geistigen Begrenztheit sieht«.[63] Dass in Goethes Satire auch eine gewisse Wertschätzung des Parodierten mitschwingt, verdeutlicht eine

Notiz aus dessen Nachlass, in der Schmidt »der wahre Charakter der Natürlichkeit« bescheinigt wird. »Jedermann hat sich über ihn lustig gemacht, und das mit Recht; und doch hätte man sich über ihn nicht lustig machen können, wenn er nicht als Poet wirkliches Verdienst hätte, das wir an ihm zu ehren haben.«[64]

Die verbalen Angriffe auf Schmidts Lyrik hätten keinen Eindruck auf diesen gemacht; sie *ergötzten ihn vielmehr,* meinte Fontane, der Schmidt sowohl in seinem Roman *Vor dem Sturm* als auch in den *Wanderungen* ein eigenes Kapitel widmete. Im Roman diskutiert am zweiten Weihnachtsfeiertag 1802 eine Abendgesellschaft im Pfarrhaus von Hohen-Vietz, ob Schmidt als Poet oder Dilettant zu betrachten sei. Pfarrer Seidentopf verteidigt seinen Amtsbruder: Er sei »ganz Gegenwart, ganz Genre, ganz Mark. Er ist so unromantisch wie möglich, aber er ist doch ein Dichter.« Die Debatte endet unentschieden.[65] Fontane selbst kommt in den *Wanderungen* zu einem differenzierten Urteil: *Sein ganzes Dichten, Kleines und Großes, Gelungenes und Misslungenes, einigt sich in dem einen Punkte, dass es überall die Liebe zur Heimat atmet und diese Liebe wecken will. Und deshalb ein Hoch auf den alten Schmidt von Werneuchen!*[66]

Weil die Verse aus Schmidts Hymne *Du schönster Ort im ganzen Havelland / Wer könnte je dich ungerührt verlassen!* das *Uetz*-Kapitel in den *Wanderungen* einrahmen, werden sie immer wieder Fontane zugeschrieben.[67] Zwar gibt Fontane den Autor an, zitiert ihn aber nicht ganz korrekt. Bei Schmidt beginnt der entscheidende Vers: »O! schönster Ort im ganzen Havelland«. Und auch sonst sieht Fontane den Lobgesang auf Uetz skeptisch. *»Du schönster Ort« – wir wollen es, auf die Autorität unseres Freundes hin, glauben. Aber ob der schönste oder nicht, der stillste gewiss.*

Poetisierung par excellence
Uetzer Uferszenen

Ungeachtet seiner Relativierung erlag auch Fontane dem *Zauber* von Uetz, als er sich im August 1869[68] dem *stillsten Platze* im Havelland näherte. Nachdem der Wanderer das Ufer der Wublitz erreicht hatte, nahm er *zwischen ausgespannten Netzen auf einem umgestülpten Kahne*

In Terrassen baut es sich auf: Fontanes Skizze mit Blick auf Uetz, 1869, Notizbuch A17, Bl. 1r

Platz, um das Bild auf sich wirken zu lassen, das sich ihm jenseits des Flusses präsentierte. Im Notizbuch zeichnete Fontane, was er in den *Wanderungen* beschrieb:

In Terrassen baut es sich auf: zuunterst der Fluss, tief und still und mit den breiten Blättern der Teichrose überdeckt; dahinter ein Schilfgürtel, dann Obstgärten, dann über diese hoch hinaus die alten Ulmen der Dorfgasse, und wieder hinter den Ulmen, am Abhang aufsteigend, die weißen Häuschen des Dorfes, das Ganze gekrönt von zwei altmodischen Windmühlen, die von dem bastionartigen, gründossierten Mühlenberge aus den Vordergrund überblicken und ihre Flügel so lustig drehen, als freuten sie sich der Umschau, die sie halten.

Wie in einer *Camera obscura* lässt er die Bilder an sich vorbeiziehen: *Schnitter, die Harke und Sense über die Schulter gelegt, vom Felde heimwärts kehrend, jetzt kiepentragende Frauen, jetzt hochbeladene Heuwagen, deren helleres Grün in dem Dunkelgrün der Baumkronen schwerfällig hin und her schwankt.*

Fast scheint es so, als wollte der Wanderer seinem Dichterkollegen Konkurrenz machen. Fontanes Poetisierung der Uetzer Uferszene erreicht ihren Höhepunkt mit dem Sonnenuntergang: *Ein rotgoldener Schimmer […] fiel jetzt auch auf die breite Fläche der Wublitz, […] als wäre [sie] ein Blumenbeet, denn es war ein Bild wie hergeliehen aus einem Feengarten.*

Minutenlang gab sich Fontane dem Zauber hin, *dann richtete* er sich *auf und rief* über die Wublitz: *»Hol über!«* Weil sich im Fährhaus zunächst *nichts regte*, geriet die *ganze Naturbewunderung in Gefahr.*

Die goldenen Jahre sind vorbei

Nachdem der *hagere* und *in graue Leinwand gekleidete* Fährmann auf der Zauber-Bühne erschienen war, löste er *langsam und mürrisch* seinen Kahn vom Ufer und *schob ihn, ohne Ruder, an einem zwischen beiden Ufern* gespannten Seil über die Wasserfläche. Auf der Kahnfahrt gelang es Fontane, den *griesgrämigen* Fährmann in ein Gespräch über dessen *Geschäft* zu verwickeln. Es ist in den *Wanderungen* wörtlich wiedergegeben und hat das Potential, Uetz gänzlich zu entzaubern.

Zunächst klagend über die Uetzer – *fahren umsonst* – sowie über die Phöbener und Paretzer – *Fährgeld zahlt kein Bauer, wenn er nich muss*, weil sie den Umweg zu Pferde wählen –, quittiert der Fährmann am Ende der Überfahrt seinen reichlich Trinkgeld spendierenden Gast mit einem *Geknurr.* Fontane wiederum kommentiert – nur für den Leser –, die Fährleute seien *ein eigen Geschlecht und haben ihren eigenen Artigkeitskodex.*

Der Fährmann hatte durchaus Grund zur Klage, denn seine *goldnen Tage* waren längst vorüber. *Eine kurze Zeit* – um 1800 – *schien es, als sollte das stille Dorf mit in die Welt, von der es sonst abgeschlossen liegt, hineingezogen werden.* König Friedrich Wilhelm III. und seine Gemahlin Luise hatten schon zu Kronprinzenzeiten das nahe gelegene Paretz zum Sommersitz auserkoren.[69] Weil das Königspaar und seine Entourage immer den Wasserweg wählten, *wurde Uetz zu einer vielgenannten Fährstelle.*

Für ein paar Jahre rückte das Haveldorf während der Sommermonate ins höfische Scheinwerferlicht; an *die Stelle der alten Fährmannshütte trat ein reizendes Haus im Schweizerstil, betresste Röcke spiegelten sich im dunklen Wublitzwasser, und die Dorfstraße entlang, in der bis dahin bei Regenwetter die Dungwagen steckengeblieben waren, schaukelten sich jetzt die königlichen Kutschen.*

Allerdings verzichtete Fontane auf einen Besuch im Fährhaus. Unwahrscheinlich ist, dass sich der notorisch neugierige Wanderer keine Abfuhr vom mürrischen Fährmann holen wollte. Stattdessen muss davon ausgegangen werden, dass Fontane nicht wusste, was er im Fährhaus hätte entdecken und dann in den *Wanderungen* erzählen können. Vermutlich wusste er nicht einmal, wer das *reizende Haus im Schweizerstil* errichtet hatte. Immerhin kehrte er am Ende seines *Uetz*-Kapitels zur Poesie zurück: *Das Dorf, die Wublitz waren still; im Fährhaus schimmerte ein Licht, die Schwäne sammelten sich am Schilf, die Abendglocke klang in langsamen Schlägen über Ütz hin.* Und schließt mit den berühmten Uetz-Versen des märkischen Sandpoeten: *Du schönster Ort im ganzen Havelland, Wer könnte je dich ungerührt verlassen!*

Ein wenig verrückt
Fährhaus ohne Fluss und Fähre

Um es gleich vorwegzunehmen: In Uetz ist die Fontane-Zeit nicht stehen geblieben. Die Wublitz ist versandet, die Fähre verschwunden. Und mit ihnen der ganze Zauber. Stattdessen donnern rund hundert Meter von der alten Fährstelle entfernt Tag und Nacht Autos und Lastwagen vorbei. Der Berliner Autobahnring, die A10, ist in Uetz nicht zu überhören. Weil bislang eine Lärmschutzwand fehlt, hat sich Uetz unverdient einen neuen Titel erworben: der lauteste Ort des Havellandes.

Als wir uns dem Dorf über den Fährweg nähern, der in die Uetzer Dorfstraße mündet, *nimmt uns* kein *Bild gefangen*. Rechts die laute Autobahn, links die leise Ahnung von einem Fluss, auf den zwar die kleine Straße An der Wublitz hinweist, der aber an dieser Stelle nur noch ein Rinnsal ist. Um ins Dorf zu gelangen, unterquert man in Höhe der alten Fährstelle die vierspurige Trasse. Was wir dann aber zu sehen bekommen, ist eine Überraschung, die Hoffnung macht. Hoffnung auf Entschädigung für den verlorenen Zauber von Uetz.

Fontanes Fährmann 2.0

Hinter der Autobahn liegt ein kleines Paradies. Eine grüne Oase, die erfolgreich gegen Dezibel und Trockenheit ankämpft. Stauden und exotische Pflanzen wie das Mammutblatt (Gunnera) umsäumen eine saftig grüne Rasenfläche, die an einem Rand überschattet wird von einer riesigen Eiche, die den Ehrgeiz entwickelt hat, den Autobahndamm wenigstens verdecken zu wollen. Sie wurde zu Ehren der früh verstorbenen Königin Luise gepflanzt. Die größte Überraschung ist jedoch das rekonstruierte Fährhaus, das mit seiner charakteristischen Form und seinen leuchtenden Farben zu beeindrucken versteht.

Wir treten an das niedrige Gartentor. *Aber der Blick nimmt uns so gefangen, dass wir* nicht gleich klingeln, sondern *das Bild auf uns wirken lassen.* Das Ensemble hat poetisches Potential – vorausgesetzt, man dreht der Autobahn den Rücken und hält sich die Ohren zu. *Minutenlang* schauen wir *in den Zauber hinein*, dann betätigen wir den Klingelknopf. *Aber* das Läuten *schien* in diesem Lärm *zu verklingen. Nichts regte sich* im Haus. Anders als bei Fontane ist unsere *Naturbewunderung* nicht *in Gefahr.* Denn wir sind verabredet. Mit einem Paar, das sich vor zehn Jahren ganz bewusst dieses historischen Ortes angenommen hat. Fontane und der mürrische Fährmann von Uetz, schrieben sie auf unsere Anfrage hin, seien »auf wundersame Weise, eher nebenbei in unser Leben getreten«.[70]

Plötzlich biegt ein Mann – Mitte fünfzig, beigefarbene Hose, gemusterte Weste und blaues Leinensakko – um die Hausecke, *macht eine Handbewegung* Richtung Wublitz, *die unverkennbar ausdrücken sollte*, es werde sofort losgehen mit der Führung, *und löste dann langsam und* freundlich den Torriegel. Er heißt uns willkommen, verzichtet aber auf jeglichen Smalltalk – Henry Sawade legt sofort los. Mit Fontane und dem Fährmann.

Als Erstes will er uns die Stelle zeigen, an der Fontane auf der Uetzer Seite aus dem Kahn sprang, nachdem ihn der Fährmann über die Wublitz gezogen hatte. »Denn im Unterschied zu Fontane kommen Sie ja von der anderen Seite«, erklärt Sawade – nur zur Sicherheit. Während er mit uns am Fährhaus vorbei über die grüne Wiese zur Grundstücksgrenze läuft, hält er mehrmals inne und hebt bedeutungsschwer den Zeigefinger.

Fontane hat es nicht betreten: Fährhaus in Uetz, 2023

Früher wurde das Anwesen vom Ufer der Wublitz begrenzt. Wie breit der Fluss an dieser Stelle einmal war, lässt sich dem ersten deutschen Führer für Fluss-Wanderer von Friedrich Eduard Keller aus dem Jahr 1919 entnehmen. Der Wassersport-Pionier machte auf seiner Gewässertour auch in Uetz Station. Die Beschreibung des Ortes überlässt Keller Fontane und Schmidt von Werneuchen, indem er deren Uetz-Passagen zitiert. Um dann nüchtern festzustellen: »So war es damals, so ist es noch heute! Es hat von seinen Reizen noch nichts eingebüßt.«

Als Keller Uetz besuchte, war die Fähre bereits durch einen Damm und eine Brücke überflüssig geworden. 1919 sei die Wublitz vor und hinter dem Damm »ein freier See« gewesen, »allerdings schon stark verkrautet und mit schwimmenden Inseln«. Fontane hätte sein *»Hol über!«* brüllen müssen. Wenig später wurde die Brücke abgerissen und die Durchfahrt zugeschüttet. Seitdem sei »die vollständige Versandung« der Wublitz »überraschend schnell vor sich gegangen«, ergänzte Keller zehn Jahre später für eine neue Auflage seines Wasserführers, »armdicke Weiden stehen da, wo vor Jahren noch Wasser war«.[71] Vollends verlandete die Wublitz 1936 durch den Bau der Reichsautobahn, des jetzigen Berliner Autobahnrings (A10).

Statt auf den Fluss schaut man heute vom Grundstück aus in eine gänzlich zugewucherte Sumpflandschaft, in der nicht nur ungestört Vögel nisten, sondern jede Menge sozialistische Altlasten schlummern, die dort jahrzehntelang versenkt wurden. Es passt also, wenn Sawade erzählt, dass die Uetzer den früheren Uferstreifen einmal im Jahr bei einem »Subbotnik« abschnittsweise entrümpeln. Mitten in diesen märkischen Urwald hinein baute Sawade einen geschwungenen Steg, an dessen Beginn er – inmitten riesiger Blätter einer Pestwurz-Pflanze – eine Eisenfigur postierte, die ihm ein befreundeter Bildhauer geschenkt hat. Die *hagere, mittelgroße Gestalt*, die einen mannshohen Stab in den Händen hält, symbolisiert unverkennbar Fontanes Fährmann.

Das Tau

Während wir noch sagen: »Was für eine tolle Idee«, hebt Sawade schon seinen Zeigefinger und erklärt, die Standortbestimmung sei überholt. Bei der Entrümpelungsaktion vor zwei Jahren hätten sie ein paar Meter weiter im Morast etwas gefunden, was auf die korrekte Fährstelle hindeutet. Wir wüssten doch, meint Sawade, wie Fontane die Fähre beschreibt. Wir nicken und schlagen die entsprechende Seite in den *Wanderungen* auf: Der Fährmann löste *einen Kahn vom Ufer und schob ihn, ohne Ruder, an einem zwischen beiden Ufern ausgespannten Taue von drüben zu mir herüber.* »Und jetzt haben wir ein Stück dieses Seils gefunden«, sagt Sawade erfreut, weist aber umgehend darauf hin, dass es nicht aus der Zeit Fontanes stamme, sondern aus der des letzten Fährbetriebs Anfang des 20. Jahrhunderts. An der Stelle, wo das Tau gefunden wurde, sind jetzt drei Pappeln gepflanzt. Wenn die Bäume weiter so schnell wachsen, überragen sie in ein paar Jahren die alte Luiseneiche.

Weil Sawade kurz in den Himmel schaut, nutzen wir spontan die Chance, einzuhaken. Während der eine seinen Zeigefinger hebt, fischt die andere die mitgebrachten Kopien aus Fontanes Notizbuch hervor. Henry Sawades Augen beginnen zu leuchten – und er hält tatsächlich inne. Die Notizen, die während Fontanes Besuch in Uetz im Sommer 1869 entstanden sind, enthalten auch einen skizzierten Lageplan. Deut-

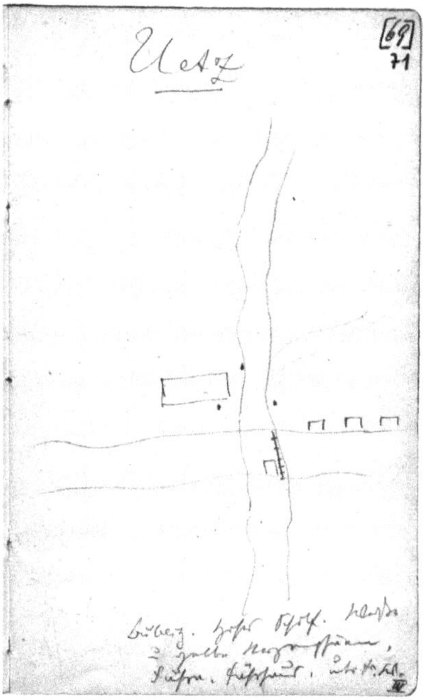

»Bublitz« statt Wublitz: Fontanes Skizze mit Fährhaus, Fähre und Tau von 1869, Notizbuch A15, Bl. 71r

lich sind neben dem Fährhaus die Linien der Wublitz, des alten Fährweges und auf dem Fluss das Viereck für die Fähre zu erkennen. Nicht deuten konnten wir hingegen eine gestrichelte Linie, die neben der Fähre quer über den Fluss eingezeichnet ist. Nun ist das Rätsel gelöst: Es ist das *zwischen beiden Ufern ausgespannte Taue.*

Das gefundene Stück Tau liegt für uns bereit und scheint allein vom bloßen Ansehen auseinanderzubröseln. Weil Sawade registriert, dass wir sein prominentes Fundstück für ein kleines Fotoshooting ins rechte Licht rücken wollen, erklärt er: Sollte es kaputtgehen, müsse man im Morast den Rest des Seils bergen. Wir fotografieren das Tau, ohne gewagt zu haben, es zu berühren.

Stein um Stein

»Und nun zum Fährhaus!«, kommandiert Henry Sawade und fügt lachend hinzu: »In dem Ihr Fontane nicht war!« Tatsächlich: In den *Wanderungen* hat Fontane das *reizende Haus im Schweizerstil* zwar erwähnt, aber weder genauer beschrieben noch betreten. Auch wer es erbaut hat, erfährt man nicht. Nachgereicht hat diese Informationen der langjährige Chefrestaurator der Schlösser-Stiftung (SPSG), Hans-Christian Klenner, der eine Reihe von Quellen zu den königlichen Bemühungen um eine »Landesverschönerung« nicht nur in Uetz, sondern auch in Paretz und Falkenrehde untersucht hat.[72] Nachdem Friedrich Wilhelm III. das Gut Uetz 1830 erworben hatte[73], ließ er an der Wublitz, die er mit seinem Gefolge auf dem Wasserweg von Potsdam zum Sommersitz Paretz überqueren musste, das alte Fährhaus abreißen und ein repräsentatives Fachwerkgebäude mit gelben Ziegeln und einem reetgedeckten Dach errichten. Es entstand 1837 nach Plänen des königlichen Hofbauinspektors und Architekten Ludwig Persius.[74] In Uetz war Persius längst kein Unbekannter. Ein Jahr zuvor hatte er Entwürfe für eine neue dreijochige Holzbrücke über den Grenzgraben auf der Dorfstraße von Uetz nach Falkenrehde gefertigt.[75]

Die Architektursprache des »königlichen Fähr-Hauses«, erklärt die Deutsche Stiftung Denkmalschutz, welche die Mittel für die Restaurierung der historischen Türen und Fenster zur Verfügung stellte, entspreche der der Schweizerhäuser in Klein Glienicke. Die Qualität des mittig erschlossenen Fachwerkhauses zeige sich an »der aufwendigen Gestaltung des Fachwerks einschließlich der Ausfachungen, der Fenster und Türen sowie ihrer kunstvollen Rahmungen, des feinen Zierrats an den Traufen und Ortgängen bis hin zur differenzierten Farbfassung aller Holzbauteile«.[76]

Es ist ein Glücksfall, dass die alte Substanz mit allem Zierrat und seinen symmetrischen Raumstrukturen nahezu unverändert erhalten geblieben ist. Ein noch größerer Glücksfall sind Henry Sawade und seine Lebensgefährtin Sabine Swientek, die das historische Haus mithilfe der Denkmalpflege in seinen ursprünglichen Zustand versetzen. Weil die beiden sich mit alten Bau- und Gestaltungstechniken beschäftigt haben, können sie die meisten Arbeiten selbst ausführen. Dabei ist das Paar nicht unbedingt vom Fach. Sawade, der gelernte Steinmetz und studierte Bildhauer, ist als Vorsitzender des Vereins »Frauen in der Lebensmitte – Fidl« tätig und Swientek arbeitet als Gartenmeisterin im Neuen Garten Potsdam der Schlösser-Stiftung. Was sie am Fährhaus bislang geleistet haben, lässt sich auch von der Straße bewundern: Gro-

Verfallenes Ensemble: Blick auf das Fährhaus (links) und die Scheune (rechts), Fotografie, vor 1988

ße Teile der Außenfassade sind wiederhergestellt. Zu ihnen gehören die mit ochsenblutroten Linien auf eierschalenfarbenem Untergrund verzierten Fensterläden. »Es ist unsere Lebensaufgabe«, sagt Henry Sawade. An der Außenmauer demonstriert er uns die *Sisyphusarbeit*. Jeder Stein wurde herausgenommen, kartiert, gereinigt und wieder eingesetzt. Die Kreidenummerierungen sind noch zu erkennen. Für einen Moment versuchen wir zu überschlagen, wie viele Stunden das Paar bisher für die Sanierung gearbeitet hat. »Unzählbar«, sagt Sawade, der unsere Frage längst antizipiert hat. »Das kannst du alles nur machen, wenn du ein wenig verrückt bist.«

Nach wie vor sind beide von der Idee begeistert, das verfallene Gebäude und das heruntergewirtschaftete Gelände vollständig zu sanieren. Allerdings, wirft seine Lebensgefährtin Sabine Swientek ein, die gerade von ihrer Arbeit aus Potsdam heimkehrt, hätte sie nicht so spontan zugesagt, wenn sie »geahnt hätte, wie zeit- und arbeitsintensiv das alles ist«. Und Sawade ergänzt: »Anfangs hätten die Uetzer gewettet, dass wir nicht länger als ein halbes Jahr bleiben.« Es sind jetzt schon zehn geworden. Wir wollen wissen, wie sie das mit der Autobahn aushalten. »Es ist schon nervig«, sagt Sabine Swientek, die das Problem angesichts der geschaffenen Idylle rund um ihr Fährhaus nicht kleinreden möchte. Der Lärm und die Luftverschmutzung seien enorm. Aber sie versuchen es auszublenden und »gehen auch mal mit Kopfhörern vor die Tür«.

Sie sind gekommen, um zu bleiben. Das Power-Paar hat, so sagen die beiden selbst, »einen langen Atem« – und längst neue Projekte. Ursprünglich gehörte zum Fährhaus-Ensemble noch eine reich verzierte Scheune, die 1988 abbrannte. Sie soll wieder aufgebaut werden: Im Untergeschoss wird ein Veranstaltungssaal für Lesungen, Ausstellungen, Konzerte und im Obergeschoss eine Ferienwohnung entstehen. »Mit Mut und Mörtel, aber ohne Millionen« wollen sie das schaffen. Sawade erzählt, er habe alles längst gezeichnet und berechnet – auf den Ziegelstein genau. Man glaubt es ihm aufs Wort. Vielleicht lässt sich dann auch in der Kulturscheune irgendwann nachholen, was schon für 2019 geplant war. »Ja, wir haben das Fontane-Jahr verschlafen«, räumt Sawade ein. Uetz habe es versäumt, rechtzeitig Fördergelder zu beantragen. Dabei hatten Sawade und Swientek jede Menge Ideen. So sollte Fontanes Überfahrt als »Live-Theater« am historischen Ort, also auf ihrem Grundstück, inszeniert werden. Wir können sie nur ermuntern, die Idee nicht zu begraben – mit einer Formel des Programmchefs unseres Verlages: »Fontane geht immer.«

Unter einem Dach

Die nächste Überraschung erwartet uns im Haus. Mit der Einrichtung einer königlichen Teestube hatte Friedrich Wilhelm III. beim Bau des neuen Fährhauses auch an sich gedacht. Eine Wohnstube für den Fährmann und eine Teestube für den Staatsmann – unter dem Dach des Uetzer Fährhauses waren Standesschranken aufgehoben. Ob Majestät jedoch auf der Fahrt von Potsdam nach Paretz in dem Raum jemals pausierte, lässt sich durch keine Quelle belegen. Wir fragen, wie Sawade und Swientek herausgefunden haben, welcher Raum für den Fährmann und welcher für den König bestimmt war. Das sei »intensive Detektivarbeit« gewesen, sagt Sawade und führt uns in den ersten größeren Raum. »Persius, König, Fährmann – sie alle sprechen über die Wände.«

Auf den ersten Blick gleicht das niedrige Zimmer einer geschmackvoll eingerichteten Bauernstube – mit einem großen Esstisch, einem Vitrinenschrank und einer Stehlampe. Dass der Raum dem Fährmann als Wohnstube diente, wird erst bei genauerem Hinsehen deutlich. Unterhalb der Decke befindet sich ein umlaufender Fries mit aufgemaltem Eichenlaub. »Kein Attribut für den König«, sagt Sawade. Bei der Sanierung hat er an der Wand über zwanzig Farbschichten gefunden. Er hat sie abgenommen und einzelne Fragmente eingelagert, damit sie der Nachwelt erhalten bleiben. Anschließend wurde die ursprüngliche Farbgebung aus der Zeit, in der das Haus erbaut wurde, auf neuem Putz wieder aufgetragen. Bevor wir den Raum verlassen, lässt uns Sawade Käfer suchen, die sich in dem Eichenlaubfries »verstecken«. Zur Freude des Hausherrn finden wir einen Hirsch- und einen Maikäfer. Die ehemalige Teestube des Königs, die sich auf der anderen Seite des Hauses befindet, harrt noch der Restaurierung und dient zurzeit als Werkstatt. Das Attribut, das den Raum enttarnt, ist auch hier unterhalb der Decke zu sehen: die Lilie – das königliche Symbol.

Wie Fontane erklimmen wir nach unserem Besuch im Fährhaus *den Mühlenberg, hinter dessen Kamm, bereits erblassend, die Abendröte stand. Ein schwacher rötlicher Schimmer säumte nur noch den Himmel gegenüber. Das Dorf, die Wublitz waren still; im Fährhaus schimmerte ein Licht …* Spätestens an dieser Stelle ist heutzutage Schluss mit der Idylle. Zumindest akustisch. Statt dem zarten Knarren der Windmühlenräder zu lauschen, werden wir vom dumpfen Lärm der Autobahn beschallt.

O! lautester *Ort im ganzen Havelland,*
Wer könnte je dich ungerührt verlassen!

[A]ber Paretz selbst ist nicht mehr, was es war.
Kein Sehnsuchtspunkt mehr,
nur noch ein Punkt für Erinnerung und stille Betrachtung.
Fontane in *Ost-Havelland*, 1873

PARETZ

Die Stille war trügerisch. Über die Havelwiesen zog ein schweres Gewitter auf. Fontane hatte Glück. War er doch vor einer halben Stunde trocken in Paretz eingetroffen – im berühmten Landsitz der noch berühmteren Luise von Preußen. Über die früh verstorbene »Königin der Herzen« verliert Fontane zunächst kein Wort, sondern empfiehlt erst einmal den Weg: Von Uetz kommend, sei es *[a]n einem Sommernachmittage ein entzückender Spaziergang.*

Als er mit dem herbeigerufenen Hofgärtner in das Schloss eintrat, um es zu besichtigen, brach das Unwetter los: *Ein Windstoß, jäh und heftig, fuhr durch den Park, die uns zunächst stehenden Pappeln beugten sich, Blätter, wie Flocken, fielen auf uns nieder, die Chaussee herauf kam eine Wolke von Kies und Staub, und über den ganzen Himmel hin rollte die erste Ankündigung des Gewitters.* Fontane erkannte in ihr mehr als den Prolog für ein Schauspiel der Natur: *Überall rollen die Donner Gottes und künden, dass kein ewiger Friede sei. Einen Augenblick schwankten* die beiden, ob sie *von der Poesie des Gegensatzes Nutzen ziehen und die sich öffnenden Schlossräume, die verblassten Zeichen stillen Familienglücks, bei Gewitterschein in Augenschein nehmen sollten.* Dann aber wurde entschieden, die Einladung *in die Wohnung des Hofgärtners* anzunehmen. *Es war höchste Zeit.* Denn kaum in Sicherheit – *und das Schauspiel begann: Regen und Feuer fielen vom Himmel nieder. Als es vorüber war, war es zu spät, den Rückweg anzutreten.* Fontane blieb über Nacht. Und lobte später die Gastfreundschaft: *Wer eingeregnet und eingewittert, möge es immer so gastlich treffen wie wir im Gärtnerhause zu Paretz.*

Ein packender Auftakt für Paretz. Aber er ist stilisiert. Man sollte es

Luises Sehnsuchtsort in der Mark: Schloss Paretz, 2022

dem Wanderer nachsehen: In Paretz geht es nicht ohne Poesie. Fontane ist den fünf Kilometer langen Weg von Uetz nach Paretz tatsächlich nicht spaziert, sondern mit der Kutsche gefahren. Es war auch nicht Juli, sondern August. Und er hatte seinen Besuch beim Hofgärtner angekündigt und die Übernachtung verabredet. Bleibt das Gewitter. Ob es sich nach Fontanes Ankunft so heftig über Paretz entladen hat, darf bezweifelt werden. Aber die Kriegsmotivik passt zum poetischen Konzept für dieses Kapitel. Denn die *Glanztage von Paretz* fanden durch die Napoleonischen Kriege ein jähes Ende. Auch später, lange nach Fontane, war die *Stätte stillen Glücks* durch die Stürme der Neuzeit bedroht. Vom ersten Sturm erzählt Fontane in den *Wanderungen*, über die folgenden berichtet uns ein Mann der Gegenwart, den es auf nahezu wundersame Weise ins Havelland verschlug und der als »Retter von Schloss Paretz« gilt.

Es grenzt an ein Wunder, dass in einem Fontane-Ort noch so viel von dem erhalten ist, was der Wanderer gesehen und beschrieben hat. Wir folgen seinen Spuren – sowohl beim Rundgang durch den Ort als auch bei einem Abstecher auf einen märchenhaften Berg. Und überall kreuzen wir die Wege der Königin Luise, die sich mit Paretz einen Sehnsuchtsort geschaffen und das Haveldorf weltberühmt gemacht hat.

Die gnädige Frau von Paretz
Luises Landglück

Nirgendwo in Brandenburg kommt man Luise näher als in Paretz. Und nirgendwo lässt sich der bewusste Stilbruch der preußischen Königin besser bestaunen als hier. Ihre Sommerresidenz ist weder prächtig noch prunkvoll, sondern wirkt schlicht und sachlich. Der Verzicht auf Repräsentation war kein Versehen, sondern Vorgabe. Luise von Mecklenburg-Strelitz (1776–1810) und ihr Mann, der preußische Kronprinz Friedrich Wilhelm (1770–1840), wollten einen Sommerwohnsitz *»in ländlichem Stile«*, ganz ohne Schnörkel und Türmchen. *»Nur immer denken, dass Sie für einen armen Gutsherrn bauen«*, zitiert Fontane die angebliche Anweisung des Kronprinzen. Aus Fontanes Sicht hat man sich strikt daran gehalten. Entstanden sei, wie er in den *Wanderungen* schreibt, *ein langgestreckter, schmuckloser Parterrebau mit aufgesetztem niedrigen Stock*. Tatsächlich stellten die großen Segmentbodenfenster in der Mitte der Garten- und Hofseite das einzige architektonische Highlight des ansonsten nur durch flache Risalite auf beiden Seiten betonten Hauses dar. Gegenüber dem Schloss sah Fontane *die gotische Kirche des Dorfes. Über die Straße hin grüßen sich beide, in ihrer Erscheinung [...] so verschieden, wie die Zeiten, denen sie angehören. Die Poesie fällt der älteren Hälfte zu.* Immerhin ließ Fontane Gnade walten, indem er dem Haus nicht die Bezeichnung *Sommerschloss* aberkannte. Es sei zwar *anmutig, hell, geräumig; aber in allem übrigen von einer Ausschmückung, die heutzutage kaum noch den Ansprüchen eines Torflords genügen würde.* Damit spielt er auf den bürgerlichen Alexander Gentz an, der durch Torfabbau reich und dann größenwahnsinnig wurde. Mitten ins sandige Ruppiner Niemandsland hatte sich Gentz ein imposantes Schlossensemble im orientalischen Stil bauen lassen[77], dem Schloss Paretz höchstens als Remise hätte dienen können – und in das Luise niemals eingezogen wäre.

Musterbeispiel preußischer Landbaukunst

Als Sommerresidenz für das Kronprinzenpaar war eigentlich Schloss Oranienburg vorgesehen. Aber die pompöse Barockanlage nordöstlich von Berlin, die Luise nach ihrer Hochzeit 1793 von ihrem Schwiegervater Friedrich Wilhelm II. geschenkt bekommen hatte, entsprach nicht ihren Vorstellungen von einem idyllischen Rückzugsort. Schließlich fiel die Wahl auf Gut Paretz, das zum Verkauf stand und das Friedrich Wilhelm aus seiner Kindheit kannte. Es gehörte Hans August von Blumenthal, dem früheren Prinzen-Gouverneur[78], und blickte auf keine besondere Geschichte zurück. Das sollte sich nun schlagartig ändern. Nachdem der Kronprinz das Gut im Januar 1797 für 85.000 Taler erworben hatte[79], wurde Paretz in ein preußisches Musterdorf umgewandelt.

Inspirieren ließ sich das Kronprinzenpaar von Gut Steinhöfel bei Fürstenwalde, das Valentin von Massow, Hofmarschall des Kronprinzen, vom Architekten David Gilly 1790–95 umbauen ließ. Friedrich Wilhelm und Luise sollen von dem Ensemble der Schloss-, Dorf- und Parkanlage begeistert gewesen sein.[80] Entzückt zeigte sich auch Fontane, der im Mai 1862 nach Steinhöfel reiste. Es sei, schreibt er ein Jahr später in seinem *Oderland*-Band, *ein schönes und reizend gelegenes Gut*. Der Park zähle *zu den schönsten, die wir in der Provinz besitzen.*[81] Weil für das Kronprinzenpaar Steinhöfel als Vorbild dienen sollte, wurde dessen Architekt auch mit der Neugestaltung des Landsitzes in Paretz beauftragt.[82] David Gilly (1748–1808), der wie Fontane einer hugenottischen Familie entstammte und 1788 zum Geheimen Oberbaurat ernannt worden war, machte sich in der preußischen Architekturszene gerade mit dem ersten Teil seines *Handbuchs für Landbaukunst* (1797) einen Namen. Für die Bauaufsicht vor Ort wurden die Kondukteure Friedrich Gottlieb Schadow und der David-Gilly-Schüler Martin Friedrich Rabe gewonnen[83], der später das berühmte *Paretzer Skizzenbuch* (1799) gezeichnet[84] und die Luisenpforte im Paretzer Rohrhausgarten entworfen hat (1810/11).

Inwieweit Gilly in Paretz auch von seinem talentierten Sohn Friedrich unterstützt wurde, ist schwer nachzuweisen. Bis auf einen Zahlungsbeleg von Hofmarschall Massow an David Gilly für Friedrich existieren keine signierten Pläne oder andere Quellen. Die Kunsthistorikerin Hella Reelfs geht dennoch davon aus, man könne eine Beteiligung Friedrich Gillys (1772–1800), den Massow als »möglichen, ›geheimen‹ Entwerfer« favorisierte, voraussetzen. Ein Beispiel sei der Paretzer Gartenplan, der Friedrich Gillys Handschrift erkennen lässt.[85] Offenbar zu Recht zählte Fontane den jungen Architekten im *Oderland*-Band *zu den talentvollsten Schülern seines Vaters, den er an Bedeutung übertraf.*[86] Auch die gegenwärtige Fachwelt überschlägt sich mit Superlativen. Der »hochbegabte[n] Sohn«, dessen »geniales Talent« schon von Zeitgenossen erkannt worden sei, galt 1797 als »bester Architekt Preußens«.[87] Vermutlich wäre Friedrich Gilly, der wie Luise früh verstarb[88], im öffentlichen Bewusstsein geblieben, wenn sein spektakulärer Entwurf für ein monumentales Denkmal Friedrichs des Großen von 1796, das ägyptische wie griechisch-römische Stilelemente vereinte, auf dem Leipziger Platz in Berlin realisiert worden wäre.[89]

In Paretz gingen die Arbeiten zügig voran. Das Gut verwandelte sich innerhalb weniger Monate in eine frühklassizistische Anlage mit Landhaus und einem dreigeteilten englischen Park (Schloss-, Kirsch- und Rohrhausgarten). Nicht alle zeigten sich begeistert. Sophie Gräfin von Voß, Oberhofmeisterin der Königin Luise, konnte bei ihrem ersten Besuch in Paretz im Mai 1797 weder dem Ort noch dem im Bau befindlichen Schloss etwas Positives abgewinnen. Sie sei »enttäuscht, denn es ist nicht im geringsten hübsch; auch das Haus, das noch gebaut wird, bekommt gar keine Proportionen; der Ort selbst ist geradezu hässlich und nur der Garten etwa erträglich«.[90]

Im September 1797 soll sich das Kronprinzenpaar erstmals in Paretz aufgehalten haben.[91] Einen Monat später bestieg der Kronprinz als Friedrich Wilhelm III. den preußischen Thron. Jetzt fiel der krasse Gegensatz zwischen den prunkvollen Residenzen in Berlin und Potsdam auf der einen und dem bescheidenen Landsitz in Paretz auf der anderen Seite erst recht ins Auge. Aber das junge Königspaar dachte nicht daran, ihn gegen eine repräsentative Sommerresidenz, die auch mehr Platz geboten hätte, auszutauschen. »Paretz ist schön, lieblich, freundlich, wie immer«, schrieb Luise Ende August 1801 an ihren Bruder Georg.[92] Und so wechselte der Hof bis 1805 jedes Jahr im Spätsommer für zwei bis sechs Wochen von Sanssouci in das kleine Haveldorf.[93]

Nach der Thronbesteigung wurde der gesamte Ort in die Umgestaltung einbezogen. Bis 1804 entstand ein preußisches Musterdorf –

Gewünschte Zufluchtsstätte: Luises Familie zum 10. Geburtstag des Kronprinzen Friedrich Wilhelm (IV.) am 15. Oktober 1805 in Paretz, Gemälde von Heinrich Anton Dähling

mit Scheune, Schmiede, Spritzenhaus, Mehlwaage, Gasthof sowie zwei Torhäusern. Die mittelalterliche Kirche erhielt die noch heute erhaltene neugotische Hülle. Dieses Gesamtkunstwerk sollte sowohl den Anforderungen eines königlichen Landsitzes als auch den Bedürfnissen eines funktionierenden Bauerndorfes gerecht werden. Es gilt heute als glänzendes Beispiel preußischer Landbaukunst um 1800.

Tatsächlich Stille?

In der neuen königlichen Sommerresidenz, die *alsbald den schönen Namen »Schloss Still-im-Land« empfing, erblühten dem Königspaare,* erzählt Fontane in den *Wanderungen, Tage glücklichen Familienlebens.* Er spart hier nicht mit Romantik: *Die Familie und die Stille waren der Zauber von Paretz.* Dabei konnte er sich auf die Zeitgenossen berufen, die – wie Heinrich Lehnert, Prediger und Vertrauter Friedrich Wilhelms – in ihren Erinnerungen festhielten, dass es dem Königspaar ein Bedürfnis gewesen sei, »sich von Zeit zu Zeit aus der Zerstreuung und dem Treiben und Drängen der Welt in die Ruhe der Einsamkeit zurückzuziehen«. Paretz sei für beide ein Lieblingsort geworden, »an welchem sie stets die gewünschte Zufluchtsstätte fanden und Tage und Wochen in ungetrübter Zufriedenheit verlebten«. Einer fremden Fürstin soll Königin Luise auf die Frage, ob sie sich nicht langweile, die »charakteristische Antwort [gegeben haben]: ›Ach nein, ich gefalle mir als gnädige Frau von Paretz.‹«[94] Dieses Narrativ hat sich durchgesetzt. In allen Reiseführern und bei der Schlossführung wird die »Paretzer Idylle« beschworen.[95]

Familienleben in Einsamkeit und Stille? Zweifel sind angebracht. Aus mehreren Briefen Luises geht hervor, dass sie und ihr Mann häufig ohne ihre Kinder in Paretz weilten.[96] So schrieb sie am 9. September 1801 an die drei ältesten, das Gemüse-Paket »aus Eurem Garten« habe den Eltern »außerordentlich viel Vergnügen gemacht. [...] Heute mittag essen wir ein Gericht Mohrrüben, das Ihr gepflanzt und gezogen habt.« Es folgt die Belohnung: »Papa und Mama erlauben Euch, da Ihr Euch gut und folgsam aufgeführt habt, Sonntag zum Erntekranz hierher nach Paretz zu kommen, um die Freude der Bauern zu sehen.« Etwas befremdlich klingt der Nachsatz: Eine Stube sei noch leer, »da könnt Ihr die Nacht schlafen, und den andern Morgen zieht ihr ab«.[97]

Zuweilen war sie ganz allein, weil ihr Mann seine Paretz-Aufenthalte unterbrach, um an Manövern oder Militärparaden teilzunehmen. »Der König war gestern hier«, teilte Luise im Oktober 1805 der Oberhofmeisterin Gräfin von Voß mit, »und ist heute nach Potsdam, um die Regimenter zu besichtigen«. Voß möge die Söhne grüßen und Delbrück, dem Erzieher des zehnjährigen Kronprinzen, sagen, der König sei »sehr zufrieden mit seinem Aussehen und seinem Benehmen«.[98] Wenn sich Friedrich Wilhelm III. in Paretz aufhielt, war es mit der Stille in der Regel vorbei. Das Königspaar nahm auch in seiner Sommerresidenz höfische Pflichten wahr und empfing Besuch. Einer Fuhrwerk-Statistik von 1802 ist zu entnehmen, dass allein an zwei Augusttagen 75 Kutschen von Potsdam nach Paretz fuhren. Dabei handelte es sich vor allem um Gütertransporte, aus denen die Gäste mit Lebensmitteln versorgt wurden.[99] Statt Ruhe und Entspannung standen Ausflüge, Jagden und Konzerte auf dem Programm.

Legendär waren die Erntefeste, bei denen Luise ihren Bruch mit der höfischen Etikette auf die Spitze trieb. Statt im steifen Reifrock Huldigungen entgegenzunehmen, tanzte sie in weißen, weich fallenden, fließenden Gewändern mit den Dorfbewohnern. *Diese Erntefeste, die bald einen Ruf gewannen,* schreibt Fontane, *machten das stille Paretz zu einem Wallfahrtsort für nah und fern.* Jeder hätte Zutritt gehabt. Kurzum: *Es waren wirkliche Volksfeste.* Die detaillierten Schilderungen überließ er Zeitgenossen, aus deren Aufzeichnungen er in den *Wanderungen* absatzweise zitiert.

Doch das Vergnügen war nur temporär. Fontane kündigt die Bedrohung vorsichtig an: *Im Sommer 1805 hielten sich der König und die Königin länger in Paretz auf als gewöhnlich. Wie in einem Vorgefühl kommender Stürme genossen sie das Glück, das dieser stille Hafen bot, noch einmal in vollen Zügen.* Im Jahr darauf *standen bereits die großen Wetter über Thron und Land.* Napoleon besiegte Preußen und das Königspaar floh nach Ostpreußen.

An der Luisenpforte

Nach Paretz kehrte Luise vor ihrem Tod im Juli 1810 nur noch einmal für eine Stippvisite zurück. Diesem letzten Besuch am 20. Mai 1810 widmet Fontane in den *Wanderungen* zwar ein eigenes, wenn auch kurzes Unterkapitel, überlässt die Schilderung aber erneut einem anderen. Die entsprechende Passage zitiert er aus der erfolgreichen zeitgenössischen Luisen-Biografie des Schriftstellers Friedrich Adami von 1851. Vom gestelzten Duktus befreit, ließe sich die Szene nüchtern wie folgt zusammenfassen: Vor ihrer Abfahrt nach Potsdam soll Luise den Wunsch geäußert haben, zum Sonnenuntergang noch einmal die Anhöhe im Rohrhausgarten, *ihrem Lieblingsorte,* aufzusuchen. *Sie wartete bis zum Niedergang der Sonne und sprach dann vor sich hin: »Die Sonne eines Tages geht dahin; Wer weiß, Wie bald die Sonne unseres Lebens scheidet.«* Dann schritt sie *am Arm ihres Gemahls den kurzen Gang zu Füßen der Anhöhe hinab und durch die Parktür nach der Landstraße* – wo die Kutsche bereits wartete.

Märchenhaft klingt die Szene auch bei Carl Hölzel, Lehrer und Chronist von Paretz, der bereits 1810 seine Publikation *Schloss Still im Land* vorlegt hatte. Luises letzter Aufenthalt in Paretz wird nur in Nu-

In dichtem Akaziengebüsch: Luisenpforte in Paretz, Fontanes Skizze von 1869, Notizbuch A17, 16r

ancen anders beschrieben. »Als sie nun zu dem Wagen [...] hinabstieg, vergoldete die sinkende Sonne mit ihren letzten Strahlen den Abendhimmel. Wehmütig lächelnd soll sie da gesagt haben: ›Sonne, du kehrst wieder, wer weiß, ob ich wiederkehren werde!‹«[100]

Diese Begebenheit gehört bis heute zum Standardrepertoire des Luisen-Kults, der durch die Anekdoten über die früheren Paretz-Aufenthalte noch bereichert wurde. An ihr wird deutlich, wie schon Friedrich Wilhelm III. – bewusst oder unbewusst – an der Legendenbildung mitwirkte. Nach Luises Tod ließ der König an der Stelle, *wo sie den Park verlassen und den Wagen bestiegen hatte, wo ihr Fuß zum letzten Mal die Erde von Paretz berührt hatte, eine gusseiserne Pforte aufstellen*. Die Pforte in Form eines gotischen Tores – als Sinnbild für den Übergang vom Diesseits ins Jenseits, für Ankunft und Abschied, für Leben und Tod.

Abgelegen, *an dunkelster Stelle des Parks*, fand Fontane das Gittertor *in dichtem Akaziengebüsch; nur der Spitzbogen ragt in die Helle auf und trägt ein L. und die Inschrift: »den 20. Mai 1810«*. Dass die »Luisenpforte«, in go-

»Zum letzten Mal die Erde von Paretz berührt«: Luisenpforte in Paretz, Fotografie, vor 1914

tischer Form vom Architekten Martin Friedrich Rabe entworfen, in der Königlichen Eisengießerei Berlin gefertigt und bereits im September 1811 eingeweiht worden war[101], schreibt Fontane nicht. Aber im Gegensatz zu uns hat er das Tor gesehen – und in sein Notizbuch gezeichnet.[102] Weil Schrottdiebe es 1920 zerstörten[103], würde man die tatsächlich ziemlich abgelegene Stelle am Ende des Rohrhausgartens heute übersehen, wenn sie nicht – wie alle historischen Stätten in Paretz – sorgsam beschildert wäre. Am ehemaligen Standort, den man auch von der Straße nach Ketzin erreicht, sind noch die Grundmauern erhalten.

Göttin auf dem Thron oder oberflächliches Weibchen?

Wer sich mit Luise beschäftigt, kommt an dem Kult um ihre Person nicht vorbei. Auch und gerade in Paretz nicht. Wie ging Fontane in seinen *Wanderungen* damit um? Schließlich verstand sich der Schriftsteller einerseits durchaus als Kulturhistoriker, strickte aber andererseits an preußischen Legenden wie über den Alten Fritz eifrig mit.

Dass Königin Luise schon zu Lebezeiten zur Kultfigur der preußisch-deutschen Geschichte avancierte, wurde durch mehrere Faktoren begünstigt. Neben Attraktivität und Ausstrahlung war es vor allem ihre Natürlichkeit, die bei Vertretern der höfischen Etikette Entsetzen und beim Volk Entzücken hervorrief. Damit verkörperte sie den Antityp zu allen bisherigen Königinnen, aber auch zu ihrem unbeholfenen und wortkargen Ehemann, König Friedrich Wilhelm III., der zudem politisch unentschlossen agierte. Zugleich trug aber vor allem seine Moral zur Luisen-Verehrung bei. Denn die bereits vom Kronprinzenpaar (vor-)gelebte Treue und Tugend in einer – für damalige Verhältnisse ungewöhnlichen – Liebesehe waren das Gegenteil des Lebens des lasterhaften Vorgängers, der durch seine Mätressen von sich reden gemacht hatte. Kaum auf dem preußischen Thron, wurde Luise gehuldigt, was die Federn und Pinsel der Zeitgenossen hergaben. Verbreitung fand besonders August Wilhelm Schlegels Gedicht von 1798 mit den berühmten Versen: »Sie wär' in Hütten Königin der Herzen. / Sie ist der Anmut Göttin auf dem Thron.«

Zur historischen Heldin machte sie unfreiwillig Napoleon, der Luise in Kriegsbulletins spöttisch als »blutrünstige Amazone« verleumdete. Nachdem die Königsfamilie vor Napoleon ins Exil geflohen war, wurde Luise in Preußen nun auch wegen ihrer Leidensfähigkeit verehrt. Anschaulich zeichnete dieses Bild Heinrich von Kleist in seinem Geburtstagsgedicht von 1810 für die »Herrscherin«: »Wie du das Unglück mit der Grazie Tritt / Auf jungen Schultern herrlich hast getragen«. Mit ihrem frühen Tod im Juli 1810 setzte die Heiligsprechung ein, die Kleist am Ende mit dem Vers »Dein Haupt scheint wie von Strahlen mir umschimmert« schon andeutet.[104] Aus Verehrung wurde Verklärung, die mit den Anekdoten und Illustrationen in Luise-Büchern für die Jugend ins Kitschige abglitt.

Ignoriert wurden dabei Episoden, die den Luisen-Mythos nur beschädigen konnten. Als der preußische Minister Stein die Königin Ende 1808 während der Napoleonischen Kriege darauf aufmerksam gemacht hatte, dass ihre geplante Reise zum Weihnachts- und Neujahrsfest des russischen Zaren politisch bedeutungslos und zudem ziemlich kostspielig sei, und ihr vorschlug, das Reisegeld besser für den Wiederaufbau der vom Krieg zerstörten Gebiete in Ostpreußen zu verwenden, ignorierte sie die Einwände – und fuhr zum Fest nach Sankt Petersburg. Dass Stein sie als »oberflächliches Weibchen« bezeichnete, verwundert nicht. Der marxistische Publizist Franz Mehring sah in dieser Reise ein typisches Beispiel für die soziale Verantwortungslosigkeit der Hohenzollern und nannte die Verehrung für Luise einen »byzantinischen Schwindel«. Noch drastischer charakterisierte Alexander von Humboldt die Königin; auch in Anspielung auf ihren Intellekt nannte er sie »äußerst selbstsüchtig, verschlagen und beschränkt«.[105]

Beförderte Fontane den Luisen-Kult?

Wie würde sich Fontane positionieren? Als er 1870 für den *Havelland*-Band das *Paretz*-Kapitel verfasste[106], stand die nächste Stufe der Verehrung Luises als Mutter des ersten deutschen Kaisers erst noch bevor. Was sofort auffällt: In dem Kapitel wird Luise zu Beginn nicht einmal erwähnt. Die Hauptrolle spielt der Kronprinz, der spätere Friedrich Wilhelm III. Er kannte Paretz, er kaufte Paretz und er ließ Paretz umbauen. Als Fontane den ersten längeren Aufenthalt des Kronprinzenpaares in Paretz anspricht, kommt *sie* eher beiläufig ins Spiel: als *Gemahlin*. Die Rede ist nur von der *Königin*. Bis auf zwei Ausnahmen bleibt sie im gesamten Kapitel namenlos. Und wenn Fontane sie beschreibt, lässt er andere zu Wort kommen. Erläutert er den *Zauber von Paretz*, zitiert er die Königin selbst; schildert er ihre Tanzeinlagen auf dem Erntefest oder ihren letzten Besuch, bemüht er Adamis Biografie. Am Ende heißt es lapidar: *Am 19. Juli starb sie.*

Fontanes Zurückhaltung ist kein Zufall, sondern Kalkül. Luise wird zwar in jedem *Wanderungen*-Band mehrfach erwähnt, aber nirgends porträtiert. Dieses Schicksal teilt sie mit den meisten Frauen in den *Wanderungen*. Das vierbändige Werk »handelt primär von Männern – und ist auch vorwiegend für Männer geschrieben«. Weibliche Persönlichkeiten werden zwar immer wieder vorgestellt, aber Fontane relativiert deren Bedeutung.[107] Ihre Berücksichtigung haben sie – bis auf wenige Ausnahmen wie die Schauspielerin Rachel Félix auf der Pfaueninsel[108] – einem Mann zu verdanken, meist dem Gemahl.[109]

Fontanes Zurückhaltung hinsichtlich Luise hat noch einen weiteren Grund: Als er die dritte Auflage des ersten *Wanderungen*-Bandes *Die Grafschaft Ruppin* (1875) vorbereitete, nahm er eine Reihe von neuen

Orten auf. Unter ihnen auch Gransee, nordöstlich von Berlin, das er erstmals im September 1873 besucht hatte.[110] Die Kleinstadt erlangte Berühmtheit, weil Luises Leichenzug im Juli 1810 hier Station machte. In Erinnerung an die nächtliche Aufbahrung der Königin ließ die Bürgerschaft von Gransee ein Denkmal nach einem Entwurf von Friedrich Schinkel errichten. Das Luisen-Denkmal, das heute noch immer zu besichtigen ist, *halte*, meinte Fontane, *das rechte Maß*. Und er urteilte hier auch über Luise. Zunächst könnte man glauben, er bediene den Kult. Denn er konstatiert, die *moderne Historie* weise *kein ähnliches Beispiel von Reinheit, Glanz und schuldlosem Dulden auf.* Man müsse *bis in die Tage des frühen Mittelalters zurückgehn, um Erscheinungen von gleicher Lieblichkeit (und dann immer nur innerhalb der Kirche) zu begegnen*. Aber die anschließenden Zeilen verdeutlichen seine Abrechnung mit der zeitgenössischen Luisen-Verehrung: *Mehr als von der Verleumdung ihrer Feinde hat sie von der Phrasenhaftigkeit ihrer Verherrlicher zu leiden gehabt! Sie starb nicht am »Unglück ihres Vaterlandes«, das sie freilich bitter genug empfand. Übertreibungen, die dem einzelnen seine Gefühlswege vorschreiben wollen, reizen nur zum Widerspruch.*[111] Fontane ließ sich nichts vorschreiben, schon gar nicht Gefühle.

Ein Nonplusultra an Artigkeit
Fontane beim Paretzer Hofgärtner Wilken

Fontanes Interesse an Paretz reichte in die Anfangsjahre seiner *Wanderungen*-Zeit zurück. Mindestens fünf Mal hat er den Ort besucht; von zwei Aufenthalten sind Reisenotizen überliefert. Der erste nachweisbare Besuch fand Ostern 1861 statt[112], also kurz bevor der erste, noch nicht regional eingegrenzte *Wanderungen*-Band publiziert wurde. Weil dessen Druck bereits für den Sommer 1861 terminiert war, ist nicht davon auszugehen, dass Fontane plante, Paretz hier noch aufzunehmen.[113] Geografisch korrekt gelangte der Ort erst in den dritten *Wanderungen*-Band, der 1873 unter dem Titel *Ost-Havelland* erschien.

Für Paretz hatte das erst einmal keine Folgen. Die zuweilen kolportierte Behauptung, Fontanes Beschreibungen hätten einen »nachhaltigen Besucherboom« ausgelöst[114], lässt sich nicht belegen. Dorfchronist

Carl Hölzel beklagte 1910, dass Paretz seit den glanzvollen Zeiten »in Weltabgeschiedenheit und Stille gesunken« sei und »nur wenige Freunde« kämen, »um die geweihten Stätten zu besuchen«.[115] Das änderte sich erst wenige Monate nach diesem Eintrag. Fritz Henry, Hölzels Nachfolger, vermerkte in der Dorfchronik: »In diesem Jahr 1910, dem Gedächtnisjahr des 100. Todestages der Königin Luise, zog es besonders viele Besucher aus nah und fern nach unserem Haveldörfchen.« In den Sommermonaten seien »fast täglich Dampfer und Kremser mit Schulen und Vereinen« eingetroffen, um vor Ort »Luisen-Gedächtnisfeiern« abzuhalten.[116]

Im ersten Haus am Platze

Im Gegensatz zu Fontanes Ausflug im Frühjahr 1861, von dem weder Kontakte vor Ort noch Reisenotizen überliefert sind, lässt sich ein weiterer Aufenthalt in Paretz acht Jahre später genauer rekonstruieren. Der Besuch am 7./8. August 1869 ist in seinen Notizbüchern dokumentiert[117] und diente als Grundlage für das *Paretz*-Kapitel in den *Wanderungen.* Zur Vorbereitung hatte Fontane den Paretzer Hofgärtner Johann Sulpiz Wilken kontaktiert. Das belegen zwei bisher nicht veröffentlichte Briefe Wilkens. Aus dem ersten geht hervor, dass die Kontaktaufnahme offenbar sehr kurzfristig erfolgte. Anders ist nicht zu erklären, warum Wilken Fontanes Schreiben erst am 6. August, einen Tag vor dessen Ankunft in Paretz, bestätigte: »Ew. Hochwohlgeboren beeile ich mich sofort« zu benachrichtigen, ihn »am Sonnabend [7. August] zu empfangen«.

Fontanes Anfrage löste beim Hofgärtner jedoch keinen Stress, sondern überschwängliche Freude aus: Der Besuch sei ihm eine »ganz besondere[n] Ehre« und er werde sich bemühen, ihm »alles Sehenswerthe noch zu zeigen und mitzutheilen«. Es verstehe sich »hierbei von selbst, dass Sie bei uns übernachten«. Auch für die Rückfahrt würde er Sorge tragen.[118] Weil Fontane die Antwort des Hofgärtners vermutlich abgewartet hatte und eine Unterkunft nun gewährleistet war, brach er erst gegen Mittag auf, fuhr über Potsdam nach Uetz, wo er mit der Fähre übersetzte[119], und traf am frühen Abend in Paretz ein.[120]

Fontane wird zunächst das Haus des Hofgärtners aufgesucht haben, um sein Gepäck unterzubringen und Wilken zu treffen. Der Hofgärtner wohnte im Alten Gasthof – das erste Haus am Platze. Das Gebäude befindet sich nur etwa 200 Meter in Sichtweite vom Schloss entfernt, am Parkring gegenüber dem Kirschgarten. Es gehört heute zum historischen Dorfensemble, das im Auftrag von König Friedrich Wilhelm III. errichtet wurde. Der Gasthof diente vor allem der Unterbringung der königlichen Gäste, weil die Raumkapazitäten im Schloss begrenzt waren.

Als Betreiber wurde kein Gastwirt eingesetzt, sondern der erste Paretzer Hofgärtner David Garmatter, *der seine Aufgabe*, wie Fontane in den *Wanderungen* lobt, *mit ziemlichem Geschick löste und, Natur und Kunst vereinend, in den drei durch Landstraßen umschlossenen Parkanlagen eine bescheidene Nachahmung der Gärten von Klein-Trianon versuchte* – eine Anspielung auf das nordöstlich von Schloss Versailles gelegene Lustschloss Petit Trianon, das von einem mit Pavillons und Landhäusern versehenen englischen Garten umgeben war. Auch die Nachfolger Garmatters fungierten in Personalunion als Hofgärtner und Gastwirt. Das Wirtshaus entsprach gehobenen Ansprüchen. Neben einem Gastraum im Erdgeschoss besaß es vier Stuben mit einer jeweils angeschlossenen Kammer.[121] Fontane war in der Mark weniger komfortable Unterbringungen gewohnt.

Die Exklusivität hat in jüngster Zeit wieder Einzug gehalten. In der Nachkriegszeit war der alte Gasthof zunächst als Flüchtlingsunterkunft, später als Schule und Mietshaus genutzt worden. Nachdem das Gebäude Anfang der 2000er Jahre vom Ehepaar Sibylle und Wolfgang Stich grundlegend saniert worden ist, bietet es jetzt unter dem Namen *Landhaus Luise* zwei großzügige Ferienwohnungen. »Man wohnt also nicht mehr in Stube und Kammer«, sagt Wolfgang Stich, »sondern in achtzig Quadratmeter großen Wohnungen mit hohem Komfort.« Natürlich würden die Gäste immer wieder fragen, »wer wohl alles schon hier übernachtet haben könnte: Prinzen und Prinzessinnen anderer fürstlicher Häuser, Mitglieder der Hofgesellschaft, David Gilly, Theodor Fontane?« Jedes Mal müssten die Neugierigen dann enttäuscht werden: »Leider existieren keine Aufzeichnungen dazu und damit auch keine Beweise für den Aufenthalt berühmter Persönlichkeiten hier im Haus.«[122] Immerhin ist Fontanes Übernachtung im Alten Gasthof jetzt durch Wilkens Briefe belegt.

Hofgärtner-Devotion

Dass Fontane in Paretz ein Experte zur Verfügung stand, der ihn mit Informationen versorgte und ihm eine exklusive Führung bot, war ein Glücksumstand – und nicht die Regel. Es ist ein Umstand, der in Paretz eine Tradition entwickelt zu haben scheint: 150 Jahre später profitieren wir von der Expertise des besten Paretz-Kenners der Gegenwart. Und dieser wiederum geriet vierzig Jahre zuvor auch an einen Experten – in einer Zeit, in der das Schloss kein Schloss sein durfte. Aber darüber später mehr.

Fontanes Experte, Sulpiz Wilken (1815–1887), hatte die Gärtnerlehranstalt am Wildpark bei Potsdam besucht, arbeitete dann zunächst als Obergehilfe in Schloss Sanssouci und übernahm schließlich ab 1864 bis zu seinem Tod das Amt des Königlichen Hofgärtners in Paretz.[123] Zeitweise war er auch als »Kastellan zu Schloss Paretz« tätig.[124] In Fontanes Erstausgabe über das Havelland wird Wilken unter der verwendeten Literatur explizit aufgeführt: *Mündliche und briefliche Mittheilungen des Hofgärtners Wilken.*[125] Aber welche Informationen Fontane tatsächlich von Wilken erhielt und über was die beiden geplaudert haben, ist nicht nachweisbar.

Dagegen lässt sich zitieren, wie Wilken den Besuch Fontanes erlebte. »Ew. Hochwohlgeboren« muss einen bleibenden Eindruck hinterlassen haben. »Noch immer«, schreibt Wilken am 16. August 1869 an Fontane, seien er und seine Frau »voll von der Erinnerung der herrlichen Stunden, die wir mit Ihnen verlebt haben und bei der tiefen Verehrung [,] die wir für Sie hegen [,] erfüllt uns die Zusicherung, Ihren Besuch bald zu wiederholen mit der herzlichsten Freude«. Allerdings möge Fontane seine Wiederkehr doch bitte »einige Tage vorher freundlichst anzeigen«, damit auch sein Bruder dabei sein könne.[126]

Wilkens Bruder Friedrich arbeitete als Garteninspektor in Sanssouci. Ihr Vater Friedrich Wilken (1777–1840) gehörte Anfang des 19. Jahrhunderts zu den renommiertesten Historikern. Wilken sen. war Professor für Geschichte und Orientalistik an der Berliner Friedrich-Wilhelms-Universität, Mitglied der Preußischen Akademie der Wissenschaften und erster Leiter der 1831 neu gegründeten Universitätsbibliothek. Bekannt wurde er durch seine *Geschichte der Kreuzzüge*, die in acht Teilen erschien.[127] Verheiratet war Wilken sen. mit der Zeichnerin Caroline, geb. Tischbein, der Tochter des bekannten Malers Johann Friedrich August Tischbein (1750–1812), des sogenannten »Leipziger Tischbein«. Tischbein malte Luises Schwester Friederike 1797 – mit Turban.

Ob Fontane mit Wilken über dessen prominente Vorfahren gesprochen hat, ist nicht bekannt. In seinen Notizen findet sich dazu kein Hinweis. Und Wilken jun. war dem Wanderer offenbar zu unbedeutend, was dieser ihm indirekt bestätigte. Umso bedeutender erschien dagegen Fontane. Dieser könne sich wohl denken, schrieb Wilken, dass sein »sonst stilles und einsames Leben [in Paretz] auf keine angenehmere Weise unterbrochen werden kann«. Der Hofgärtner könne sich lebhaft vorstellen, wie sehr der Dichter beschäftigt sei; »bei Ihrem regen schaffenden Geiste wird aber die Arbeit eine stets unversiegbare Quelle sein«; daher müsse er es sich »zur besonderen Ehre anrechnen, dass Sie mir ein Theil ihrer Zeit zugewendet haben«.[128]

Fontane wiederum, der den Hofgärtner nicht nur in sein Herz geschlossen, sondern mit kleinen Rechercheaufträgen auch in sein *Wanderungen*-Netzwerk aufgenommen hatte, amüsierte die Demut Wilkens. »Heute hatte ich auch einen Brief von meinem Paretzer Hofgärtner Wilken«, schrieb er an seine Frau Emilie. »Immer der alte, ein Nonplusultra von Artigkeit; Hesekiel nennt mich zwar jetzt auch ›Prinz Fontane‹, aber was will dieser Scherz sagen gegen den blutigen Ernst der Hofgärtner-Devotion.«[129]

Stille und Stürme
Die Renaissance von Schloss Paretz

Fontane durfte exklusiv ins Schloss. Am Morgen nach dem heftigen Gewitter führte ihn der königliche Hofgärtner persönlich durch die Räume. *Die Sonne funkelte wie gebadet*, schreibt Fontane, *und als die Läden des Schlosses sich wieder öffneten, schoss das Licht hinein und lief wie ein Blitz durch alle Räume. Das Dunstige und Trübselige, das sonst in solchen Räumen zu Hause ist, es war wie ausgefegt; Licht macht wohnlich, alles schien bereit; es war, als solle das schöne königliche Paar, das hier vor siebenzig Jahren lebte und lachte, jeden Augenblick wieder Einzug halten. Und wenn es so wäre, sie würden die Stätte ihres Glücks wenig verändert finden.*

Stätte ihres Glücks wenig verändert: Luises Wohnzimmer in Paretz, das Himmelbett wurde erst 1814, vier Jahre nach dem Tod der Königin, hier aufgestellt, Postkarte, um 1920

150 Jahre später ist Fontanes Beschreibung wieder aktuell. Die alte Zeit ist nicht stehen geblieben; man hat sie ins Schloss zurückgeholt. Hauptverantwortlich für die Renaissance der Luisen-Zeit ist Matthias Marr. Er gilt als »Retter von Schloss Paretz«. Der ehemalige Kastellan ist zwar nicht mehr Hausherr, aber er ermöglicht uns – wie Wilken seinerzeit Fontane – einen exklusiven Rundgang durchs Schloss. Mit einer kleinen Orientierungshilfe: »Schloss Paretz, rechter Eingang. Bitte bei ›Wache‹ klingeln. Ich komme dann zur Tür.«[130] Unsere Einfahrt in Paretz ist jedoch alles andere als poetisch. Alles wirkt kahl und kalt. Der Ort scheint Anfang März wie ausgestorben: bis auf eine Dorfbewohnerin, die ihren Dackel ausführt, und ein Paar aus Berlin, das sein Cabrio zu früh aus der Garage geholt hat. Wir parken am Restaurant *Gotisches Haus* und gelangen auf der schnurgeraden Promenade durch den Kirschgarten in den Schlosshof, den wir durch ein kleines Holztor betreten. Es ist eine fast kreisförmige Anlage – umsäumt von *hohen Pappeln, überall die spalierbildende Garde königlicher Schlösser.* Zwei

Pappeln stehen wie Zinnsoldaten vor dem Mittelrisalit des Eingangs. Das Schloss selbst liegt still im Land. Alle Parterrefenster der sechzig Meter langen Gebäudefront sind von innen verhängt. Auf dem Dach siedelt Moos und an der Fassade blättert der Putz. Die Restaurierung liegt zwanzig Jahre zurück.

Wir müssen nicht klingeln. Matthias Marr steht schon lächelnd in der Tür. Höflich weist er uns auf die Maskenpflicht im Schloss hin und bittet uns einzutreten. Obwohl er 2017 das Amt des Kastellans aufgegeben hat, besitzt er noch ein Büro im Schloss – als Vorsitzender des Vereins Historisches Paretz. Marr ist nicht im Ruhestand. Für Paretz ist er weiterhin aktiv. Für was auch sonst.

Luises Klavier und Friedrich Wilhelms Nachttopf

Wir sind kaum eingetreten, da wechselt Marr schon in den Führungsmodus. Hinter dem rechten (westlichen) Eingang gibt es schließlich gleich etwas zu sehen – und zu erklären. Das große Treppenhaus sei der einzige Raum im Schloss, »der von 1797 bis heute unverändert erhalten geblieben ist«. Die DDR-Zeit überlebte der Aufgang, weil er einerseits ein ausdrucksvolles Beispiel für Potsdamer Bürgerhaustreppen aus der Zeit um 1800 sei und andererseits den neuen Nutzungsanforderungen nicht im Wege gestanden habe. Der einzige Raum? Marr nickt. Luises Refugium hatte zwar den Napoleonischen Sturm unbeschadet überstanden, nicht aber die Stürme des 20. Jahrhunderts.

Nach der Novemberrevolution 1918 war das Schloss im Privatbesitz der Hohenzollern geblieben. Die letzten königlichen Schlosseigentümer, ab 1893 Prinz Heinrich von Preußen (1862–1929), Sohn des 99-Tage-Kaisers Friedrich III., und dann bis 1945 dessen Ehefrau Irene von Hessen und Rhein, mussten sich jedoch wie alle Bürger in der Weimarer Republik an denkmalpflegerische Auflagen halten. So wurden Schloss beziehungsweise Gartenanlagen, die nach dem Tod König Friedrich Wilhelms IV. 1861 stark vernachlässigt worden waren, zum Teil restauriert oder rekultiviert.[131] Unversehrt überstanden den Zweiten Weltkrieg sowohl das Schloss als auch die dort eingelagerten Kunstgüter aus anderen Schlössern und Museen. Aber zum Kriegsende ereilte auch Paretz das Schicksal ostdeutscher Schlösser und Herrenhäuser.

Der Besetzung durch die Rote Armee am 24. April 1945 gingen Plünderungen der Bevölkerung voraus. Die Sowjets, die im Schloss eine Kommandantur einrichteten, blieben bis 1946 und hinterließen nach Zeugenaussagen ein nahezu leeres Gebäude. Zu den wertvollsten Raubgütern aus Paretz gehörte Luises Klavier, das Hofmarschall von Massow 1793 in London bei der – für ihren guten Klang bekannten – Klavierbaufirma Schoene[132] gekauft und Luise, vermutlich anlässlich ihrer Hochzeit mit dem Kronprinzen, zum Geschenk gemacht hatte. Zunächst stand es im Kronprinzenpalais, ab 1797 im Paretzer Wohnzimmer der Königin.[133] Fontane scheint das grazile Instrument aus Mahagoni nicht beeindruckt zu haben. In seinen Notizen wird es unter der Überschrift »Königin Luisens Zimmer« gar nicht[134] und in den *Wanderungen* lediglich in einem Nebensatz erwähnt: als *das kleine Klavier, das die Königin selbst benutzte.*

Das Klavier kam schneller nach Deutschland zurück als andere Kulturgüter – im Rahmen der zweiten großen Rückgabeaktion der Sowjetunion an die DDR in den Jahren 1957/58. Bis zur Jahrtausendwende blieb es in Potsdam im Depot, erklärt Matthias Marr. Erst 2001 wurde es mit Spendenmitteln restauriert und wieder in Luises Paretzer Wohnzimmer aufgestellt. Das sei »nach dieser Vorgeschichte ein kleines Wunder«, ergänzt Marr. Man kann sein Lächeln hinter der Maske nur erahnen.

Zurückgekehrt ins Schloss ist auch ein königlicher Nachttopf. Der elegant geformte Krug aus weißem Porzellan mit den Initialen F.W. für Friedrich Wilhelm und L.P. für Landsitz Paretz stammt aus der Königlichen Gesundheitsgeschirr-Manufaktur (KGM), einem Tochterbetrieb der Königlichen Porzellan-Manufaktur (KPM).[135] »Gerettet« hat ihn ein Bauer aus Ketzin – eher durch Zufall. Bei der offiziellen Schlossführung wird die Geschichte so erzählt: Als ein sowjetischer Soldat mit dem Topf Milch transportiert haben soll, hätte der Ketziner ihn gegen ein größeres Gefäß eingetauscht. Nach dem Tod des Bauern brachte die Familie den Nachttopf wieder ins Schloss. Auch er wird im Wohnzimmer der Königin gezeigt – neben dem Klavier, diskret in einem Nachtschrank untergebracht.

Die eigentliche Attraktion in Luises Wohnzimmer ist die Wandgestaltung. Es ist – wie die anderen königlichen Räume – mit prachtvoll

Zurückgekehrt ins Schloss: Königlicher Nachttopf, heute in Luises Wohnzimmer

gemalten Papiertapeten ausgestattet.[136] An allen vier Wänden bieten sie durch illusionistische Bogenfenster Ausblicke in sommerliche Landschaften. Auf einer fensternahen Tapete schaut man auf die Pfaueninsel – ein weiterer Sehnsuchtsort der Königin, den Fontane im *Havelland*-Band beschrieben hat.[137] Der Betrachter fühle sich in dem Raum »wie in einem nach allen vier Seiten offenen Pavillon, mitten in der Landschaft«.[138] Ansonsten wuchert auf den Tapeten, was die königliche Botanik zu bieten hatte: Kaiserkronen und Schwertlilien, Vogelbeeren und Trauben, märkische Rosenstämme und türkischer Weizen. Dass ausgerechnet die Tapeten, der kostbarste und zugleich fragilste Teil des Interieurs, die Wirren der Nachkriegszeit nahezu unbeschadet überstanden hätten, gehört für Matthias Marr »zu den großen Wundern der Schlossgeschichte«. Zwischen dem Abzug der Roten Armee 1946 und der vorübergehenden Einquartierung von Flüchtlingen gelang es 1947, Tapeten aus sechs Räumen von der Wand zu nehmen und im Neuen Palais einzulagern. Die Rettung der Tapeten sorgte fünfzig Jahre später für ein weiteres Wunder. Weil die Verlegerwitwe Ruth Cornelsen ihre großzügige Spende für die Restaurierung der Tapeten mit der Forderung nach deren Rückkehr an den angestammten Ort verknüpfte, gab die einstige königliche Wandbekleidung »den Ausschlag für die umfassende Wiederherstellung des Schlosses«, sagt Matthias Marr. Davon war jahrzehntelang nicht zu träumen. Aber es gab Menschen, die in der DDR die Erinnerung an die glanzvollen Zeiten des Hauses aufrechterhielten. Und es gab Fontane, der postum dazu beigetragen hatte.

Der Retter von Schloss Paretz

Schrittweise ging Luises Sehnsuchtsort verloren. Zwar fiel das Schloss nicht einem politisch motivierten Abriss zum Opfer, aber es wurde bis zur Unkenntlichkeit geschleift. Die sowjetische Besatzungsmacht übergab 1948 das enteignete Gut Paretz an die Vereinigung der gegenseitigen Bauernhilfe (VdgB), die im Schloss eine Bauernschule einrichtete. Die vorgenommenen Veränderungen zwischen 1948 und 1950 wurden vor allem an der Fassade sichtbar. Die Mittelrisalite auf beiden Schlossseiten mit ihren charakteristischen Rundbogenfenstern verschwanden; der Glattputz musste einem Kieselkratzputz weichen.[139] Auch symbolisch setzte die gerade gegründete DDR ein Zeichen. Die zur Bauernhochschule aufgestiegene Einrichtung erhielt den Namen des Kommunisten Edwin Hoernle, der 1945 als Präsident der Deutschen Zentralverwaltung für Land- und Forstwirtschaft für die Durchführung der Bodenreform verantwortlich war.

War die ursprüngliche Raumaufteilung zunächst erhalten geblieben, sollte die Übernahme durch die Vereinigung Volkseigener Betriebe (VVB) Tierzucht Paretz, die das ehemalige Schloss Paretz zu ihrem Hauptsitz wählte, ab 1963 zu massiven Eingriffen führen. So wurden Vestibül und Gartensaal zu einem Konferenzraum zusammengelegt. Wie es dann im Innern aussah, zeigen Fotos, die heute in keinem Schlossbuch zu finden sind – als wolle man diese Epoche besser nicht veranschaulichen. Eines der Motive zeigt eine Zimmerflucht im Erdgeschoss mit kahlen Wänden, gemustertem Linoleumboden, einem weißen Heizkörper und von der Decke herabhängenden Rasterleuchten – standardisiertes DDR-Design für Büros. Nichts erinnert an die historische Ausstattung des Schlosses. Sollte es auch nicht. Im Arbeiter- und Bauernstaat waren königliche Erinnerungsorte nicht vorgesehen.

Auch das Schlossareal wurde umgestaltet: An der Ostseite entstand ein Verwaltungstrakt und an der Südseite ein Speisesaal. Die baulichen Veränderungen, insbesondere der Kieselkratzputz an der einstigen Schlossfassade, hätten immer wieder zu Irritationen geführt, erzählt Matthias Marr. Am häufigsten sei die Frage gestellt worden: »Wo ist denn hier das Schloss?« Zu den Interessierten, die in der DDR-Zeit nach Paretz kamen, gehörte auch Marr. Sein Besuch blieb jedoch kein einmaliger Ausflug in das Haveldorf.

Inzwischen sind wir mit Matthias Marr im ersten Stock angekommen, wo er uns in die kleine Bibliothek des von ihm geleiteten Vereins Historisches Paretz e. V. führt. Auf zwei zusammengeschobenen Tischen in der Mitte des Raumes warten Gebäck, Kaffee und Unterlagen auf uns. Der kleine Raum ist eingerahmt von weißen Ikea-Regalen, in die über die Jahrzehnte eine Menge Literatur Einzug gehalten hat. Einen besonderen Platz – ob nun Zufall oder Absicht – haben die Fontane-Bände, die in dem Regal zwischen den beiden Fenstern aufgereiht sind: von einer *Havelland*-Ausgabe aus dem Jahr 1910 über die alten DDR-Ausgaben der *Wanderungen* bis zur aktuellen Fontane-Biografie von Regina Dieterle. Schaut man an Fontane vorbei, eröffnet sich durch die Fenster Richtung Süden ein Blick über den noch kahlen Schlossgarten bis zu den Havelwiesen.

»Ohne Fontane wäre nach 1945/49 vom Andenken an das alte Paretz wenig übrig geblieben«, eröffnet Marr die Gesprächsrunde in seinem Refugium. Die DDR-Regierung wollte mit den Hohenzollern »nichts mehr zu tun haben«, hätte sich aber dem kulturellen Erbe gestellt und Fontanes *Wanderungen* notgedrungen in Kauf genommen. Er selbst war auch »mit Fontane unterm Arm« nach Paretz gekommen, aber das Interesse an dem Ort war einer anderen Person geschuldet. Mit elf Jahren fand er auf dem Dachboden des alten Pfarrhauses im thüringischen Ziegenrück, in das er mit seinen Eltern gezogen war, ein Buch von 1910. Es war dem 100. Todestag von Königin Luise gewidmet. Über dreißig Jahre später, im August 1981, reiste Marr, inzwischen Buchhändler in Magdeburg, endlich nach Paretz – ab Potsdam mit dem Bus und ab Ketzin zu Fuß. Vor Ort zeigte er sich schockiert, weil alles noch schlimmer war, als er es sich vorgestellt hatte. Während er in der Pförtnerloge der VVB Tierzucht Paretz die Auskunft erhielt, hier

Luises Landglück in Arbeiter- und Bauernhand: Schloss Paretz, Fotografie, um 1990

gäbe es kein Schloss, fand er in der Dorfkirche einen handgeschriebenen Zettel mit einem verlockenden Angebot: Wer eine Führung wünsche, solle im Pfarrhaus klingeln. Er hatte Glück, denn der Verfasser des Zettels war zu Hause und bereit, dem Fremden das Schloss zu zeigen. Pfarrer Heinz Koch, der mit Beginn seines Ruhestandes 1978 nach Paretz gezogen war, entführte Marr drei Stunden in eine Welt, die in der Realität nicht mehr existierte. Marr war nicht der Einzige, der von Kochs Vermittlung schwärmte. »Die Leute hingen an seinen Lippen, wenn er von Luise und dem Schloss erzählte.« Pfarrer Koch sei hier eine »touristische Institution« gewesen. Paretz ließ Marr nun nicht mehr los. Er kam regelmäßig in das Dorf. Und zwischen den beiden geschichtsbegeisterten Männern entwickelte sich eine Freundschaft, die Marrs Leben mit dem Ende der DDR eine völlig neue Wendung gab. Als er 1990 seine Stelle im Volksbuchhandel verlor, zog er nach Paretz, wo ihn das Ehepaar Koch aufnahm und ihm eine ABM-Stelle vermittelt wurde. Von nun an verfolgte Marr vor allem ein Ziel: die Dorfanlage

»als klassizistisches, preußisches Gesamtkunstwerk« wiederherzustellen. »Hartnäckig« sei er dabei vorgegangen, erfahren wir später vom Schlosspersonal; »ohne Berührungsängste, gegen schier unüberwindbare Widerstände«, hieß es 2002 in der Laudatio bei der Verleihung des Bundesverdienstkreuzes für den »Bewahrer von Schloss Paretz«.[140]

Während eines Gesprächs über die Zukunft des Schlosses im Mai 1990 wurde die Idee eines Vereins geboren, der im November gegründet wurde und für den Marr den Vorsitz übernahm. Die zwischenzeitlich über 200 Mitglieder kamen nicht nur aus Paretz, sondern auch aus Berlin und Potsdam, sogar aus Kalifornien. Elf Jahre und unzählige Sitzungen später wurde das Schloss im September 2001 feierlich wiedereröffnet. Besitzer ist seit 1999 die Stiftung Preußische Schlösser und Gärten, die Marrs Bewerbung für die Stelle des Schlossbereichsleiters dankbar angenommen hatte. Er wurde der erste Nachkriegskastellan. Wenn Marr fakten- und anekdotenreich in die Geschichte eintaucht oder spontan aufspringt, um eine Jahreszahl in der Literatur zu überprüfen, oder euphorisch über weitere Paretzer Pläne berichtet, dann hat man nicht den Eindruck, dass er bereits seit 2017 im Ruhestand ist. Es gibt noch so viel zu tun …

Inhalt und Genuss

»O ja«, sagt Evelyn Friedrich. Es klingt wie ein Seufzer. Die Nachfolgerin im Amt der Schlossbereichsleitung sitzt vier Wochen später mit uns im Parterre des Schlosses – unter einem riesigen Gemälde, von dem ein fast übermächtiger Prinz Heinrich von Preußen herabschaut.[141] O ja, es gibt noch so viel zu tun. Als sie 2017 die neue Stelle antrat, übernahm sie zwar ein »fast frisch saniertes und gut bestelltes Haus«, aber sie erbte ebenso ein Phänomen, über das seit längerem auch andere Schlösser klagen: »einen stetigen Rückgang der Besucher«. Schloss Paretz hatte 2010 aufgrund der fulminanten Ausstellung *Luise. Die Kleider der Königin* mit 70.000 Besuchern den Zenit erreicht. Im Fontane-Jahr 2019 fühlte man sich »schon auf dem aufsteigenden Ast«, dann kam Corona. »Unsere Gäste sind vielleicht bei Netflix gelandet?«, sagt die Schlossherrin und lacht. »Jetzt müssen wir sie wieder aus dem Sessel holen.« Aber wie?

Evelyn Friedrich, die zuvor als Schlossassistentin, unter anderem im Orangerieschloss im Park Sanssouci, gearbeitet hatte, verfügt über einen ansteckenden Optimismus und konkrete Ideen, von denen sie auch schon einige umgesetzt hat. Um neue und vor allem auch junge Besucher zu gewinnen, reiche eine »normale« Führung nicht mehr aus, erklärt sie. »Inhalt und Genuss« heißt eine ihrer Zauberformeln. Ein Schlossbesuch sollte nicht nur der Vermittlung von Wissen dienen, sondern auch andere Sinne ansprechen. So werden beispielsweise Führungen mit Musik und kulinarischem Angebot verknüpft. Schön findet Friedrich, dass beim Picknick im Schlossgarten die Gäste miteinander ins Gespräch kommen können.

In die Öffentlichkeit getragen werden müssten auch verstärkt die Fortschritte im Baugeschehen auf dem Schlossareal. Etwa die Einweihung des rekonstruierten Grottenbergs – ein scheinbar versunkener antiker Tempel zum Andenken an »Teure Verstorbene« und eine Grotte. Von diesem bereits 1797 angelegten und nach dem Krieg verschütteten Gartenkunstwerk am äußersten Rand des Schlossgartens kann man nun wieder einen herrlichen Blick über die Havelwiesen genießen. Für die Führung zum und über den Berg hat sich die Schlossbereichsleiterin einen verlockenden Titel einfallen lassen: *Der Berg ruft!* Die Presse griff es dankbar auf und die Gäste kamen. Sie würden vermutlich strömen, wenn der Berg gekrönt wäre mit dem japanischen Haus, das den Tempel und die Grotte einst zierte. Dafür aber bedarf es noch sehr viel Geduld und Geld. Friedrich wirkt angesichts der neuen Herausforderung nicht zerknirscht, sondern lacht wieder herzerfrischend. Und kommentiert gewohnt pragmatisch: »Jetzt erfreuen wir uns erst einmal an der Grotte und der faszinierenden Tempelruine.«

Reizende Anhöhe und monotone Landschaft
Das Belvedère

Einem königlichen Rückzugsort angemessen, gibt es in Paretz noch eine Steigerung: das Belvedère. Die Anhöhe auf dem Hohensberg, vier Kilometer von Paretz entfernt, bietet angeblich weit und breit die schönste Aussicht im flachen Havelland. Sie zu schätzen wusste auch Königin Luise, die, wie der Pfarrer und Publizist Johann Heinrich

Lehnert aus Falkenrehde berichtete, bei einem Erntefest vom »Magister Sybel zu Etzin« auf »diese reizende Anhöhe« aufmerksam gemacht worden sei. Daraufhin ließ der König auf dem Hügel im Jahr 1803 »einen viereckigen Turm in Ruinenform bauen, oben mit einem Blechboden und steinerner Brüstung, so dass man bequem darauf stehen und gehen kann«.[142] Der Turm bildete in der Verlängerung der Schlossachse – durch den Kirschgarten hindurch aufs freie Feld – in gewisser Weise einen nördlichen Außenposten der Paretzer Gartenanlage.

Ansichten und Grundrisse dieses königlichen Aussichtsturms sind auf einem Blatt in Martin Friedrich Rabes *Paretzer Skizzenbuch* zu sehen. Eine Kopie hängt in der Dauerausstellung des Schlosses, wo auf einer Infotafel erklärt wird, dass der Maler selbst die Fassade der künstlichen Ruine in gotisierenden Formen zu dekorieren hatte. Auch die innere Auszierung erfolgte im neugotischen Geschmack.[143] Die Einheimischen reagierten volkstümlich und tauften den Hohensberg in »Kapellenberg« um. Die Aussicht »oben auf dem Turm« sei, so Lehnert, »sehr anziehend und mannigfaltig. Man sieht mit bloßem Auge in weiter Ferne 60 Örter, und unter diesen eine Hauptstadt, eine Residenz, ein königliches Lustschloss, eine Festung und in der Nähe Äcker, Wiesen, Höhen, Birken- und Fichtenwäldchen.« Durch einen 1928 auf dem südöstlichen Abhang des Berges angelegten Weinberg habe die Umgebung des Belvedère dann noch »eine neue Verschönerung« erhalten.

Im Erdgeschoss des Turms befand sich ein kleines Zimmer mit einer Küche, »um das zu einem Tee oder Frühstück Erforderliche zu bereiten«, und darüber ein Saal, »von welchem man nach allen vier Gegenden umschauen« könne.[144] Bei Fontane klingt alles ein paar Takte nüchterner. Das große gewölbte Zimmer *mit vier Spitzenbogen-Fenstern* sei *einfach geweißt*. Es gewähre *einen freien Blick über die übrigens ziemlich monotone Landschaft*.[145] Wie schwärmt er dagegen von seiner *Umschau* auf dem Kirchturm in Petzow.[146]

Ja, Fontane war tatsächlich im Turm. Dass er den Berg zu Fuß bestiegen hat, ist nicht belegt. Vermutlich hat ihn Hofgärtner Wilken die vier Kilometer hinaufkutschiert; Fontane hätte sonst für den Hin- und Rückweg zwei Stunden wandern müssen. Vor Ort fertigte er Notizen an; es sind elf Seiten, darunter aber keine Zeichnung vom Belvedère.[147] Aus einem später mit blauer Tinte hinzugefügten Eintrag auf der ersten

Notizbuchseite zum Belvedère geht hervor, dass auch Fontane Lehnert als Quelle nutzte.[148] Einige Notizbuch-Formulierungen übernahm er in die erste Auflage von 1873 für den Abschnitt *Das Belvedère*. Er erschien jedoch nicht im Haupttext, sondern in den Anmerkungen.[149] Weil er für die zweite Auflage wieder herausgenommen wurde, ist Fontanes Text über Luises reizende Aussicht kaum bekannt.

Fontanes Beschreibungen sind detaillierter und deutlich leidenschaftsloser als die Aufzeichnungen der Heimatforscher. Den Aufenthaltsraum im ersten Stock, den Lehnert als »Saal« bezeichnete, stutzte Fontane im Notizbuch auf einen Raum mit »bequeme[r] Zimmergr[ö]ße«. In der Mitte ein »großer runder Kaffeetisch und 12 Stühle. Weiter kein Schmuck [...].«[150] Im gedruckten Text ergänzt er: *Friedrich Wilhelm III. liebte es, bei gutem Wetter, hier die Kaffee- oder Theestunden zu verplaudern*. Von Luise mal wieder kein Wort.

Das einzige Curiosum

Was Fontane dann im Turm zu sehen bekam, muss den Theaterkritiker begeistert haben – und erklärt die elf Notizbuchseiten. *Die einzige Sehenswürdigkeit dieses Ortes, richtiger ein Curiosum, bilden 30 größere und kleinere Theater- und Circus-Zettel aus allen Ländern Europas, die, bis zu erheblicher Höhe, die Wände bedecken.*[151] Der König war ein Theaterfan. Regelmäßig besuchte Friedrich Wilhelm III. Vorstellungen, nicht nur in Preußen. In Berlin förderte er zwei berühmt gewordene Bühnen: Er ermöglichte den Spielbetrieb sowohl für das Königliche Schauspielhaus am Gendarmenmarkt (ab 1821) als auch für das Königsstädtische Theater am Alexanderplatz (ab 1824), das erste bürgerliche Theater in der preußischen Hauptstadt.

Über die *Hälfte* der Theaterzettel habe *der König von seinen gelegentlichen Reisen mit heimgebracht*, schreibt Fontane in den *Wanderungen*; *sie wirken deshalb wie Tagebuch-[B]lätter aus einem Reise-Journal.*[152] In preußischer Gründlichkeit listete er die »höchst merkwürdige Zusammenstellung«[153] in seinem Notizbuch auf: Theaterzettel von vier Berliner Bühnen, darunter das Schauspielhaus und das Königsstädtische Theater; von Theatern in der preußischen »Provinz«, darunter aus Magdeburg und Königsberg, sowie Theaterzettel aus Österreich, Frankreich, England und Italien.[154]

K. K. Hoftheater nächst dem Kärnthnerthore.

Dienstag den 31. Juli 1827:

Der Blaubart.

Großes Ballet von weiland A. Vestris. Musik von verschiedenen Meistern.

Tanzende Personen:

Die Herren Samengo, Garay, Pirrot, Kohlenberg, Dlles. Brugnoli, Ramacini d. ä., Mad. Bretell, Dlles. Eißler Therese, Hasenhut Pauline, Mesi, Rabel, Schäffel und Eßler Hermine.

Herr Dimattia, erster Pantomimist in Neapel, wird die Ehre haben, in obiger Rolle aufzutreten.

Der vollständige Clavier-Auszug dieses Balletes ist in der Kunsthandlung bey Pietro Mechetti qm. Carlo, im Michaelerhause, zu haben.

Vorher:

Der gebesserte Lorenz.

Posse mit Gesang in einem Aufzuge. Musik von Sigora v. Eulenstein.

Preise in Conv. Mze.

Eine Loge im Parterre, dann 1. und 2. Stock 10 fl. — kr.
Eine Loge im dritten Stock 6 fl. — kr.
Ein gesperrter Sitz im ersten Parterre oder Gallerie 1 fl. 12 kr.
" " in den vierten Stock — fl. 48 kr.
Eintritt in das Parterre oder die Gallerie 48 kr.
" " in den vierten Stock 24 kr.
" " in den fünften Stock 12 kr.

Morgen:

IL BARBIERE DI SIVIGLIA.

Der Anfang ist um 7 Uhr.

Inkognito nach Wien? Theaterzettel des Theaters am Kärntnertor vom 31. Juli 1827

Anhand der Theaterbesuche ließe sich das »Kalendarium des Königs« vervollständigen. Verzeichnet ist dort zum Beispiel, dass Friedrich Wilhelm III. Mitte Juli 1827 »inkognito über Dresden nach Teplitz zur Badekur« reiste, wo er bis Ende August blieb.[155] Erwähnt ist ein Ausflug nach Spandau in die Sächsische Schweiz am 2./3. August; sein mutmaßlicher Abstecher Ende Juli nach Wien jedoch nicht. Zwei – nur im Notizbuch vermerkte – Theaterzettel legen nahe, dass er am 30. Juli 1827 die italienische Oper *Il barbiere di Siviglia* (Der Barbier von Sevilla) und einen Tag später das Ballett *Der Blaubart* im Wiener Theater am Kärntnertor (»k.k. Hoftheater nächst dem Kärnthnerthore«) – vermutlich auch inkognito – besucht hat.[156] Uns ist es gelungen, beide Theaterzettel in der Österreichischen Nationalbibliothek zu ermitteln, einer von beiden wird hier erstmals veröffentlicht.

Der Tod Friedrich Wilhelms III. 1840 leitete auch das Ende des Belvedère ein. Offensichtlich verirrte sich kein königlicher Nachfolger auf diese »reizende Anhöhe«. Für die Öffentlichkeit war der Turm jedoch

Nur noch die Außenmauern: Ruine des Belvedère, Fotografie, 1940er Jahre

freigegeben. 1910 hielt der Paretzer Lehrer und Chronist Carl Hölzel fest, dass er »in letzter Zeit für das Publikum gesperrt werden [musste]«, da zum einen »die Treppe recht morsch geworden ist« und zum anderen »ruchlose Hände das Innere beschädigten«.[157] 1934 standen noch die Außenmauern, 1947 wurden die Reste abgebrochen.[158]

Für einen Moment haben wir uns die Frage gestellt, ob eine Exkursion auf den Kapellenberg sinnvoll wäre. Es war eine rhetorische Frage. Natürlich müssen wir uns von »dieser reizenden Anhöhe« wenigstens ein Bild machen. Von Paretz aus ist sie, »wenn man den sogenannten Mittelweg [heute: Königsweg] über den Kiekel- und Breitenberg wählt«, rechnete Chronist Hölzel schon vor hundert Jahren aus, »in ungefähr einer Stunde zu Fuß zu erreichen.«[159] An einem sonnigen Märztag stiefeln wir los. Der Weg ist auch heute noch in einer guten Stunde zu schaffen. Wobei wir es leichter haben: 2,6 der circa vier Kilometer wurden 2008 von der Stadt Ketzin/Havel mit Fördermitteln restauriert. Der Rest des Weges ist Sand.

Auf dem Gipfel des Kapellenberges steht ein Akazienwäldchen. Sträucher und Bäume wachsen wild durcheinander. Im Sommer wird es sich mutmaßlich in einen Akazien-Urwald verwandeln. Die Aussicht – nun ja. Die Einheimischen wird es nicht freuen, wenn wir dem Meister recht geben. Es ist die Aussicht auf eine *ziemlich monotone Landschaft*. Weit und breit riesige Felder, die von einsamen Baumreihen durchschnitten sind. Und der einst *freie Blick* wird heute durch unzählige Windkrafträder gestört. Aber vielleicht liegt es auch an der Jahreszeit. Es fehlt das Grün. Angesichts des guten Wetters geben wir uns Mühe, die Hauptstadt zu erspähen. Vergeblich.

Matthias Marr, der Retter von Schloss Paretz, hat uns erzählt, dass sein Verein im Fontane-Jahr 2019 auch den einstigen Aussichtsturm in seine paretzweite Kampagne »Fontane war hier« einbezogen habe. Er organisierte eine Wanderung zum Kapellenberg, wo die Interessierten wie zu Königs Zeiten ein Imbiss erwartete. Der Höhepunkt im wahrsten Sinne des Wortes war eine angemietete Hebebühne, mit der sich Mutige zwanzig Meter hoch in den havelländischen Himmel schrauben lassen konnten.[160] Vielleicht haben sie – über die Windkrafträder hinweg – wenigstens den Fernsehturm gesehen. Mutig schlagen wir uns nun ins Dickicht und finden zwischen den Akazienbäumen schnell, wonach wir gesucht haben: Reste des Fundaments und jede Menge Ziegelsteine. Steine, mit denen Friedrich Wilhelm III. einst eine temporäre Illusion schuf.

Bei Potsdam

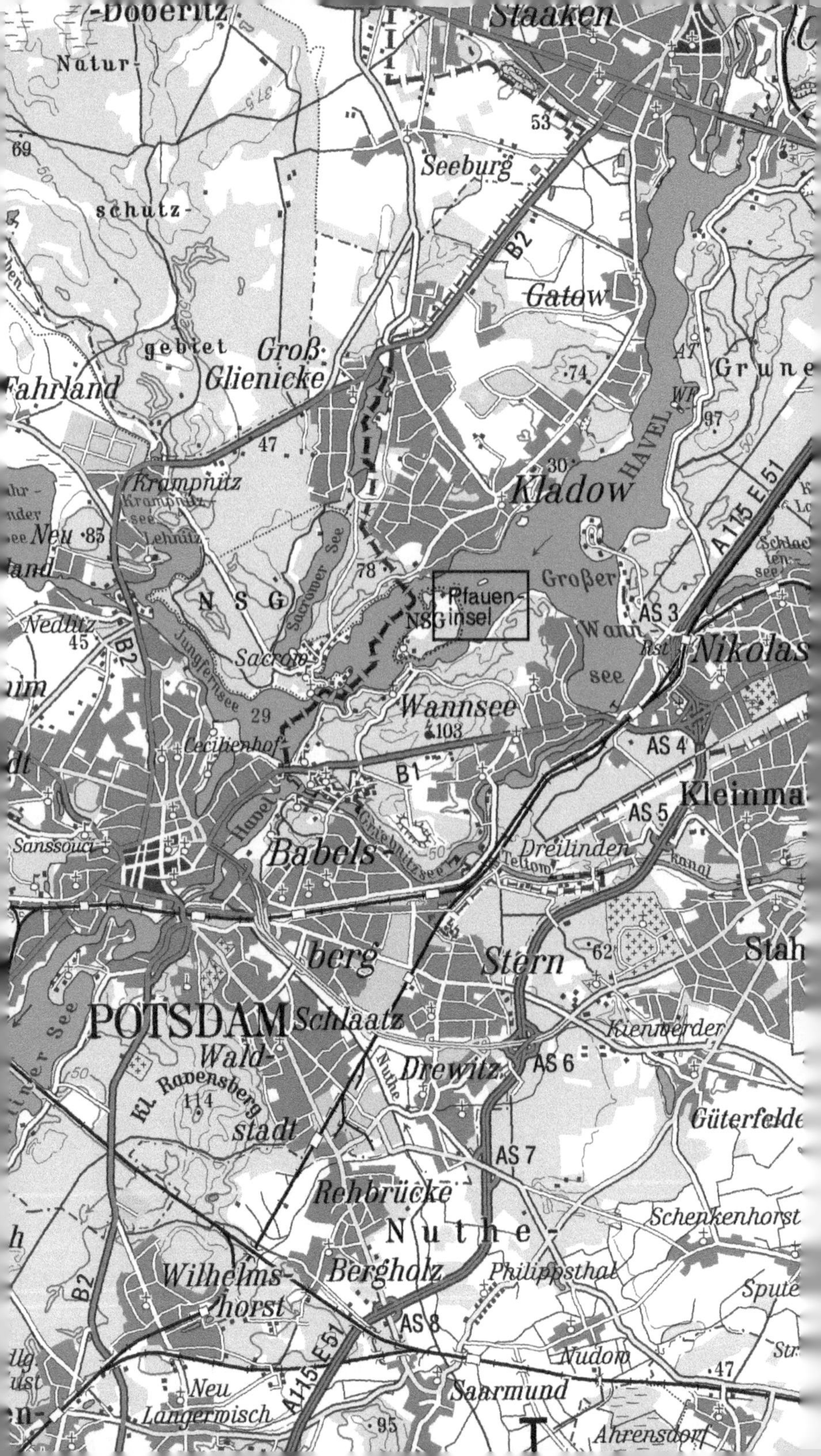

Döberitz
Staaken
Natur-
schutz-
gebiet
Seeburg
Groß Glienicke
Fahrland
Gatow
Grune
HAVEL
Krampnitz
Krampnitzsee
Lehnitzsee
Neu Fahrland
Kladow
NSG
Sacrower See
Pfaueninsel
Großer Wannsee
Nikolassee
Nedlitz
Sacrow
Jungfernsee
Wannsee
Cecilienhof
AS 3
AS 4
AS 5
AS 6
AS 7
AS 8
B1
B2
A115 E51
Kleinmachnow
Sanssouci
Havel
Babelsberg
Griebnitzsee
Dreilinden
Teltowkanal
Stern
Stahnsdorf
POTSDAM
Schlaatz
Waldstadt
Kienwerder
Drewitz
Nuthe
Kl. Ravensberg
Güterfelde
Rehbrücke
Nuthe-
Schenkenhorst
Wilhelmshorst
Bergholz
Philippsthal
Sputendorf
Nudow
Saarmund
Neu Langerwisch
Ahrensdorf

Pfaueninsel!
Wie ein Märchen steigt ein Bild aus meinen Kindertagen vor mir auf [...].
Fontane in *Ost-Havelland*, 1873

PFAUENINSEL

Nirgends wurde Fontane mehr von einer märkischen Landschaft verzaubert – was den Dichter zu poetischen Höhenflügen inspirierte. Nirgends spitzte er derart die satirische Feder – was nicht alle Zeitgenossen amüsierte. Und nirgends finden sich in den *Wanderungen* derart emanzipierte Frauen – wie die wundersamen Heldinnen auf dem schönsten Eiland Berlins. Willkommen auf Fontanes *Feeninsel*!

Streng genommen werden die *Wanderungen* von Männern dominiert. Während in Fontanes Romanen Frauenfiguren im Mittelpunkt stehen, überwiegen hier Männerthemen und Männerbiografien. Besonders auffallend ist die Männerdominanz im ersten Band *Die Grafschaft Ruppin. Auf Schritt und Tritt* nur *tüchtige Kerle.* Nicht ein einziges Unterkapitel ist einer Frau gewidmet.[1] Anders auf der Pfaueninsel. Hier erzählt Fontane von zwei resoluten Frauen aus dem Bürgertum, die das geschafft haben, was nur wenigen in seinen *Wanderungen* gelungen ist: sich von den Männern zu emanzipieren. Die eine brillierte mit ihrer Schauspielkunst, die andere mit ihrer Schlagfertigkeit. Beide kamen im *Havelland*-Band zu poetischen Ehren. Und beide haben auf der Pfaueninsel Spuren hinterlassen, die es zu entdecken gilt.

Der Ausflug auf die Insel ist die Reise in eine heile Welt, die nur rund eineinhalb Kilometer lang und einen halben Kilometer breit ist und deren Umrisse aus der Luft an einen Delfin mit erhobener Schwanzflosse erinnern.[2] Für Fontane war sie *wie ein Märchen.* Und tatsächlich taucht man hier ein in eine Traumwelt: Zu entdecken gibt es ein Schloss, das »schneeweiß wie eine Fata Morgana über dem Wasser der Havel zu schweben scheint«.[3] Eine exotische Tierwelt mit kreischenden

Rätselvolles Eiland: Blick auf die Pfaueninsel, 2022

Papageien, imposanten Wasserbüffeln und freilaufenden Pfauen, die der Insel den Namen gaben. Und eine Pflanzenwelt mit seltenen Arten und uralten, knorrigen Eichen, die nicht entsorgt werden, auch wenn sie entwurzelt sind.

Für den Ausflug auf Fontanes *rätselvolles Eiland* bedarf es heute nicht viel: Man muss drei Euro für die Fähre berappen und sich an die überschaubare Parkordnung für das »Gartenkunstwerk von Weltrang« halten. Die Insel zählt dreizehn Bewohner. Zwei von ihnen treffen wir: den Herrn der Pfaueninsel und die Frau des letzten Maschinenmeisters. Sie hat es schon vor Jahrzehnten beruflich auf die Insel verschlagen, zu einer Zeit, als hier noch die »Residenzpflicht« galt. Längst ist aus der Pflicht ein Privileg geworden – wer will schon freiwillig wegziehen von Berlins bester Lage. Die beiden außergewöhnlichen Insulaner verkörpern das Gedächtnis dieser Perle im Havelmeer.

Theaterdonner auf der Pfaueninsel
Die Schauspielerin Rachel Félix

Es war *das* Ereignis des preußischen Theatersommers 1852. Vor der Hofgesellschaft gastierte die berühmte französische Schauspielerin Rachel Félix exklusiv auf der Pfaueninsel. Sie bezauberte nicht nur den preußischen König, sondern auch das russische Zarenpaar, das gerade auf Staatsbesuch in Berlin weilte. Legendär wurde jedoch die Vorgeschichte ihres Auftritts, die beinahe zu einem Skandal geführt hätte. Dass sie überliefert wurde, ist dem Organisator des Theaterabends, Hofrat Louis Schneider, zu verdanken. Und Fontane, der die Story in den *Wanderungen* populär machte.

Der Hofrat referierte den Fall auf öffentlichen Veranstaltungen und verewigte ihn später in seinen Lebenserinnerungen. Seinen ungewöhnlichsten Vortrag hielt Schneider am Originalschauplatz – auf der Pfaueninsel, die schon zu Fontanes Zeiten als beliebtes Ausflugsziel galt. Im Sommer 1870, achtzehn Jahre nach dem spektakulären Theaterabend, schilderte er den »Gegenstand« auf der »Wanderversammlung« des Vereins für die Geschichte Potsdams. Unter den Zuhörern befanden sich auch Mitglieder des Berliner Geschichtsvereins – und Fontane. Seine Anwesenheit erschließt sich zum einen aus der Erstauflage seines *Havelland*-Bandes 1873, in dem er explizit den *Mündliche[n] Vortrag L. Schneiders über das Gastspiel der Rachel auf der Pfaueninsel* anführt[4], und zum anderen aus seinem Notizbuch, in dem die Vortragsmitschrift gefunden wurde.[5] Dass es sich um eine Mitschrift handelt, verraten der unregelmäßige Duktus und die Buchstabenverschleifungen am Wortende.[6]

Wie diese ungewöhnliche »Wanderversammlung« ablief, wurde im Veranstaltungsbericht protokolliert: Auf zwei Dampfschiffen, begleitet von einem Musikchor, setzten am Nachmittag des 29. Juni 1870 »trotz des anhaltend schlechten Wetters« 123 Personen auf die Pfaueninsel über. Nachdem sich die Teilnehmer »zu Spaziergängen und Besichtigungen zerstreuten«, wurden sie um 19 Uhr »durch das Signal: Sammeln! vor dem Schlosse vereinigt, wo, da das Wetter sich günstiger gestaltet hatte, gegenüber der Rachel-Statuette, Stühle aufgestellt waren«. Hofrat Schneider eröffnete die Versammlung und kündigte zwei

Vorträge an. Zunächst referierte Hofgarten-Direktor Jühlke über den Rosengarten Friedrich Wilhelms III., dann folgte nach einer »durch Unterhaltungs-Musik ausgefüllten Pause« der Vortrag Schneiders über den exklusiven Pfaueninselabend mit Rachel Félix.[7] Da Schneider »in freier Rede« sprach[8] und seine Lebenserinnerungen, in denen er der Rachel ein Kapitel widmete, erst neun Jahre später publiziert wurden[9], konnte Fontane seine Mitschriften für den *Havelland*-Band nicht überprüfen, was zu einigen Fehlern in seiner Darstellung führte.

Das nenn' ich ein lebendes Bild!

Während seines Vortrags stand Hofrat Schneider hinter dem Schloss direkt »an der Statuette der Schauspielerin Rachel Félix«.[10] Die kleine Marmorstatue des Bildhauers Bernhard Afinger hatte der von der Schauspielerin begeisterte Friedrich Wilhelm IV. in Auftrag gegeben, nachdem er sie 1850 in Potsdam auf der Bühne erlebt hatte. Auch Fontane, der die Tragödin im selben Jahr gesehen hatte, zeigte sich von Rachel beeindruckt. »Mein Urteil ist wie Deins«, schrieb er am 20. Juli 1850 seiner Frau Emilie, »nur heb' ich das Bewundernswerte dieser Erscheinung mehr hervor. Gleich der erste Moment ihres Auftretens, eh sie noch ein Wort gesprochen hat, ist 6 deutsche Theaterabende wert. Das nenn' ich ein lebendes Bild! Im Übrigen leidet sie alle 5 Akte durch an der Nymphomanie (Mannstollheit) was allerdings mehr in die Charité als auf die Bühne gehört. Eine Verirrung! aber so großartig, dass man zu keiner direkten Verdammung kommen kann.«[11]

Zu dieser Zeit war Élisa Rachel Félix (1821–1858) bereits ein Bühnenstar. Ihre Gastspielreisen führten sie nicht nur in die europäischen Hauptstädte, sondern auch nach Nord- und Mittelamerika. Wo sie auftrat, faszinierte sie das Publikum. Zeitgenössische Schriftsteller überschlugen sich mit Lobeshymnen. Alfred de Musset pries sie als »Genie«, Stendhal meinte, Rachel habe die Tragödie geradezu »erfunden«, und für Gottfried Keller war sie »der größte Künstler, den ich kenne«. Bewundernswert ist auch der kometenhafte Aufstieg der Schauspielerin, die als Elisabeth Félix in einem Schweizer Gasthof geboren und in ärmlichen Verhältnissen aufgewachsen war. Ihre jüdischen Eltern, die aus dem Elsass stammten, verdienten ihren Unterhalt als Kleinkünstler und Hausierer. Frühzeitig musste Elisabeth zum Unterhalt der sie-

Rachel Félix, Porträt von William Etty, ca. 1840

benköpfigen Familie beitragen, indem sie auf der Straße »Gassenhauer zum Harfenspiel ihrer Schwester [sang]«. Zufällig entdeckt wurde die kleine und zierliche Elisabeth, die durch ihre ausdrucksstarke Stimme auffiel, von Alexandre-Étienne Choron. Der Theaterpädagoge und Direktor des Pariser Musikinstituts holte die Familie in die französische Hauptstadt, wo er der Elfjährigen den Künstlernamen Rachel gab und ihr mithilfe von Spenden eine Ausbildung ermöglichte. Auf der Schauspielschule des Mimen Saint-Aulaire lernte sie neben der Kunst des Deklamierens auch Lesen und Schreiben.[12]

Rachel debütierte 1838 im Théâtre Français als Camille in Pierre Corneilles Tragödie *Horace* und wurde über Nacht zum neuen Star am Pariser Theaterhimmel. Zwei Jahre später wurde sie als Zwanzigjährige festes Ensemblemitglied und feierte 1841 mit ihrer Interpretation von Racines *Phädra* den größten Triumph ihrer Karriere. Berühmt-berüchtigt waren ihre zahllosen Affären. Aus der Beziehung zu Napoleons unehelichem Sprössling Alexandre Colonna-Walewski ging einer ihrer beiden Söhne hervor. Und gefürchtet war ihre Empörung, wenn es nicht so lief, wie es sich die Tragödin wünschte. Letzteres bekam auch Hofrat Louis Schneider zu spüren, der 1852 im Auftrag seiner Majestät Rachel von einem exklusiven Auftritt vor der Hofgesellschaft auf der Pfaueninsel überzeugen musste.

Niemals!

Es sollte ein Gastgeschenk der besonderen Art werden. Weil das russische Kaiserpaar im Juli 1852 auf Staatsbesuch in Preußen weilte und die Zarin Alexandra Feodorowna, eine Schwester des preußischen Königs, ihren 54. Geburtstag feierte, wurde Rachel Félix für ein Gastspiel nach Preußen eingeladen. Es waren auch zwei Abende im Theater im Neuen Palais in Potsdam geplant. Nachdem die zweite Aufführung aufgrund der drückenden Hitze, die der kränkelnden Zarin nicht zuzumuten war, ausfallen musste, plante Friedrich Wilhelm IV. eine exklusive Solo-Vorstellung auf der Pfaueninsel. Hofrat Schneider erhielt am 13. Juli den königlichen Befehl, die aus Berlin in Begleitung ihres Bruders Raphaël anreisende Schauspielerin auf dem Bahnhof Potsdam in Empfang zu nehmen. Während er auf den Zug wartete, ahnte er noch nicht, wie problemtisch die Organisation dieses Events werden würde.

Zunächst sei er erschrocken gewesen, berichtet der Hofrat in seinen »Erinnerungen«, die Schauspielerin in einem sehr einfachen, »ganz schwarzen Anzuge zu sehen«. Während Rachel meinte, einer Künstlerin, von der man ja wisse, dass sie »Brillanten und kostbare Kleider im Überfluss besitze«, gezieme es, »gerade in so hoher Gesellschaft, so einfach wie möglich zu erscheinen«, entgegnete ihr der Hofrat, dass Schwarz »die Farbe der tiefen Trauer« sei und man bei Hofe nie in Trauer erscheine, »wenn es nicht befohlen ist«. Schließlich gelang es Schneider, Rachel, die »mit scharfem Blick« eines »weltklugen Mädchen[s]« erkannt hätte, dass eine »Unschicklichkeit« besser zu vermeiden sei, davon zu überzeugen, sich umzuziehen. Eile war geboten, denn die Hofgesellschaft hatte sich auf dem königlichen Dampfschiff bereits Richtung Pfaueninsel in Bewegung gesetzt. So kutschierte Schneider die Geschwister Félix über Babelsberg nach Schloss Glienicke, wo sie das »Trauerkleide durch Hinzufügung einer Rose im Haar, helle Handschuhe und Drapierung des schwarzen Spitzenschleiers als Mantille in ein spanisches Nationalkostüm« verwandelten.[13] »Spanisch zugestutzt«, schrieb Fontane im Notizbuch mit.[14] Die Kostümfrage war also gelöst. Allerdings konnte Schneider noch nicht durchatmen, denn auf der Pfaueninsel erwartete ihn das nächste Problem. Ein Problem, das sich nicht so unkompliziert lösen ließ.

Nachdem die drei mit der Fähre übergesetzt hatten und die Schauspielerin bis zu ihrem Auftritt in die Obhut des Hofgärtners Fintelmann im Kastellanhaus übergeben wurde, durchkämmte Schneider vergeblich das Schloss, um die Bühne oder zumindest einen Zuschauerraum »zu entdecken«. Schließlich wandte er sich an den Haushofmeister, der mit dem Aufstellen der Teetische auf dem Rasen vor dem Schloss beschäftigt war. Auf die Frage, wo Rachel auftreten werde, erhielt Schneider mit dem Hinweis »auf den Kiesweg zwischen zwei Rasenstücken« die lakonische Antwort: »Hier!« Als Schneider überrascht ausrief: »Wie, hier im Freien?«, erklärte ihm der Haushofmeister, »die Allerhöchsten Herrschaften können bei der Hitze doch nicht in den engen Zimmern sitzen!« Schneider befürchtete zwar, dass »das wenig ermunternde Resultat« seiner Erkundigungen bei Rachel keine Freude auslösen würde, aber es kam schlimmer.

Die Schauspielerin reagierte entsetzt und sagte, sie werde nicht unter freiem Himmel spielen. Sie sei schließlich keine »Bänkelsängerin« und habe »nicht die geringste Lust«, ihren Ruf als erste Schauspielerin des Théâtre Français durch eine »comédie champêtre« aufs Spiel zu setzen. Auch ihr Bruder geriet »in außerordentliche Aufregung« und betonte, es sei absolut unmöglich, dass seine Schwester auf dem Rasen spiele.[15] Fontane, der die Szene in seinen *Wanderungen* irrtümlich auf den Bahnhof vorverlegt hatte, dramatisiert den Konflikt, indem er die Schauspielerin mehrmals *Jamais!* [Niemals!] ausrufen lässt. Angesichts einer drohenden *Niederlage ohnegleichen* stellt er dann die Frage: *Was tun?*

Königlicher Kulturmanager

Wenn am preußischen Hof einer die Kompetenz besaß, dieses Problem zu lösen, dann Schneider. Er verstand beide Seiten. Einerseits musste er die Wünsche des Königs erfüllen, von dem er die Information erhalten hatte, »die Kaiserin von Russland [sollte] sich auf ärztliche Anordnung vorzugsweise im Freien bewegen«[16], andererseits konnte er Rachels Ablehnung nachvollziehen, weil er früher selbst als Schauspieler gearbeitet hatte.

Louis Schneider (1805–1878) war ein Mann mit vielen Talenten: Schauspieler, Theaterregisseur, Militärschriftsteller, Publizist und Mitbegründer des Berliner und Potsdamer Geschichtsvereins.[17] Seinen größten Karriereerfolg verdankte er allerdings nicht seinen künstlerischen Fähigkeiten, sondern seiner königstreuen Haltung. Im Revolutionsjahr 1848 ernannte ihn Friedrich Wilhelm IV. zum Vorleser und verlieh ihm den Titel »Geheimer Hofrat«. Nun avancierte er zum königlichen Kulturmanager.

Fontane hatte Schneider bereits in den 1840er Jahren in der literarischen Gesellschaft *Tunnel über der Spree* kennengelernt. Er fand ihn »mehr oder weniger unsympathisch« und »seine Kunst geradezu schrecklich«. Bezugnehmend auf dessen *Tunnel*-Beinamen »Campe der Caraibe« kam er zu dem harschen Urteil: »In seiner mit Trivialitäten ausgestatteten, breitprosaischen Väterlichkeit war er ganz der Robinson Crusoe-Campe, wenn er aber in ein mehr oder weniger erkünsteltes Feuer geriet und dabei die gewagtesten seiner Sätze durch immer neue Ungeheuerlichkeiten übertrumpfte, so war er ganz ›Caraibe‹.« Allerdings betonte Fontane, »persönlich habe [er] sehr viel von Schneider gehabt«. Beide hätten »dasselbe Feld, Mark Brandenburg, kultiviert« und Schneiders »Berliner Weltweisheit, seine burleske, mitunter stark ins Zynische gehende Unverfrorenheit hat mich oft erquickt, auch gefördert«. Außerdem habe er in der Zeit, in der er seine *Wanderungen* zu schreiben begann, Schneider oft in dessen Potsdamer Wohnung getroffen, »um Ratschläge von ihm entgegenzunehmen. Namentlich bei dem Bande, der das ›Havelland‹ behandelt, ist er mir sehr von Nutzen gewesen.«[18] Vermutlich hatte Fontane 1870 auch seine Teilnahme an der »Wanderversammlung« auf der Pfaueninsel einer persönlichen Einladung Schneiders zu verdanken.

Im Unterschied zu Fontane hatte Schneider Rachel Félix schon 1846 auf der Bühne in Paris erlebt. »Vom ersten Augenblicke ihres Auftretens« hätte ihn »die Rachel in hohem Grade interessiert«.[19] Mit heutigen Worten: Schneider wurde zum großen Fan der Schauspielerin. Gespannt verfolgte er ihren »merkwürdigen Entwicklungsgange« und begann, »jedes Porträt, das von ihr erschien«, in seine Sammlung aufzunehmen. Sein Interesse erlosch jedoch, als er »übereinstimmende Nachrichten« erhielt, die »ihre Launen unerträglich, ihre Überhebungen gegen die

Kollegen maßlos, ihren Lebenswandel unsittlich schilderten«.[20] Schneider änderte seine Meinung erst wieder, als er, inzwischen zum Hofrat ernannt, Rachel 1850 – zwei Jahre vor dem Beinahe-Skandal – erstmals persönlich begegnete. Er hatte den Befehl erhalten, die Schauspielerin nach ihrem Gastspiel im Theater des Neuen Palais zur königlichen Tafel zu führen. Schon der Beginn der Unterhaltung hätte eine »so geistreiche wie taktvolle Frau« gezeigt.[21] Was Schneider ihr offensichtlich auch deutlich signalisiert haben muss, denn als er sie zwei Jahre später auf dem Potsdamer Bahnhof in Empfang nahm, »war die Begrüßung von ihrer Seite eine fast herzliche«.[22]

Der große Preis des Abends

Rachels Herzlichkeit war in die gefürchtete Empörung umgeschlagen, als Schneider der Tragödin eröffnet hatte, wo sie auf der Pfaueninsel rezitieren werde. Nach ihrer resoluten Ablehnung stellte der Hofrat seine *diplomatische Beredsamkeit* unter Beweis. Zunächst versuchte er ihr weiszumachen, es wäre eine Auszeichnung, statt auf einer vom Publikum getrennten Bühne »sich mitten in der fürstlichen Gesellschaft zu befinden«; sie werde »wie eine Eingeladene, nicht wie eine Befohlene, behandelt«; sie werde mit den Herrschaften Tee trinken und man werde das Wort an sie richten. Er müsse gestehen, konstatierte Schneider, dass ihm »eine größere Auszeichnung für eine Künstlerin noch nicht vorgekommen ist«. Rachel beruhigte sich zwar, blieb aber skeptisch. Schneider musste ein weiteres Ass aus dem Ärmel ziehen. Er erinnerte sie an Molière, der in den Gärten von Versailles gespielt hatte. Rachel war noch immer nicht überzeugt. Als auch der Verweis auf das in Aussicht gestellte Honorar von mindestens 300.000 Francs keine Wirkung zeigte, zog Schneider die russische Karte.

Er sprach ihren »sehnlichste[n] Wunsch« an, wieder in St. Petersburg auftreten zu dürfen. Den Hintergrund dieses Ansinnens nennt Schneider in seinen Lebenserinnerungen nicht. Er muss ihn aber bei seinem Vortrag auf der Pfaueninsel erwähnt haben, denn Fontane hat ihn in seinem Notizbuch mitgeschrieben: Zar »N[icolaus] machte sich nichts aus ihr, weil sie [in St. Petersburg] 1848 als Göttin d[er] Freiheit die Marseillaise gebrüllt hatte. Er wollte sie nicht in Russland.«[23] Wenn der Zar nun den Grund ihrer Weigerung erführe, argumentierte

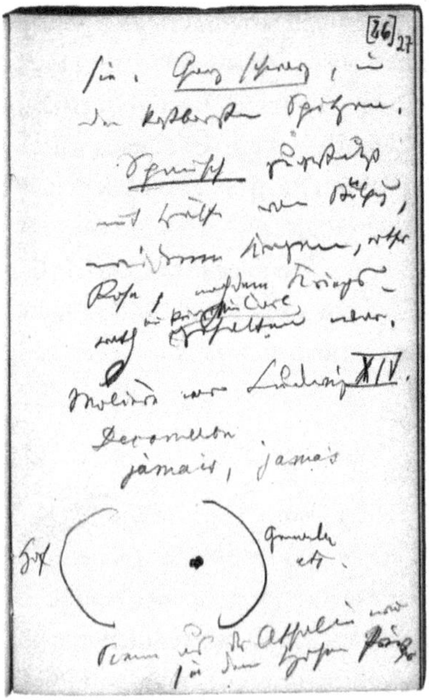

Im Kreis um die weltberühmte Tragödin: Auftrittsort von Rachel Félix, Fontanes Skizze von 1870, Notizbuch C3, Bl. 27r

Schneider, so bliebe ihr »Russland für immer verschlossen«. Die Schauspielerin zögerte. Schneider schaute auf die Havel und erhöhte den Druck. Sie müsse sich »rasch entscheiden; denn dort kommt das königliche Dampfschiff«. Wenn die Herrschaften ausstiegen, müsse er seinen Bericht machen. Daraufhin sagte die Tragödin: »Eh bien, je jouerai!« [»Nun gut, ich werde spielen!«].[24] Der Skandal war abgewendet und der Theaterabend gerettet.

Anschaulich beschreibt Schneider Rachels Auftritt, der in dieser Umgebung »einen höchst eigentümlichen Anblick [gewährte]. Unmittelbar unter den Fenstern des Schlosses saßen an dem noch gedeckten langen Teetische die Damen. Daneben standen die Monarchen, nur durch den Kiesweg von dem Theater im Freien geschieden. Als Kulissen und Hinterwand dieser Bühne dicht gedrängt ein enger Kreis von Generalen, Diplomaten, Ministern, Hofherren; dahinter murmelten die Rasenfontainen, und mitten in diesem wunderbaren Bilde die schwarze Gestalt der Künstlerin in der ganzen Ekstase ihrer tragischen Kraft.«[25]

Mit zwei Halbkreisen hielt Fontane in einer beschrifteten Skizze die Aufstellung im Theater auf dem Rasen in seinem Notizbuch fest: links der »Hof«, rechts die »Generale etc.« und mittendrin – als Punkt gekennzeichnet – die Tragödin. Allerdings entspricht Fontanes Hinweis auf die von Rachel rezitierte Szene nicht den Tatsachen. Die Schauspielerin war nicht als Athalie aus dem gleichnamigen Stück von Jean Racine aufgetreten[26], sondern als Phädra (Racine), Virginie (M. Latour) und Adrienne Lecouvreur (Eugène Scribe).[27]

Unter seiner Skizze notierte Fontane in knapper Form die Bilanz des Abends: »Aller Hülfsmittel entblößt, spielte sie los, groß, gewaltig, alles hingerissen.«[28] Vor allem der preußische König und der russische Zar, die der Schauspielerin eine »wahrhaft bewundernswerte Leistung« bescheinigten.«[29] Und Rachels Triumph gipfelte offenbar in der Aussicht, nach St. Petersburg zu reisen. *Die kaiserliche Einladung war ausgesprochen, das Ziel erreicht, der große Preis des Abends gewonnen.*

Ausgerechnet in Russland begann Rachels Ende. Mit der anstrengenden Tournee 1853/54, bei der sie den russischen Winter zu spüren bekam, gefährdete die körperlich zarte Schauspielerin ihre Gesundheit. Obwohl sie bereits lungenkrank war, brach sie 1855 zu einer Tournee nach Nordamerika und Kuba auf. Rachel musste die Gastspielreise abrechen und suchte im folgenden Jahr Heilung im nordafrikanischen Klima, in Ägypten.

Es half nicht mehr. Anfang 1858 starb sie – mit knapp 37 Jahren – an Lungentuberkulose im südfranzösischen Le Cannet.[30] Nicht nur in Frankreich hatte Rachel Félix Theatergeschichte geschrieben.

An der Stelle aber, an der sie in Preußen *einen ihrer größten Triumphe gefeiert hatte,* schreibt Fontane am Schluss seines *Rachel*-Kapitels, *erhebt sich jetzt, auf schlankem Postament, eine Statuette der Künstlerin, einfach die Inschrift tragend: »den 15. Juli 1852«.* An der Stelle unterläuft Fontane ein letzter Fehler. Das Datum, das er auch als Überschrift für das Kapitel wählte, ist nicht korrekt. Rachel trat zwei Tage früher auf.

Das Original der kleinen Marmorstatuette befindet sich heute im Schloss auf der Pfaueninsel. An historischer Stätte, also auf dem Rasen hinter dem Schloss, steht seit 1993 eine Kopie – genauso schön und mit korrektem Datum.

Filigran bis in die Spitzen: Die Statuette der Schauspielerin Rachel Félix auf der Pfaueninsel, 2022

Mangel und Macht
Die Inselwirtin Elisabeth Friedrich

Nur 500 Meter vom Schloss entfernt residierte Fontanes zweite Heldin der Pfaueninsel: Elisabeth Friedrich – emanzipiert und selbstbewusst wie Rachel Félix. Und ein märkisches Original nach des Dichters Geschmack. *Funfzig Jahre Inselherrschaft haben ihren Namen an den Namen dieses stillen Eilands gekettet.* Ihre Residenz war keine Villa, sondern das Maschinenhaus. Ihre Herrschaftsinsignien waren nicht Krone und Zepter, sondern Milch- und Sahnetöpfchen. *Aber wer ist Frau Friedrich?*, fragt Fontane, der ihr noch persönlich auf der Pfaueninsel begegnet war. *In Potsdam kennt sie jeder.* Jeder, *wenn er auf der Insel landete, hat ihr einen allerfreundlichsten Guten Tag geboten und nach ihren Mienen gesehn, um zu wissen, ob gutes oder schlechtes Wetter sei. Das Schicksal ganzer Landpartien hing an dem Zwinkern dieser Augen; ein heitres Blinzeln bedeutete den besten Kaffee, eine einzige Krähenpfote strich einen Nachmittag aus dem Leben harmloser Mitmenschen und warf sie der Enttäuschung, unter Umständen dem Hunger in die Arme. Frau Friedrich war eine Macht.*

Diese Macht beruhte auf einem Mangel. Denn auf der Pfaueninsel herrschte ein Schankverbot, das die resolute Frau des Maschinenmeisters umging. Das blieb natürlich nicht unbemerkt. Eine Beschwerde brachte die Inselwirtin beinahe in Teufels Küche. Noch heute ist es nicht gestattet, auf der Pfaueninsel »Handel und Gewerbe zu treiben«. Und auch Friedrichs Residenz existiert noch. Das Maschinenhaus gehört zwar nicht zu den ausgeschilderten Sehenswürdigkeiten auf der Insel, aber es ist nicht unerreichbar. Zumindest für uns. Schließlich wollten wir herausfinden, wer heute dort wohnt. *Aber noch einmal*, so Fontane, *wer ist Frau Friedrich?*

Düftelgenie

Ihre Popularität verdankte Elisabeth Friedrich (1788–1873) einer Maschine. Und ihrem Mann, der sie bediente. Es handelte sich um die erste Dampfmaschine in den königlichen Gärten. Sie war 1822 von Friedrich Wilhelm III. für die Pfaueninsel in Auftrag gegeben worden, um zunächst dessen Rosengarten und später den künstlich angelegten Gebirgsbach mit Wasser zu versorgen. Für die Dampfmaschine wurde am Südufer der Insel ein Gebäude errichtet, in dem auch die Wohnung und eine Werkstatt für den Maschinenmeister Platz fanden. Für die Gartenbewässerung wurde das Havelwasser durch einen gemauerten unterirdischen Kanal in den Keller des Hauses direkt unter die von der Dampfmaschine angetriebene Pumpe geführt.[31] Eine kleine technische Sensation in Preußen.

Um die Dampfmaschine fachgerecht zu bedienen, wurde das Amt des Maschinenmeisters geschaffen, für das sich der Hofmarschall persönlich auf Kandidatensuche begab. Der königliche Headhunter konnte im Herbst 1824 vermelden, »hierzu einen Mann namens Friedrich gefunden« zu haben, der bei dem Fabrikanten der neuen Dampfmaschine gearbeitet und den Bau der Maschinenanlage im Königsstädtischen Theater geleitet habe. Er sei »Schlosser, Tischler und Bildhauer und würde daher auch für die übrigen Gebäude auf der Insel sehr nützlich sein«.[32] Der aus Straßburg stammende Franciscus Joseph Friedrich (1789–1873), der am 1. Januar 1825 sein Amt angetreten hatte, erwies sich für den König in doppelter Hinsicht als Glücksgriff. In seiner Arbeitszeit kümmerte er sich entsprechend der Instruktion von 1824 um den Betrieb und die Instandhaltung der Dampfmaschine und die Bewässerungsanlagen sowie Reparaturen in den Schloss- und Dienstgebäuden.[33]

In seiner Freizeit fertigte das »Multitalent« Miniaturarbeiten in Elfenbein, Perlmutt und Bernstein an, die Gefallen bei seiner Majestät fanden. Friedrichs geschnitzte Architekturmodelle, unter anderem das Neue Museum von Schinkel und die Friedrichswerdersche Kirche in Berlin, wurden im Pfaueninsel-Schloss und sogar in der Königlichen Akademie der Künste ausgestellt; weitere Modelle, wie die Nikolaikirche in Potsdam und die Kirche Nikolskoe in Wannsee, gab der König persönlich in Auftrag.[34] In seinem Notizbuch verzeichnete Fontane allein »sieben Arbeiten[,] jede […] unter einem Glaskasten«, die er 1861 bei seinem Besuch im Schloss auf der Pfaueninsel gesehen hatte. Und ergänzte: »Jede Arbeit 3 Jahr und täglich 10 Stunden Arbeit.«[35]

Wenn die Angaben stimmen, darf es nicht verwundern, dass Friedrich seine Verpflichtungen als Maschinenmeister vernachlässigte. Bereits 1832 sah sich der neue Hofmarschall von Massow genötigt, Herrn Friedrich »allen Ernstes« auf »die unweigerliche Erfüllung« der von seinem Amtsvorgänger erteilten Dienstinstruktion zu verweisen.[36] Wie

Friedrich auf diese Abmahnung reagierte, ist nicht überliefert. Seiner künstlerischen Karriere hat es jedenfalls nicht geschadet; einen Monat später wurde er als Mitglied in die Akademie aufgenommen. Allein seine berufliche Biografie hätte Friedrich qualifizieren müssen, im *Havelland*-Band neben seiner Frau porträtiert zu werden. Fontane hatte das vor, war doch das Ehepaar »eine Sehenswürdigkeit für sich, für manchen interessanter als die Insel selbst«.[37] Dass er tatsächlich plante, beide Friedrichs darzustellen, wird am Entstehungsprozess der Überschrift für dieses *Pfaueninsel*-Unterkapitel deutlich: von *Bei Friedrichs* (1861), über *Frau Friedrichs Haus* (1870) in den Notizbüchern[38] bis hin zu *Frau Friedrich* im gedruckten Text (1873), wo Joseph Friedrich zum *Düftelgenie* degradiert und an der Seite seiner selbstbewussten Frau zur Nebenfigur wurde.

Strenges Regiment

Also zu Frau Friedrich! Der Ursprung ihrer Inselherrschaft findet sich ausgerechnet in der Dienstinstruktion für den Maschinenmeister. Darin wurde ihr Mann zusätzlich verpflichtet, das Maschinenhaus sauber zu halten, weil es den »hohen und höchsten Herrschaften öfter gefallen wird, der Arbeit der Maschine zuzusehen oder solche mit dorthin gebetenen Freunden zu besuchen«.[39] König und Hofmarschall hatten offenbar vorausgesehen, dass sich die Dampfmaschine zur Attraktion und das Maschinenhaus zum Wallfahrtsort für technikaffine Mitglieder der Hofgesellschaft entwickeln würden. Wie die hohen Gäste nach ihrer Besichtigung kulinarisch versorgt werden sollten, war nicht geregelt. Es hätte auch dem *Beschränkungsparagraphen* widersprochen, nach dem Speisen und Getränke auf der Pfaueninsel weder gekauft werden konnten noch mitgebracht und verzehrt werden durften.[40] Aus dieser Not machte die Frau des Maschinenmeisters eine Tugend. *So wurde das Maschinenmeisterhaus ein Kaffeehaus von Frau Friedrichs Gnaden*, schreibt Fontane in den *Wanderungen*, *und aus dieser eigentümlichen Machtstellung entwickelte sich schließlich jener Absolutismus, der wohl gelegentlich, wie alle unumschränkte Herrschergewalt, ein wenig bedrücklich empfunden worden ist.*

Fontane hat den friderizianischen Absolutismus auf der Pfaueninsel selbst erlebt. Aus seinen Notizbüchern geht hervor, dass er bei seinen Besuchen 1861 und 1870 auch das Maschinenhaus, pardon: das Kaffeehaus, besucht hat.[41] Beschrieben wird, wie er »Herr und Frau Friedrich beim Abendbrot« in ihrem idyllisch gelegenen »Häuschen«, das Fontane skizzierte, »an einem Hügelabhang am Wasser« angetroffen habe.[42] Als er dem Ehepaar 1861 erstmals begegnete, war »[j]eder 70, aber noch in voller Rüstigkeit, die alte Frau noch hübsch«.[43]

Elisabeth Friedrich, geborene Risleben, war in der Nähe von Wandsbek, heute ein Stadtteil von Hamburg, geboren. Im Oktober 1815 heiratete sie Joseph, vermutlich in Berlin, und brachte drei Kinder zur Welt. Ihr einziger Sohn, der Kaufmann in Hamburg wurde, starb 1855 mit 26 Jahren – bei seinen Eltern auf der Pfaueninsel.[44] Dass Frau Friedrich im Maschinenhaus ein »[s]trenges Regiment« führte, hielt Fontane im Notizbuch fest.[45] Wie sie auf der Insel ihre Herrschaft ausübte, beschreibt er in den *Wanderungen. Alles, was* auf der Pfaueninsel *landete,* hatte nach dem Besichtigungsprogramm *das dem norddeutschen Menschen tief innewohnende Bedürfnis des Nachmittagskaffee, und da kein Platz da war, wo dies Bedürfnis regelrecht, nach den alten Traditionen von Angebot und Nachfrage befriedigt werden konnte, so blieb den Durstigen nichts übrig, als um Dinge zu bitten, die nun mal nach Lage der Sache nicht befohlen werden konnten.* Hatte man die Aussicht, im Maschinenhaus verköstigt zu werden, musste man dennoch auf der Hut sein. Denn die Inselwirtin *verkaufte nicht, sie spendete nur. Ein kleinster Verstoß, ein zu sicheres Auftreten, eine zu früh gezeigte Börse, eine Krawatte, deren Farbe missfiel, und – die Gnade konnte entzogen werden. Man trank hier seinen Kaffee immer mit Augen links, immer lächelnd, immer die Hand am Hut und vielleicht schmeckte er nur deshalb so vorzüglich, weil er wirklich teuer erkauft und errungen war.*

Wer ostdeutsch sozialisiert ist, wird sich erinnern an die – den knapp gesäten Gaststätten geschuldete – Abhängigkeit von Kellnern, die mit Reserviert-Schildern und Serviceentzug ganze Abende zerstören oder retten konnten. Ein früh gezeigtes Portemonnaie mit Westgeld gewährte ihre Gunst. Vorausgesetzt, man besaß die harte Währung – und war bereit, sie ins DDR-Gaststättenwesen zu »investieren«.

Spione auf der Insel

Frau Friedrichs Macht war nicht absolut. Denn ihrer Großzügigkeit waren materielle Grenzen gesetzt. Fontane irrt, wenn er schreibt, die Inselwirtin hätte nichts verkauft. Im Sommer 1835 schienen die Ausschanktage im Maschinenhaus gezählt. Johann Heinrich Seidel, Wirt des Gasthauses an der Friedrich-Wilhelm-Brücke (heute: Wannseebrücke), legte Beschwerde ein. Beim König persönlich. Die Frau des Maschinenmeisters auf der Pfaueninsel würde Getränke sowie kalte und warme Speisen gegen Bezahlung reichen, obwohl dies streng verboten sei, »damit nicht ein königlicher Offiziant ein Gewerbetreibender wird, auch die königliche Insel selbst zu einem gewöhnlichen Gasthause heruntersinke«.[46] Als Frau Friedrich erfuhr, dass Seidel sie »beschuldigt« hatte, wandte sie sich schriftlich an Hofmarschall von Maltzahn, der offenbar vom König mit der Sache betraut worden war. Friedrichs Schreiben, das Fontane nicht kannte, belegt ihren Wortwitz und ihr taktisches Geschick. Mit einem nicht ganz rechtssicheren Dreiklang versuchte sich die resolute Inselwirtin zu wehren: erst ein Eingeständnis, dann eine Rechtfertigung und schließlich der Gegenangriff.

Sie wolle, leitete Frau Friedrich ihr Schreiben ein, »diese Angelegenheit, wie sie sich wirklich verhält[,] ganz, ganz offen« darlegen. Dass sie einigen Personen, beispielsweise der Gemahlin des Adjutanten Seiner Majestät und anderen Herrschaften, »Kaffee usw.« auf deren wiederholte Bitten verabreicht habe, leugne sie nicht. Ebenso wahr sei, dass ihr »diese Herrschaften eine Vergütung für diese Sachen haben zufließen lassen«. Sie könne aber durch Zeugen beweisen, wie sie und ihr Mann sich der »durch die Hitze ermatteter und selbst ohnmächtig dahin sinkender Menschen schon aus Menschlichkeit« angenommen hätten. Seine Exzellenz müsste also erkennen, dass ihre Handlungsweise nicht nur zu entschuldigen, sondern wünschenswert zu nennen sei.

Es sei ihr jedoch nicht möglich, »bei solchen öfter vorkommenden Fällen Kaffee oder Zuckerwasser oder bei sogenanntem Heißhunger Butterbrodte und dergl. ganz umsonst« auszugeben. Das Gehalt ihres Mannes reiche, um seine Familie durchzubringen, es reiche aber nicht, den »nothleidenden Personen unentgeldlich bei[zu]stehen«. Schließlich holte Frau Friedrich zum Gegenschlag aus. Seidel sei dafür bekannt, »in jeder Hinsicht ein Quärulant« zu sein, weil er »alle Augenblicke auch mit anderen Personen [...] hadert«. Häufig habe er von der Pfaueninsel zurückkehrende Personen »ohne Ende« ausgefragt und »Spione auf die Insel geschickt«. Am Ende gab sie sich kleinlaut und voll der Hoffnung, dass der Hofmarschall ihre Handlungsweise »nicht im strengsten Sinne beurtheilen werde«, indem sie an dessen »allgemein anerkannte Gnade und Menschenfreundlichkeit« appellierte.[47]

Maltzahn antwortete Frau Friedrich nicht, sondern befragte deren Mann, der bestätigte, nur überhitzten oder ohnmächtig in sein Haus gebrachten Personen »nach Kräften zur Erholung verholfen zu haben«.[48] Das »Urteil« des Hofmarschalls ließ nicht lange auf sich warten. Er sah zwar von einer möglich gewesenen Strafe ab, gerierte sich aber als strenger Gesetzeshüter. Dem Maschinenmeister teilte er mit, »dass ihm allen Ernstes aufgegeben werde«, sich künftig der Ausgabe von Speisen und Getränken gegen Bezahlung zu enthalten, »widrigenfalls eine demütigendere Verfügung vielleicht unvermeidlich würde«.[49] Elisabeth Friedrich servierte dennoch weiter.

Fünf Jahre später legte Seidel erneut Beschwerde ein, dass der »Friedrichsche Betrieb« nach wie vor bestehe. Diesmal wurden auch »ausgewählte« Zeugen befragt. Anschließend eröffnete man Seidel, dass sich kein Grund zur Beschwerde gefunden habe.[50] Frau Friedrich konnte weitermachen. Nun beschwerte sich der Wirt des Gasthofes Nikolskoe. Weil er die Anzeige an den Prinzen Karl in Schloss Glienicke verschickte, erhielt der Wirt einen Verweis wegen Belästigung des nicht zuständigen Prinzen und musste die Anzeige zurückziehen, weil er keine Zeugen benennen konnte.[51] Frau Friedrichs Inselherrschaft war nie ernsthaft bedroht.

Friedrichs Porzellankabinett

Dass Friedrichs Gastfreundschaft weiterhin stillschweigend toleriert wurde, hing vermutlich auch mit den »hohen und höchsten Herrschaften« zusammen, welche ihr *Kaffeehaus* besuchten – darunter immerhin drei preußische Könige. Die Herrschaften kamen auch dann noch, als das Maschinenhaus sein Alleinstellungsmerkmal verlor, nachdem 1835 in Charlottenhof und drei Jahre später in Glienicke Dampfmaschinen in Betrieb genommen worden waren.[52] Zu den hochrangigen Gästen, die auch Fontane im Notizbuch festhielt, gehörten General Friedrich von Wrangel, Finanzminister August Freiherr von der Heydt und König Friedrich Wilhelm IV.[53] Sie mussten nicht um Gnade bitten. *Die Liebenswürdigkeit der Frau Friedrich wetteiferte an solchem Tage mit ihrer Kochkunst, und ihr märkisch-schlagfertiger Witz tat das Weitere, um das Ma-*

schinenmeisterhaus bei den hohen Besuchern in gutem Andenken zu erhalten. Es entwickelte sich die Sitte, *diesem Andenken einen ganz bestimmten Ausdruck* zu verleihen. Die Besucher hinterließen *»zur Erinnerung an eine froh verlebte Kaffeestunde«* bei Frau Friedrich einen *Milch- oder Sahnetopf.* Daraus entstand *ein Porzellankabinett, wie es die Welt wohl nicht zum zweiten Male gesehen hat, eine Topfkollektion, neben der die berühmtesten Pfeifensammlungen verschwinden. Das Aufstellungslokal war und ist natürlich die in ihrer Sauberkeit ein Schmuckkästchen bildende Küche, und allen Borden und Realen hin, in Schränken und Ständern, als Garnierung von Wand und Rauchfang, hängen an Nägeln und Häkchen an 200 Töpfe und Töpfchen. Alle ein Souvenir.*

Es lohne sich, *in dieser eigentümlichsten aller barocken Porträtgalerien* in der Maschinenhausküche *zu verweilen*, empfiehlt Fontane – dem Frau Friedrich *einiges aus der Fülle ihres Erinnerungs- und Anekdotenschatzes* erzählt hatte. Die Geschichte vom Besuch des Königs, die er auch im Notizbuch festhielt[54], übernahm er in den gedruckten Text: *Schon in den fünfziger Jahren war die Zahl der Bildnisse so groß, dass König Friedrich Wilhelm IV., als er in neckischem Geplauder um einen Porträtkopf gebeten wurde, replizieren konnte: »Sie haben hier meine Minister und Generale aufgehängt, nun soll mir dasselbe passieren. Ich werde mich hüten.« Aber die Ablehnung selbst involvierte bereits eine anderweite Zusage und zwei Tage später hatten zwei Souvenirs von Sanssouci die Sammlung vermehrt.*

Fontanes Schilderung der fast fünfzigjährigen Inselherrschaft der Frau Friedrich gehört zu den poetischen Glanzstücken im *Havelland*-Band, stieß damals aber nicht überall auf Zustimmung. Der Schriftsteller und Literaturwissenschaftler Werner Hahn, ein jahrelanger und vertrauter Gast im Hause Friedrich, kritisierte, dass Fontanes Schilderung »der merkwürdigen Frau keinesfalls gerecht wird«.[55] Auch Oberst a. D. Noël, der Frau Friedrich bereits als Kind begegnet war, befand, Fontane gebe von der »resoluten« und »schlagfertigen« Inselwirtin »leider […] ein ganz falsches Bild«.[56] Beide bleiben eine Begründung schuldig, spinnen die Friedrich'sche Geschichte aber fort. So weiß Noël zu berichten, dass zu den Freundinnen »unseres alten Kaisers Wilhelm I. auch ›Mutter Friedrichen‹« gehörte. Angeblich habe ihr der Monarch im Juni 1866 – zu der Zeit noch preußischer König – einige Tage vor Beginn des preußisch-österreichischen Krieges einen Besuch abgestattet. Nach dem Essen im Maschinenhaus sei die Mittagsruhe durch eine »wichtige Depesche gestört« worden. Der König habe daraufhin bedeutungsvoll die Hand gehoben und zur »Friedrichen« gesagt, Gott wisse, dass er alles getan habe, um den [preußisch-österreichischen] Krieg zu verhüten.[57] Für einen Moment wurde das Maschinenhaus vom Mantel der Geschichte umhüllt.

Elisabeth Friedrich starb 85-jährig am 15. Februar 1873, zwei Tage nach ihrem Mann. Ihr gemeinsames Grab auf dem Kirchhof Nikolskoe, welches das preußische Königshaus gestiftet haben soll, wurde 1955 von der zuständigen Forstverwaltung eingeebnet.[58] Wer in den Besitz der Milch- und Sahnetopf-Sammlung gelangte, ist genauso wenig bekannt wie deren Verbleib. Mit dem Tod der Friedrichs endete auch der Ausschank im Maschinenhaus. Hofmarschall Iwan Graf von Keller nutzte den Amtswechsel, um auf dem Eiland endlich Recht und Ordnung durchzusetzen. Dem Pfaueninsel-Personal im Allgemeinen und dem neuen Maschinenmeister im Besonderen wurde »auf das Strengste« untersagt, an die Insel-Besucher Getränke und Lebensmittel zu verkaufen.[59]

Als 1880 die zweite Auflage des *Havelland*-Bandes erschien, ließ Fontane die Leserschaft im Vorwort wissen, er habe überlegt, *ob er nicht auch inhaltlich zu Änderungen schreiten und von einem inzwischen erfolgten Wechsel der Dinge Notiz zu nehmen hätte.* Und nannte als erstes Beispiel: das verstorbene *Friedrichsche Ehepaar auf der Pfaueninsel.* Er habe es schließlich doch vorgezogen, *das meiste so zu belassen, wie sich's etwa um das Jahr 70 dem Auge präsentierte.*[60] So wurde Frau Friedrich in Fontanes *Wanderungen* unsterblich.

Auf der Zauberinsel
Die Maschinenmeisterfrau und der Gartendirektor

Unsere erste Fahrt auf Fontanes *Feeninsel* startet holprig. »Ein bissel spät dran«, brummelt der Fährmann, als wir sein Schiff betreten wollen. Weil wir ihn verdutzt anschauen und nicht reagieren, zeigt er zum Himmel. Die Sonne ist bereits im Sinken begriffen und die wenigen Besucher bewegen sich an diesem warmen Herbstabend gerade in die entgegensetzte Richtung – zum Festland. Weil uns die Friedrich'sche Schlagfertigkeit zu fehlen scheint, setzt der Fährmann nach und zitiert mit Verweis auf unsere vollgepackten Rucksäcke die Insel-Ordnung: »Lagern und zelten ist verboten.« Dass man in Berlin aber auch permanent das Gefühl vermittelt bekommt, sich rechtfertigen zu müssen.

»Ja, wir sind leider spät dran«, räumen wir ein. »Und in den Rucksäcken sind nur Bücher und Unterlagen.« Der Fährmann grinst und wirft einen kurzen prüfenden Blick auf die Tickets. Als wir uns auf der Fähre am Geländer postiert haben, ruft er uns zu: »Wennse wieder von der Insel runter wollen und es ist schon dunkel, müssense klingeln, sonst verbringen Sie die Nacht mit den Pfauen.« Dann beginnt er das Seil zu lösen. Es befinden sich nur vier Passagiere an Bord. Außer uns noch eine Frau mit Sonnenbrille und ein älterer Mann, der in seinem Auto sitzen bleibt. Beide starren schweigend zur Insel hinüber, die – durch die Havel vom Festland getrennt – an dieser Stelle nur circa 120 Meter entfernt ist.

Auf unserer ersten Recherchetour wollen wir einmal um die Insel laufen und uns dann das Maschinenhaus ansehen, das Fontane skizziert hat. Mehr werden wir wohl nicht schaffen. Weil wir ja spät dran sind. Im Gepäck haben wir nicht nur Fontanes *Havelland*, sondern auch ein Tablet mit seinen entsprechenden Notizbuchseiten sowie ein paar der unzähligen Publikationen des renommierten Gartendirektors a. D., der als Koryphäe gilt und die Pfaueninsel wie seine Westentasche kennt. Professor Michael Seiler soll noch immer im Kastellanhaus auf der Insel wohnen. Digital ist der Herr der Insel schwer zu erreichen; jedenfalls ist uns noch keine Kontaktaufnahme gelungen. Die Recherche stockte auch an anderer Stelle: Wer jetzt im Maschinenhaus wohnt, konnten wir bislang nicht ermitteln. Selten kamen wir so unangemeldet.

Die Fähre steuert jetzt direkt auf das Kastellanhaus zu, als wolle sie uns auffordern, gleich nach der Landung spontan dort zu klingeln. Rechts davon ist die Anlegestelle, dahinter das Fährhaus, das heute als Besucherzentrum dient. Ich hole den Flyer hervor, auf dem steht, dass es im Winter, ab 1. November, um 16 Uhr schließt. Heute ist der 12. November und es ist schon Viertel nach vier.

Die Sonne verschwindet hinter einer Wolke. Es kommt Wind auf. Der Flyer fliegt mir aus der Hand und landet direkt an der Windschutzscheibe des Autos, das auf der Fähre übersetzt. Ich laufe hinüber und versuche mich – als der Mann hinter dem Lenkrad etwas aufgeschreckt sein Fenster herunterlässt – in Konversation.

»Welche Voraussetzung muss denn gegeben sein, um mit dem Auto auf die Pfaueninsel fahren zu dürfen?«

»Sie müssen auf der Insel wohnen«, antwortet der ältere Herr.

»Und Sie wohnen auf der Insel!?«

»Sieht so aus«, sagt er und lächelt milde. Als täte ich ihm leid, weil ich zu Fuß ins Paradies unterwegs bin.

Plötzlich steht Gabriele neben mir. »Herr Seiler?«

»Ja, sieht so aus«, antwortet er und lächelt wieder.

Als wir erklären, wer wir sind und warum wir auf die Pfaueninsel wollen, steigt er aus und reicht uns die Hand. Nicht ohne Stolz erzählt Seiler, er sei vor wenigen Tagen achtzig Jahre alt geworden und habe sein Lebenswerk, ein Buch über die Pfaueninsel, abgeschlossen. Doppelte Gratulation. Wir fragen, ob auch Fontane in seinem Buch eine Rolle spielt. »Natürlich, um ihn kommt man ja nicht herum. Allerdings musste ich auch schreiben, wie oft er sich geirrt hat«, antwortet Seiler und fügt fast entschuldigend hinzu: »Fontane war ja auch kein Historiker.« Das Kastellanhaus, Seilers Wohnhaus, liegt nun in greifbarer Nähe. Kurz vor dem Ufer zieht die Fähre aber nach rechts zur Anlegestelle. Schnell nutzen wir den glücklichen Zufall, um Seiler zu fragen, ob wir ihn für unser Buch interviewen dürfen. »Aber nicht jetzt«, sagt er und überreicht uns sein Kärtchen. Von wegen holpriger Start. Noch bevor wir das Märchenland betreten, haben wir mit dem Herrn der Insel gesprochen.

Die Fähre dockt fast behutsam auf der Insel an. Nur ein leichtes Ruckeln. Ihre Bugwellen klatschen sanft ans Ufer, wo gerade ein Pfau entlangstolziert. Als Herr Seiler mit seinem Auto von der Fähre rollt, beginnt der Vogel wie auf Bestellung zu tröten und schlägt ein Rad. Er hat keinen neugierigen Hund zu fürchten. Neben Autos und Fahrrädern müssen auch die Vierbeiner auf dem Festland bleiben. Auf diesem Flecken ist der Mensch ganz auf sich gestellt. Geduldig warten wir, bis der Pfau an uns vorübergezogen ist. Am Ufer spricht uns noch einmal der Fährmann an: »Dass dit Professor Seiler is', hätte ick Ihnen ooch sagen können!«

Frau Friedrich 2.0

Auf dem Lageplan der Insel ist das Maschinenhaus zwar eingezeichnet, aber es gehört nicht zu den Sehenswürdigkeiten, die man den Besuchern zeigen möchte. Auf dieser Karte jedenfalls führt kein Weg zum Ziel. Also *Umschau halten*. Vom Hügel mit der großen Fontäne entdecken wir den Schornstein des Maschinenhauses nur, weil die Bäume vom Herbst schon gerupft sind. Langsam wird es schummrig. Wir eilen vom Hügel hinab. Schließlich wollen wir noch im Hellen Fontanes Maschinenhaus-Skizze mit dem Original vergleichen. Und wir wollen wissen, wer heute dort wohnt.

Am Hauptweg zweigt ein Pfad ab, der zum Schornstein zu führen scheint. Aber eine Holzschranke mit dem Schild, auf dem – tatsächlich in Anführungszeichen – »Weg versperrt« steht, hindert uns am Weiterlaufen. Während Gabriele – wieder gebeugt über den Lageplan – noch überlegt, wie man vorschriftsmäßig zum Maschinenhaus gelangen könnte, bin ich schon über den Balken gesprungen und pirsche mich langsam vor.

Zum Glück kommt mir kein Hund entgegen, sondern ein zahmer Pfau. Am Ende des Weges noch ein Schild »Kein Durchgang«, aber kein weiterer Balken. Auch das Grundstück ist nicht verbarrikadiert. Vor dem Schornstein, der hinter dem Maschinenhaus steht, begegne ich einer älteren Frau, die mit einem großen Napf in der Hand gerade ihre Hühner füttert. Sie schaut verwundert auf. So freundlich wie möglich versuche ich ihr zu erklären, warum ich mich jenseits der Touristenpfade bewege. Wohlwollen erziele ich mit dem Zauberwort Fontane.

Als ich ihr erzähle, dass ich auf Fontanes Spuren wandle und dessen *Wanderungen*-Skizzen mit dem heutigen Bild vergleiche, möchte sie wissen, ob Fontane auch das Maschinenhaus gezeichnet hat. Das kann ich erleichtert bejahen. Die Frau schmunzelt, als ahne sie, was ich nun will. Aber anstatt zu fragen, ob ich ihr Haus sehen dürfe, presse ich hervor, dass ich nicht allein bin. Sie bekommt zunächst einen Schreck, weil sie befürchtet, mir folge eine Reisegruppe begeisterter Fontane-Fans. Ich kann sie beruhigen: Es ist *nur* die Herrin der Notizbücher – mit *der* Fontane-Skizze im Gepäck. Zum Glück lächelt Gabriele noch freundlicher als ich.

Wir stellen uns vor und erfahren, dass wir Hannelore Graffunder,

An einem Hügelabhang am Wasser: Maschinenhaus auf der Pfaueninsel, Fontanes Skizze von 1861 oder 1862, Notizbuch A3, Bl. 63v

der Frau des letzten Maschinenmeisters, gegenüberstehen. Dann unterbricht sie die Vorstellung und erklärt, sie müsse vor dem Dunkelwerden noch dringend ihre Hühner füttern und könne uns dann das Haus zeigen. Wir warten geduldig und werden wenig später in ein kleines Havelparadies geführt: vor uns eine herbstliche Blumenrabatte, rechts eine Wiese, die an die Havel grenzt, und links das alte Dampfmaschinenhaus. Gemeinsam schauen wir uns Fontanes Skizze auf dem Tablet an. Das Haus hat sich nicht verändert. Vor mehr als 150 Jahren stand der Wanderer genau hier. Und sprach mit Frau Friedrich.

Frau Graffunder erzählt, ihr Mann Oswald habe 1969 seinen Dienst als Maschinenmeister angetreten. Damals galt noch eine »Residenzpflicht«, sodass die Graffunders auf die Pfaueninsel ziehen mussten. Eine Dienstpflicht, über die sich nicht klagen lässt. Bevor ihr Mann 2006 pensioniert wurde, hätte das Ehepaar jahrelang gehofft, in ihrer Dienstwohnung, dem Maschinenhaus, wohnen bleiben zu dürfen. Weil die Pumpe im Maschinenhaus inzwischen elektrisch betrieben

Inmitten eines kleinen Havelparadieses: Das Maschinenhaus auf der Pfaueninsel, Herbst 2019

wird und deshalb kein Nachfolger als Maschinenmeister einziehen musste, durften die Graffunders tatsächlich bleiben. Das sei ein Segen, meint Frau Friedrich 2.0. Wenn sie aus dem Haus tritt, blickt sie auf die Havel und die vorbeifahrenden Schiffe. Jetzt geht dort gerade die Sonne unter. Als wir vor dem Maschinenhaus stehen, schaut ihr Mann nur kurz aus dem Fenster und überlässt seiner Frau das Gespräch mit uns Fremden.

Wir fragen nach der berühmten Küche, in der Frau Friedrich Kaffee ausgeschenkt hat. Frau Graffunder geht mit uns um das Haus herum und zeigt auf ein Fenster, hinter dem ein Wasserkocher steht. Dort befand sich laut altem Grundriss auch die historische Küche, erklärt sie. »Und dort saß auch Ihr Fontane!« Gabriele sieht, dass mir auf der Zunge liegt, Frau Graffunder zu fragen, ob wir ihre Küche besichtigen dürfen. Bevor ich den Mund aufmache, tippt sie mit ihrem Zeigefinger auf eine Passage in Fontanes Notizbuch: »Wer aber die Küche sehen will [,] der operi[e]re vorsichtig.«[61] Sie hat ja recht: Erst überfallen wir

Frau Graffunder auf ihrem Grundstück und dann wollen wir gleich in ihre Küche. Wir fragen, ob sie an den ausgedruckten Notizbuchseiten interessiert sei? Natürlich. Ob wir wiederkommen dürfen? Ja, natürlich. Ob wir sie dann auch interviewen können? Sicher. Sie würde dann auch verraten, wem *sie* schon alles Kaffee ausgeschenkt habe. Dann überreicht sie uns ihre Telefonnummer.

Inzwischen ist die Sonne hinter den Bäumen verschwunden. *Der Abend kommt, die Nebel steigen, die Kühle mahnt zur Rückfahrt.* Graffunder empfiehlt, mehrmals am Fährhaus zu klingeln. Es hört sich an, als wäre eine Überfahrt um diese Zeit nicht mehr gesichert. Zum Glück müssen wir jetzt nicht noch quer über die Insel. Als wir den Hauptweg Richtung Fährhaus erreichen, ertönt überall aus dem Dickicht ein ohrenbetäubendes »Äääää«. Verdächtig viele Pfauen melden sich zu Wort. Etwa sechzig sollen auf der Insel leben, haben wir im Reiseführer gelesen, und dass die Pfauen seit Jahrtausenden als Symbol für Macht und Unsterblichkeit gelten. Schweigend erhöhen wir die Schrittgeschwindigkeit und erreichen nach wenigen Minuten die Anlegestelle. Der Fährmann erscheint schon nach dem zweiten Klingeln. »Und ick hab schon gedacht, Sie bleiben uff der Insel.« Er wirkt müde, das Seil löst er im Schneckentempo. Das *Boot schiebt sich* langsam auf die dunkle *Wasserfläche hinaus.* Die kurze Fahrt zum Festland ist schaurig und schön zugleich. Vor uns das schwarze Festland und der bewölkte Abendhimmel über Berlin, dessen blaues Licht überraschend hell ist. *Hinter uns, die verschleierte Mondsichel über den Bäumen, versinkt das Eiland. Mehr eine Feen- als eine Pfaueninsel jetzt.*

Das war im Herbst 2019.

Bundespräsident statt König

Erst drei Jahre später, im Frühjahr 2022, begegnen wir Frau Graffunder wieder.[62] Mittlerweile scheint die Welt nicht mehr dieselbe: Corona-Pandemie, Ukraine-Krieg und Energiekrise. Hier im Garten vor dem Maschinenhaus, in dem die ersten Tulpen blühen, scheint die Zeit stehen geblieben zu sein. Und Hannelore Graffunder würde mit ihrem Federvieh wahrscheinlich all dem globalen Ungemach trotzen, hätte sie nicht ein privates Unglück ereilt: Ihr Mann Oswald ist im letzten Jahr verstorben. Als wir die 76-Jährige vor dem Hauseingang treffen, wirkt sie jedoch keinesfalls niedergeschlagen. Im Gegenteil: Sie freue sich über unseren Besuch – und über die Notizbuchseiten, die man sich ja inzwischen auch im Internet ansehen kann. Aber in Papierform, sagt sie, seien wir doch näher dran – an Fontane. Bevor wir in die Materie einsteigen, muss Frau Graffunder aber noch etwas Organisatorisches klären. Augenzwinkernd fragt sie: »Kaffee?«

Endlich kommen wir in die Küche des Maschinenhauses. Ein schmaler Schlauch, den man vom Flur aus betritt. Auf der rechten Seite eine rundum mit Holz verkleidete Sitzecke vor einem Fenster mit Blick in den Garten und auf die Havel, auf der linken Seite die Kochzeile und ein Küchenschrank. Wir wollen unseren Augen nicht trauen, als wir an der Stirnwand auf einem Hängeschrank aufgereiht mindestens acht Milch- und Sahnetöpfchen entdecken. Hätten wir das doch vorher gewusst! Wenn Hannelore Graffunder ernsthaft sammelt, muss sie sich anstrengen. Frau Friedrich soll zweihundert Töpfchen besessen haben.

In anderer Hinsicht hat Graffunder ihre berühmte Vorgängerin längst überholt. Frau Friedrich wohnte 48 Jahre auf der Insel, sie nun schon seit 53 Jahren. Auch in emanzipatorischer Hinsicht ist Hannelore Graffunder weiter als Elisabeth Friedrich. Sie residierte nicht nur im Maschinenhaus, sondern arbeitete auch vierzig Jahre als Schlossführerin. Anfangs nur mit einer weiteren Kollegin; sie kassierten, verkauften Ansichtskarten und übernahmen täglich die Reinigung der Schlossräume. Manchmal sei sie heiser gewesen und musste die Besucher bei den Führungen dann um absolute Ruhe bitten.

Frau Friedrich besuchten drei Könige, Frau Graffunder empfing vier Bundespräsidenten. Welcher ist ihr in besonderer Erinnerung geblieben? »Scheel«, ruft sie sofort. Dass der Staatsbesuch bei ihr im Maschinenhaus »unkonventionell« ablief, passt zum als volksnah geltenden Walter Scheel, Bundespräsident von 1974 bis 1979, der mit seiner Familie und dem beliebten ARD-Journalisten Friedrich Nowottny angereist war. Weil das Wetter herrlich war, servierte Graffunder ihren Streuselkuchen am Gartentisch vor der Havel. Die Sicherheitsbeamten picknickten nebenan auf der Wiese. »Aus Sicherheitsgründen würde das heute gar nicht mehr so gehen«, meint sie lachend. Ob sie denn noch wisse, wann Walter Scheel bei ihr war? »Na klar«, sagt Hannelore Graffunder, springt auf und holt eine Papierrolle, die sie auf dem Küchentisch vor uns ausrollt. Sie muss auf der Liste mit der Überschrift »Unsere Gäste« nicht lange suchen. »Hier«, ruft sie erfreut und tippt auf Scheels Unterschrift mit dem Datum 27. Juni 1979. Drei Tage später schied der Bundespräsident aus dem Amt. Der liberale Scheel hatte angesichts der Nominierung des CDU/CSU-Kandidaten Karl Carstens darauf verzichtet, zur Wahl für eine zweite Amtszeit anzutreten.

Heute könnten die hochrangigen Besucher wählen, wo sie auf der Pfaueninsel einkehren. Denn das Verbot, Getränke und Speisen zu verkaufen, ist aufgehoben. Seit 2010, dem »Luisenjahr«, erlaubt die Schlösserverwaltung einem Pächter, im Zentrum der Insel eine Holzhütte und Tische mit Sonnenschirmen aufzustellen. Auf der Pfaueninsel muss niemand mehr geschwächt in Ohnmacht fallen.

Graffunders Handy klingelt. Sie nimmt das Gespräch an und ruft uns kurz darauf zu: »Herr Seiler erwartet Sie!« Die Insulaner sind gut vernetzt. Obwohl wir es noch nicht erwähnt haben, weiß sie längst, dass wir heute noch mit dem ehemaligen Gartendirektor verabredet sind. Tatsächlich ist die Anzahl der Inselbewohner überschaubar. Als sie uns vor dem Maschinenhaus verabschiedet, zählt uns Frau Graffunder dreizehn Personen auf. Und ergänzt mit Blick auf den Stall: »Und elf Hühner!« Die sechzig Pfauen sind klar in der Überzahl.

Beim Gartendirektor

Michael Seiler ist einfach nur zu beneiden. Idyllischer kann man in Berlin wohl nicht wohnen. Eine herrliche Wasserlage, ein weltberühmter Landschaftsgarten, eine regelmäßige Fährverbindung in die Großstadt – und alles vor der Haustür. Seiler wohnt im Hofgärtner- und Kastellanhaus, nur wenige Schritte von der Anlegestelle entfernt. Neben dem Haus befindet sich ein aus Holzlatten gezimmerter Aufsteller, der mit einem Plakat über das Buch *Landschaftsgarten Pfaueninsel* informiert und Interessierten in einem kleinen Plexiglaskasten einen Zettel mit dem Internetlink zur 24-seitigen Leseprobe anbietet. Das Buch hat Michael Seiler geschrieben. Es ist *das* Buch über die Pfaueninsel – Seilers Vermächtnis.

Wir haben den über 330 Seiten dicken Wälzer in der Tasche, aber – zugegebenermaßen – noch nicht vollständig durchgearbeitet. Michael Seiler hat es zum Glück auch nicht zur Vorbedingung eines Interviews

Idyllischer geht es in Berlin nicht: Das Kastellanhaus auf der Pfaueninsel, von der Havel aus gesehen, 2019

gemacht. Es soll ja auch nicht um die Pfaueninsel gehen, sondern um ihn: den ehemaligen Gartendirektor der Stiftung Preußische Schlösser und Gärten.

Als uns Seiler mit wachem Blick an der Tür empfängt, bedarf es keiner Vorstellungsrunde.[63] Er kann sich an die zufällige Begegnung auf der Fähre vor drei Jahren erinnern. Und wir uns an seine Bemerkung über Fontane, den er für keine seriöse Quelle hält. In dem schmalen Flur, der bis an die Decke mit Stichen, Karten und Fotografien – natürlich vor allem von der Pfaueninsel – zugepflastert ist, führt eine Treppe in den ersten Stock. Seiler sagt, er liebe die »Erdverbundenheit des Hauses«. Wir stutzen. Uns sei doch sicher aufgefallen, hilft er uns lächelnd auf die Sprünge, dass das Kastellanhaus an einen Hang gebaut sei. Ist uns nicht aufgefallen. Das Haus sei quasi »in den Berg reingerückt«, erklärt er. Vor über vierzig Jahren, am 3. August 1979, hat er hier die erste Nacht verbracht, nachdem er einen Monat vorher seinen Job als »Leiter der Dienststelle Pfaueninsel« angetreten hatte. Früher gab es auf der

Insel immer zwei Verantwortliche: einen Kastellan und einen Hofgärtner. Weil sich beide auf der Pfaueninsel immer gestritten hätten, gibt es die beiden Stellen seit 1810 in Personalunion. »So war ich anfangs nicht nur für den Garten zuständig, sondern auch für das Schloss und die Fähre«, sagt Seiler und merkt plötzlich, dass er bereits angefangen hat zu erzählen. »Legen Sie doch erst einmal ab«, unterbricht er sich.

Dann fragt er, wo wir uns unterhalten möchten: hier unten im Arbeitszimmer oder oben in der Veranda. Die Entscheidung überfordert uns. Man rechnet ja zunächst mit der Frage nach Tee oder Kaffee. Er gibt uns Zeit zu überlegen und schlendert in die Küche. Den Kaffee müsse er heute machen, sagt Seiler, weil seine Frau außer Haus sei. Welchen Ausblick denn die Veranda biete, fragen wir. »Sie schauen von dort in unseren kleinen Garten«, ruft er und ergänzt dann: »Und an einer Stelle aufs Schloss.« Wir entscheiden uns für die Veranda und erklimmen die Treppe in den ersten Stock. Sie ist rundherum mit kleinen Sprossenfenstern verglast. Auf den Fensterborden sind Grünpflanzen, Steine und eine Eulensammlung platziert. Den Raum füllt ein großer Tisch, auf dem wir unsere Unterlagen ausbreiten. Dann nehmen wir Platz, das Schloss im Rücken. Es ist noch immer eingerüstet, die Wiedereröffnung für 2024 geplant. Das viele Gartengrün um die Veranda ist ein wunderbarer Einstieg. Während Michael Seiler den Kaffee ausschenkt, fragen wir, wann er sich für Gärten und Parks zu interessieren begann.

Seilers Wege

Die Liebe zur Natur entwickelte sich ausgerechnet im Krieg. 1943 zog die Mutter mit ihm in die Schorfheide zu seinem kranken jüngeren Bruder. Der Wald wurde für den Vierjährigen zum Schutzraum. Er sei ihm nach den Bombennächten in Berlin so friedlich erschienen. Bis heute habe er etwas gegen Uniformen und Gewehre. Deshalb hätte Seiler auch nie Förster werden können. Sein Interesse galt der Pflanzenwelt. Als Zehnjähriger kam er 1949 erstmals auf die Pfaueninsel. Es war ein Schulausflug an einen Ort, der ihn nicht mehr loslassen sollte.

Dass der Junge Botanik studiert, lag nun nahe. Aber das ließen die finanziellen Verhältnisse der Familie nicht zu. Stattdessen studierte er Vermessungstechnik. Und landete später auf Umwegen – über den Besuch der Vorlesungen zur Gartengeschichte des damaligen Schlösserdirektors Martin Sperlich – bei der Berliner Denkmalpflege und 1979 schließlich auf Sperlichs Wunsch auf der Pfaueninsel. Berufsbegleitend studierte Seiler, der Quereinsteiger, Garten- und Landschaftsbau und wurde 1987 über den Landschaftsgarten Klein-Glienicke promoviert. 1993 erfolgte schließlich die Krönung seiner beruflichen Karriere: Er trat »den Dienst« als Gartendirektor bei der Schlösserverwaltung an. Die Pfaueninsel kehrte nach zwei Jahren – mit der Gründung der Stiftung Preußische Schlösser und Gärten Berlin-Brandenburg – wieder in seine Zuständigkeit zurück.

Auf der Pfaueninsel war Seiler bemüht, »gartendenkmalpflegerische Prinzipien mit dem Naturschutz in Einklang zu bringen«. Die Ergebnisse »seines« 67 Hektar großen Landschaftsparks können sich (noch immer) sehen lassen. Drei Beispiele stechen besonders hervor: Mit geringen finanziellen Mitteln ist es Seiler 1989 gelungen, den Rosengarten wiederaufleben zu lassen – mit vielen der verloren gegangenen, damals zum Teil aus Amerika eingeführten Sträuchern. Sträucher, deren Laub duftet und unterschiedliche Grüntöne zeigt. Wiederhergestellt wurde auch die Pflanzenkulisse um das 1880 durch einen Brand zerstörte Palmenhaus – so wie es einer seiner Vorgänger, der Hofgärtner Ferdinand Fintelmann, 1837 beschrieben hat. Ein weiterer Meilenstein war die Restaurierung des im Auftrag Friedrich Wilhelms III. von Peter Joseph Lenné und Hofgärtner Ferdinand Fintelmann zwischen 1816 und 1834 angelegten Wegesystems. Fontane nannte sie *Schlängelpfade, die überall hinführen und nirgends.*

Apropos Wege. Sie sind Seilers Steckenpferd. Konkret: die Beziehung von Weg und Mensch im Garten. »Gehen, sehen und verstehen«, sagt er fast schon feierlich. »Ich behaupte, dass der Mensch nur beim Gehen denken kann.« Seiler ist viel gegangen. Und kennt das Wegenetz der Insel so gut, dass er aus dem Stand eine exakte Karte anfertigen könnte. Außerdem seien Wege in Gärten und Parks für ihn eine Möglichkeit, »die Schönheit der Erdoberfläche wie eine Plastik, wie eine Skulptur zu erleben«.

Wenn es jetzt schon poetisch wird, können wir endlich auch über Fontane reden. Seiler hat ihn »mit Begeisterung gelesen«. Der *Havelland*-Band wird in seinem Pfaueninsel-Buch auch mehrmals erwähnt, aber er diente Seiler nicht als Quelle. Im Kapitel über Frau Friedrichs Kaffeeausschank werden die Schriftsteller Georg Horn und Werner Hahn, sogar Friedrichs Magd zitiert, Fontane nicht. Zu viel Poesie, zu viele Fehler und zu wenig Gartenbaukunst. Bei diesem Gartendirektor konnte Fontane nicht punkten.

An einer Stelle in Seilers Buch ist Fontane dann aber doch zu einer historischen Figur geworden. Als der Gartendirektor 1979 auf die Pfaueninsel kam, fand er im Kastellanhaus einige verstaubte Akten.[64] Darunter auch vier Gästebücher des Schlosses Pfaueninsel, in denen die Einträge bzw. die Besuchsdaten prominenter Zeitgenossen verzeichnet sind. Im Band 3 unter dem Datum 23. Juli 1861 ist ein »Th[.] Fontane – aus Berlin« vermerkt.[65] Michael Seiler strahlt, als hätte er uns zum Schluss noch eine kleine Freude bereitet. Hat er!

Am Schwielowsee

KETZIN/ Havel
Satzkorn
AS 25
Uetz
Paretz
Marquardt
Sacrow-Paretzer
Berliner Ring
Göttinsee
Göttin
Schlänitzsee
Kanal
Neu-Töplitz
Leest
B 273
AS 24
Alt-
Grube
Bornim
Phöben
Kleiner
Nattwerder
AS 23
Kemnitz
Golm
Bornstedt
Eiche
Derwitz
Zernsee
Kol. Zern
A 10 E 55
Großer
AS 22
Plessow
Kuhfort
Wildpark West
Wild-park
Gr. Plessower See
WERDER (Havel)
Neuplötzin
B 1
HAVEL
Geltow
Bf. Pdm. Pirschheide
Plötzin
Glindow
Glindower See
Elisabethhöhe
Wentorf
Petzow
Caputh
Schwielowsee
Caputher See
Bliesendorf
Mittelbusch
A 10 E 55
Kammerode
Flottstelle
Schwielowsee
NSG
Neue Scheune
Kemnitzerheide
Ferch
Michendorf
AS 20
Wietkikenberg
Lienewitz
AS 18
Berliner Ring
A 10 E 30 E 55
Klaistow
AD 19/1 Potsdam
Kanin
A 9 E 51
Neuseddin
Fichtenwalde
Seddiner

Und wie alle echte Sehnsucht schließlich in Erfüllung geht, so auch hier, und ehe noch der Juli um war, brauste der Zug wieder über die große Havelbrücke, erst rasch, dann seinen Eilflug hemmend, bis er zu Füßen eines Kirschberges hielt: »Station Werder!«

Fontane in *Ost-Havelland*, 1873

WERDER

Werder ist eine Wasserstadt. Umgeben von vier Seen liegt die historische Altstadt auf einer Insel mitten in der Havel. Das 65 Hektar große Eiland, das aus der Luft wie ein riesiger Fußabdruck aussieht, ist nur über eine schmale Brücke zu erreichen. Bevor man sie überquert, erfasst der Besucher das Altstadt-Panorama gerahmt auf einen Blick. Neben der Brücke hat die Stadt am Havelufer einen großen Bilderrahmen aufstellen lassen. Wenn man sich mit seiner Kamera geschickt positioniert, lässt sich die berühmte Silhouette ins digitale Postkartenformat pressen. Weht kein Wind, spiegeln sich der hohe Turm der neugotischen Heilig-Geist-Kirche, die rekonstruierte Bockwindmühle und das hübsche Häuserspalier im Havelwasser. Die Mark präsentiert sich hier von ihrer malerischen Seite und lässt ein wenig mediterranes Flair aufkommen.

Wir passieren die Brücke Ende Mai bei strahlendem Sonnenschein, kein Lüftchen weht über der Havel.[1] In Werder offenbar nichts Ungewöhnliches. Auch Fontane protokolliert das Wetter in den *Wanderungen*. Die Stadt erreichte er im Sommer 1869 *bei siebenundzwanzig Grad im Schatten und absoluter Windstille*. Helios herrscht offenbar nicht nur auf Rhodos.

Kaum haben wir die Insel erreicht, geraten wir in Versuchung. Links an der Häuserwand wirbt ein weißes Fähnchen mit der Aufschrift »Frischer Räucheraal«, rechts bunte Bildchen von Eiswaffeln an der Schaufensterscheibe. So kann es weitergehen. Und so geht es auch weiter. Die Insel ist ein kleines Havelparadies. Wenn man sich gehen lässt, bleibt die Alltagshektik auf dem Festland zurück. Beim Eis können wir nicht widerstehen, doch angemessener wäre Aal gewesen. Denn Werder ist ein Fischerort, wovon noch die einstöckigen Fischerhäuser zeugen. Stolz verkündet die Stadt auf einer Infotafel, dass in knapp dreißig Jahren von 1993 bis 2021 das gesamte Straßennetz und 85 Prozent der Häuser auf der Insel saniert wurden.

Das Haus in der Kirchstraße Nr. 14 gehört nicht dazu. Großflächig abbröckelnder Putz, verblasster Fassadenanstrich sowie aus den Angeln gehobene oder fehlende Fensterläden zeugen von jahrelanger Vernachlässigung. Man würde unachtsam vorbeilaufen, wenn nicht eine kleine gusseiserne und über den Fenstern hängende Tafel auf einen berühmten Bewohner hinwiese. »Prof. Karl Hagemeister / bekannter märkischer Maler / wurde in diesem Haus geboren / am 12.3.1848 / und starb auch hier am 5.8.1933.«

Hagemeisters impressionistische Landschaftsgemälde und seine wuchtigen Wellenbilder von der Ostsee begeistern die Kunstwelt bis heute. »Wenn ich mich seelisch ausdrücken wollte«, schrieb er, »zerlegte ich den Stimmungston in zwei Töne, den Licht- und den Schattenton.«[2] Auch die märkische Erinnerungskultur an Karl Hagemeister scheint in zwei Töne zerteilt, in den Lichtton, der in Ausstellungen und unzähligen Würdigungen strahlt, und den Schattenton, in dem sein Geburts- und Sterbehaus verharrt.

Dass es zwischen den märkischen Landschaftsmalern wie Hagemeister und dem märkischen »Wanderdichter« eine Verbindung gebe, wollte das Museum der Havelländischen Malerkolonie 2019 mit ihrer Ausstellung *Theodor Fontane und die märkische Landschaftsmalerei* zeigen. Die Künstler hätten sich von den Erzählungen Fontanes inspirieren lassen und auf ihren Wanderungen das bis dahin unbekannte Havelland mit eigenen Motiven ins Bild gesetzt.[3] Umgekehrt blieb die Inspiration aus, weil Hagemeisters intensive Schaffensjahre erst mit den 1880er Jahren einsetzten.

Fontane ist vermutlich – wie wir jetzt – an seinem Geburtshaus vorbeigelaufen. Er hatte ein anderes Ziel: die Heilig-Geist-Kirche. Dort interessierte er sich bei seinem Werder-Besuch für eine *»Rumpelkammer«*, in der er ein altes Gemälde fand, das rund vierzig Jahre später Hagemeister restaurieren sollte. Vom Hagemeister-Haus ist die Kirche nur ein paar Schritte entfernt.

Eingerahmte Silhouette: Blick auf die Insel Werder, 2022

Christus als Arzt oder Apotheker
In der Heilig-Geist-Kirche

Ist das Angela Merkel? Als wir an der Heilig-Geist-Kirche ankommen, trauen wir unseren Augen nicht. Die Ex-Kanzlerin in rotem Blazer und schwarzer Hose schlendert über den Kirchhof, bleibt stehen und blinzelt zufrieden in die Sonne. Seit dem Großen Zapfenstreich zum Ende ihrer Kanzlerschaft im Dezember 2021 war sie nicht mehr öffentlich aufgetreten.[4] Man vermutete, sie habe sich in ihr Ferienhaus in der Uckermark zurückgezogen oder sei auf Bildungsreise in Italien. Aber in Werder? Weil wir so überrascht sind, nehmen wir nicht wahr, dass um die Kirche herum alles abgesperrt ist. Am Weitergehen hindert uns höflich ein Mann von der Security. Er lächelt milde, weil er unsere neugierigen Blicke registriert. Um uns nicht länger im Irrglauben zu lassen, klärt er die Angelegenheit auf, ohne dass wir fragen müssen. »Dit is Miss Merkel.« Dann zeigt er auf die Kameras und ergänzt: »Wir drehen einen Film. Sie kommen hier jetzt nicht weiter.« Jetzt, da man es weiß,

Spitztürmig: Heilig-Geist-Kirche Werder, 2022

wirkt die falsche Kanzlerin gar nicht mehr täuschend echt. Sie läuft viel zu gebückt und hält ihre Arme verschränkt hinter dem Rücken. Die Krimikomödie *Miss Merkel – Mord in der Uckermark* wird fürs Fernsehen gedreht. Und wir kommen vorerst nicht in die Kirche. »Nachmittags sind wir wieder weg«, sagt der Security-Mann unaufgefordert. So bleibt ausreichend Zeit, das monumentale Gotteshaus von allen Seiten zu fotografieren und Fontanes *Werder*-Kapitel noch einmal in Ruhe zu lesen.

Rumpelkammer

Von der Kirche zeigte sich Fontane enttäuscht. Zwar sei sie *auf der höchsten Stelle der Insel malerisch gelegen*, aber er konnte den zwei im 19. Jahrhundert vorgenommenen Erneuerungen[5] kaum etwas Positives abgewinnen. Dass sie durch den barocken Umbau 1734 unter König Friedrich Wilhelm I. *schönheitlich* gewonnen hätte, bezweifelte er, denn *die Lehniner Mönche verstanden sich besser auf Kirchenbau als der Soldatenkönig.* Und der schon zwanzig Jahre später, von 1856 bis 1858, erfolgte *Umbau*, mit dem Friedrich Wilhelm IV. »seinen« Architekten Friedrich August

Stüler beauftragte, sei mit *einer wiederhergestellten, spitzenreichen Gotik […] in der Nähe vielleicht mannigfach zu beanstanden, als Landschaftsdekoration aber […] von seltener Schönheit.*

Das eigentliche Problem sah Fontane jedoch im Kircheninnern. Wie später in Petzow[6] kritisierte der Wanderer die Geschichtsvergessenheit der modernen Architektur. Die neuen Kirchen seien zwar *erweitert, gelichtet, geschmückt*, aber *Bilder, Grabsteine, Erinnerungsstücke haben das Feld räumen müssen, um viel sauberer[e]n, aber viel uninteressanteren Dingen Platz zu machen. Zum Glück hat man für das »historische Gerümpel« […] wenigstens eine »Rumpelkammer« übriggelassen.* Fontane hoffte, es sei *gestattet*, eine *Sakristeiparzelle mit diesem wenig ehrerbietigen Namen zu bezeichnen.*

Unter dem *»historischen Gerümpel«* fand er *einen fragwürdigen Bilderschatz*, über dessen Herkunft nicht nur der Wanderer spekulierte.

Einzig in seiner Art

Die Dreharbeiten sind auch am Nachmittag noch nicht beendet. Immerhin darf man jetzt auf den Kirchhof. Während Miss Merkel noch immer auf und ab schlendert, wird vor der Kirchentür eine letzte Szene vorbereitet. Zehn Mitarbeiter der Filmcrew drehen einen simulierten Sturz vom 45 Meter hohen Kirchturm, bei dem die Schauspielerin aus vollem Hals schreit. Am Rand beobachtet ein Mann im dunklen Anzug die Szene, der offensichtlich nicht zum Team gehört. Wir sprechen ihn an. Als Ältester des Gemeindekirchenrates betreut er die Dreharbeiten. Vorsichtig fragen wir, ob es möglich sei, heute noch in die Kirche zu gelangen. Er nickt. Nach dem fünften Schrei ist endlich Ruhe und die Szene im Kasten. Während die Filmcrew in Windeseile die Ausrüstung zusammenpackt, führt uns der Mann in die Kirche. Mit Blick auf unsere Papiere unterm Arm fragt er, ob wir uns etwas Bestimmtes anschauen wollen. »Ja, das Gemälde, das Fontane in den *Wanderungen* beschrieben hat«, antworten wir. »Ah, Fontane«, sagt er fast erfreut, »dann mache ich mal Licht.«

In der *Rumpelkammer* hatte Fontane *ein ehemaliges Altargemälde* aus der Vorgängerkirche »entdeckt«, *das in Werder den überraschenden, aber sehr bezeichnenden Namen: »Christus als Apotheker« führt.* Weil sein *Havelland*-Band das Bild populär machte, feierte es in der Kirche eine Auf-

Nicht ganz exakt abgezeichnet: Gemälde *Christus als Apotheker* in der Heilig-Geist-Kirche, Fontanes Skizze von 1869, Notizbuch A15, Bl. 55r

erstehung. Statt in der Sakristei zu verstauben, hängt es nun an exponierter Stelle gegenüber der neogotischen Kanzel – unter der hölzernen Empore. Die Farben des in einen dunklen Rahmen gefassten und nicht signierten, 128 x 118 Zentimeter großen Gemäldes beginnen vor der hellen Wand zu leuchten, als der Kirchenälteste das Licht eingeschaltet hat.

Es ist so abnorm, so einzig in seiner Art, dass Fontane *eine kurze Beschreibung […] gestattet sein möge. Christus, in rotem Gewande […] steht an einem Dispensiertisch, eine Apothekerwaage in der Hand. Vor ihm, wohlgeordnet, stehen acht Büchsen, die auf ihren Schildern folgende Inschriften tragen: Gnade, Hilfe, Liebe, Geduld, Friede, Beständigkeit, Hoffnung, Glauben. Die Büchse mit dem Glauben ist die weitaus größte; in jeder einzelnen steckt ein Löffel. In Front der Büchsen […] liegt ein geöffneter Sack mit Kreuzwurz. Aus ihm hat Christus soeben eine Handvoll genommen, um die Waage, in deren einer Schale die Schuld liegt, wieder in Balance zu bringen. Ein zu Häupten des Heilands angebrachtes Spruchband aber führt die Worte: »Die Starken bedürfen des Arztes nicht, sondern die Kranken. […]«*[7]

So »einzig in seiner Art«?: *Christus als Apotheker* in der Heilig-Geist-Kirche Werder, Foto, 2022

Kleine und große Irrtümer

Obwohl Fontane das Gemälde in der Kirche gesehen und im Notizbuch skizziert hat, ist seine Beschreibung nicht fehlerlos. *Die Büchse mit dem Glauben* ist nicht *die weitaus größte*, sondern die mit der Gnade – ganz rechts im Bild. Nicht *in jeder einzelnen steckt ein Löffel*. Und das *Spruchband* mit dem zitierten Bibelspruch befindet sich nicht *zu Häupten des Heilands*, sondern an der Vorderkante des Tisches. Auf dem Tisch und auf einer Tafel rechts hinter Christus sind weitere von Fontane nicht notierte Sprüche zu sehen, die alle auf Christus als Erlöser deuten. Dass Fontane die Lückenhaftigkeit seiner Aufzeichnungen bewusst war, belegt der Nebensatz – *wenn wir nicht irren* –, als er sich an die Farbe des Christusgewands erinnerte. Aber: Rot ist korrekt.

Etwas komplizierter wird es, wenn Fontanes Untersuchung hinsichtlich des Bildursprungs überprüft werden soll. Er schreibt, es sei nicht katholischer Provenienz. Und hält dafür eine seiner typischen Begründungen bereit: *Die katholische Zeit hat solche Geschmacklosigkeiten nicht gekannt.* Ist das Gemälde dann folglich protestantischen Ursprungs? Unklar ist darüber hinaus, wann das Bild entstanden ist. Auch hierfür bietet Fontane eine Erklärung. Werder habe 1734 *eine Apotheke* erhalten. Es sei *höchst wahrscheinlich, dass der glückliche Besitzer [...] das Bildkuriosum [...] dankbar und – hoffnungsvoll stiftete.* Ein Kollege Fontanes als Stifter?

Apropos Apotheker. In seinem *Havelland*-Band verbreitete Fontane die Auffassung, das Bild *führt den sehr bezeichnenden Namen [...]: »Christus als Apotheker«.* Dieser Titel halte sich seitdem »hartnäckig«, stimme aber nicht, lesen wir in der von der Kirchengemeinde herausgegebenen Broschüre über die Heilig-Geist-Kirche Werder. »Theologisch richtiger« sei die Bezeichnung »Christus als Arzt«. Dass der »märkische Dichter« anderer Meinung sei, »mag mit seinem vom Vater erlernten Beruf zusammenhängen, denn er war ausgebildeter Apotheker«.[8] Wie gut ließe sich dieses Argument doch verstärken, wenn ergänzt worden wäre, dass auch Sohn Theodor »ausgebildeter Apotheker« war. Aber was stimmt nun? Sehen wir auf dem Gemälde Christus als Apotheker oder als Arzt? Fragen über Fragen.

Kein Schmerzensmann

Sie eindeutig zu beantworten, ist angesichts der theologischen Dimension des Bildmotivs und der schwierigen Quellenlage eine echte Herausforderung. Konsultiert haben wir nicht nur die regionalgeschichtliche Literatur, sondern auch einen Wissenschaftshistoriker. Fritz Krafft, der bis zu seiner Emeritierung im Jahr 2000 das Institut für Geschichte der Pharmazie an der Philipps-Universität Marburg leitete, hat sich jahrzehntelang mit dem Motiv »Christus als Apotheker« beschäftigt.[9] Wer jetzt (noch) nicht abgeschreckt ist und weiterliest, wird zum Teil überraschende Antworten erhalten. Vorausgeschickt sei schon einmal: Fontane irrte nicht auf allen Feldern.

Wenden wir uns zunächst den Fragen zu, die sich unkompliziert beantworten lassen, und beginnen mit der Behauptung Fontanes, bei dem Bild handle es sich um *ein ehemaliges Altargemälde.* Für diese Auffassung lassen sich keine Hinweise finden. Vielleicht war die Formulierung des Werderaner Ortschronisten etwas irreführend. Der Stadtschreiber Ferdinand Ludewig Schönemann, auf den sich Fontane in seinem *Werder*-Kapitel fast ausschließlich bezieht, zählt in seiner Chronik von

1784 die noch vorhandenen Ausstattungsgegenstände aus der Vorgängerkirche auf: »Der ehemalige Altartisch von Holz, auch ein Gemählde auf Leinewand ist noch vorhanden.«[10] Dass es sich jedoch eindeutig um ein Andachtsbild handelt, weist Krafft anhand der Entwicklung des Bildmotivs nach. Im Gegensatz zu früheren Gemälden – vor allem das älteste datierbare Bild von 1619[11] – werde der allegorisierende Inhalt des Motivs »in einem radikalen Abstraktionsschritt auf das Wesentliche der Bildaussage verkürzt«. Während auf den älteren Motiven Christus in der Apotheke dargestellt ist, fällt eben diese auf den späteren weg. Die als Rezeptiertisch dienende Fensterbank wird zu einer bis in die Bildebene vorgeschobenen, meist mit einem (grünen) Tuch bedeckten Tischplatte. Hinter ihr steht – dem Betrachter zugewandt – Christus, der mit der linken Hand die Waage bedient.[12] Das Werder-Gemälde weist genau diese Reduzierung der Bildaussage auf – und diente der Andacht der Gläubigen.

Eindeutig lässt sich außerdem die Frage beantworten, ob das Gemälde einen katholischen oder einen evangelischen Ursprung hat. Fontane hatte sich klar positioniert, und zwar gegen die *Werderaner,* welche *dies Bild bis in die katholische Zeit zurückdatieren wollen. Sehr mit Unrecht.* Sie hätten sich, so Fontane, *wohl auf Schönemann gestützt.* Ob die Werderaner tatsächlich diese Auffassung vertraten, muss dahingestellt bleiben. Auf Schönemann konnten sie sich jedenfalls nicht berufen. Der Chronist schreibt, das Gemälde sei vermutlich »zur Zeit der Reformation aufgehängt worden, um den Glauben der Lutheraner desto mehr zu befestigen«.[13] Schönemann vermutet richtig. Denn das Bild, argumentiert wiederum Fritz Krafft, weise mehrere Kriterien einer protestantischen Ikonographie auf. Christus sollte »nicht als Weltenrichter oder gar als Schmerzensmann dargestellt werden, sondern als Freund und Erlöser der Menschen, besonders der Armen und Kranken«. Er werde »bei einer apothekerlichen Tätigkeit gezeigt, und das ohne jede fremde Hilfe«.[14] Hinzu kommt die Hervorhebung der theologischen Tugend Gnade, mit der das größte Gefäß auf dem Bild beschriftet ist (»Allein aus Gnade wird der Mensch vor Gott gerecht«).

Auf Bildern, die für einen katholischen Ursprung sprechen, sind Engel und Heilige zu sehen. Und Christus wird nicht als Apotheker oder Arzt, sondern als segnender Heiland dargestellt, wobei die Apotheke nur den Hintergrund bildet.[15] Diese Indizien sind auf dem Werder-Bild nicht zu finden.

Der unbekannte Zwilling

Im Kontext des Ursprungs steht auch die Frage der Datierung. Im Gegensatz zu Fontane, der die Entstehung (konkret die Stiftung) des Bildes um 1734 verortete, ging der Werder-Chronist Schönemann davon aus, dass das Gemälde »zur Zeit der Reformation in der alten Kirche« aufgehängt wurde.[16] Das würde auf das 16. und 17. Jahrhundert hindeuten. Diese zeitliche Einordnung nehmen auch der Apotheker und Heimatforscher, Pharmazierat Klaus Schmidt[17], sowie der Pharmaziehistoriker Fritz Ferchl vor, der sich explizit auf den Kirchenhistoriker Georg Stuhlfauth beruft. Stuhlfauth habe die Entstehung »ungefähr in die Zeit um 1620« gelegt. Ferchl führt »das in dieser Gegend einmalig vorkommende Bild auf die im 18. Jahrhundert erfolgte Einwanderung der protestantischen Emigration aus dem bayerischen Chiemgau oder Fürstbistum Salzburg zurück, wo diese Bilder Heimat und Verbreitung besitzen«.[18] Fritz Krafft wiederum datiert das Bild ohne weiterführende Begründung auf die »Zeit um 1630«.[19] Letzte Zweifel ließen sich wahrscheinlich beseitigen, wenn man eine Untersuchung verdeckter Farbschichten mittels moderner Verfahren wie Infrarotstrahlung anwenden würde.

Die letzte Frage ist die schwierigste: Sehen wir auf dem Gemälde nun Christus als Apotheker oder als Arzt? Auch hier widersprechen sich Fontane und Schönemann. Während der Wanderer schreibt, das Gemälde würde *in Werder* den Namen *»Christus als Apotheker«* führen, meint der Werder-Chronist, auf dem Bild werde Christus »als ein Arzt vorgestellet«.[20] Was Fontane nicht wusste und Schönemann nicht berichtet: Das Bild ist nicht *so einzig in seiner Art*, wie uns Fontane in den *Wanderungen* glauben machen will. Abgesehen davon, dass inzwischen 150 Gemälde mit diesem Motiv, vor allem im deutschsprachigen Raum, bekannt sind[21], existiert in der Dorfkirche im nahe gelegenen Plötzin, heute ein Ortsteil von Werder, ein fast identisches Bild.[22] Unklar ist der Verwandtschaftsgrad der beiden Werke. Denn hier widerspricht sich Krafft: Einerseits vertritt er die Auffassung, sie seien »voneinander abgemalt worden«[23], andererseits meint er, sie »müssen durch eine gemeinsame Vorlage angeregt sein, vermutlich durch einen Kupferstich«.[24] Dass sie vom selben unbekannten Künstler gemalt wurden, scheint hingegen unstrittig.[25]

Was man dagegen bei einem Vergleich auch als Laie erkennt: Sie unterscheiden sich hinsichtlich des Rahmens, der Farbgebung und des Bildausschnitts. Das Gemälde in Werder wirkt im Gegensatz zum Plötziner Pendant an allen Seiten abgeschnitten. Besonders deutlich wird das am oberen Rand: Es fehlen ein Stück des Heiligenscheins und das Kreuz auf der Tafel hinter Christus. Außerdem hat das Plötziner Bild einen alten, möglicherweise den originalen Rahmen[26], auf dem oben die Aufschrift »CHRISTUS COELESTIS MEDICUS« (Christus als Arzt des Himmels) zu lesen ist. Das Bild in Werder hat, offenbar nach der Restaurierung durch Karl Hagemeister 1899[27], einen breiten, dunklen Eichenrahmen erhalten. Es kann nur gemutmaßt werden, ob der alte Rahmen die gleiche Aufschrift wie in Plötzin hatte. Dafür spräche der bereits zitierte Bibelspruch am unteren Rand: »Die Starken bedürfen des Arztes nicht, sondern die Kranken.« Also kein Apotheker!?

Fontane hat sich durchgesetzt

Vermutlich stimmt beides. Denn die Entwicklung des Bildmotivs »Christus als Apotheker« vollzog sich über mindestens zwei Jahrzehnte und setzte sich nicht überall gleichzeitig durch. Voraussetzungen waren sowohl theologische als auch naturwissenschaftliche Erkenntnisse, die in der Frühen Neuzeit zu einer sozialen Aufwertung des Apothekerberufs führten. Martin Luther hatte in seiner deutschen Übersetzung des Alten Testaments den Begriff »Apotheker« erstmals in die Bibel eingebracht und damit ermöglicht, nicht nur den Arzt, sondern auch den Apotheker als von Gott erschaffen aufzufassen. Die Autorität der Bibel hätte aber nicht ausgereicht, die alte Metapher vom heilenden Seelenarzt Christus auf den Apotheker zu übertragen. Während der Arzt mit seiner akademischen Ausbildung dem höheren Stand angehörte, galt der Apotheker als ein häufig »ungebildeter Krämer«, der die Vorgaben des Arztes auszuführen hatte. Diese Unterscheidung wurde aufgehoben durch die Fortschritte in der »chemischen Medizin« um 1600, welche die Arzneimittel »von ihrer mystisch-religiösen Verbrämung« befreite und ihre Wirksamkeit als chemische Prozesse darstellte.[28]

Vor allem diese theologischen und naturwissenschaftlichen Entwicklungen führten zur Entstehung des Bildmotivs, schlussfolgert Fritz Krafft, »ein Motiv, das die Metaphern vom himmlischen Arzt Christus und von der Bibel als Apotheke für Seelenarzneien auf Christus als den Apotheker oder den seine Arzneien selbst bereitenden Arzt ausdehnt«.[29] Das Bilderpaar aus Werder und Plötzin ist offenbar ein Zeugnis für diesen Übergang. Und weil in nahezu allen wissenschaftlichen Publikationen vom Motiv »Christus als Apotheker« gesprochen wird, kann Fontanes in den *Wanderungen* veröffentlichter Bildtitel seine Gültigkeit behalten. Ohnehin hat er sich längst durchgesetzt.

Wo die Knupperkirschen glühn
Wein auf Werders Wachtelberg

Die *»Werderschen«* sind auch Kindern ein Begriff. Kirschen, Erdbeeren und das Baumblütenfest wecken Begehrlichkeiten, die ein Leben lang bleiben. Vor allem in Berlin verführen die Früchte aus Werder seit Jahrhunderten mit köstlich-fruchtigen Geschmacksrichtungen die wurstgeplagten Gaumen der Hauptstädter. Das Werder-Obst ist schon lange ein Garant für guten und gesunden Geschmack.

Welche Pfirsiche in Weinblatt! Die Luft schwamm in einem erfrischenden Duft, erinnert sich Fontane in den *Wanderungen* an *die »Werderschen«, die besten Freundinnen unserer Jugend.* Auf dem allmorgendlichen *Schulwege* von der Großen Hamburger Straße zur Friedrichswerderschen Gewerbeschule in der Niederwallstraße hatte er an der Friedrichsbrücke (gegenüber dem Berliner Dom) das Einlaufen der Werder-Früchte-Flotte beobachtet. *Große Schuten dicht mit Tienen* [henkellose Obstkörbe] *besetzt, während auf den Ruderbänken zwanzig Werderanerinnen saßen und ihre Ruder und die Köpfe mit den Kiepenhüten gleich energisch bewegten.* Großen Momenten gebührt große Dichtung: *Das war ein idealer Genuss, ein Schauspiel, aber ach, »ein Schauspiel nur«.*[30] Die Schüler interessierte *der Kuppelbau der umgestülpten und übereinander getürmten Holztienen […] mehr als der Kommodenbau von Monbijou und, traurig zu sagen, auch als der Säulenwald des Schinkelschen Neuen Museums.*

Die *Bilder jener Tage* waren *nicht verblasst*, als Fontane *fünfundvierzig*

Jahre später auf seinen *Havelwanderungen* auch *der Spitzturmkirche von Werder gewahr wurde.* Die *Jugendsehnsucht nach den Werderschen stieg wieder auf: hin nach der Havelinsel und ihrem grünen Kranz, »wo tief im Laub die Knupperkirschen glühn«.* Die Sehnsucht blieb. Zu den »allerlei« Freuden zählte der siebzigjährige Fontane in seinem Gedicht *Was mir gefällt* gleich zu Beginn »Jedes Frühjahr das erste Tiergartengrün, / Oder wenn in Werder die Kirschen blühn«.[31]

Kampf um die Kirschen

Die Werder-Kirschen sind noch immer ein Traum. Allerdings wird deren Anbau langsam zum Albtraum. Nicht nur in Werder sind die Obstplantagen in Gefahr. Die Bedrohung wächst nicht durch Schädlinge. Keine Kirschessigfliege in der reifen Frucht, kein Käfer im Baumstamm gefährdet die Obstbäume so sehr wie der Klimawandel.

Das treibt nicht nur die Obstbauern, sondern längst auch die Wissenschaft um. Forscher der Technischen Universität Dresden haben in Werder damit begonnen, nach Lösungen zu suchen. Kleine hellgraue, mit Sensoren ausgestattete Plastikkästchen werden am Kirschenspalier platziert und sammeln Daten über Luftdruck, Niederschlag und Wind. Ziel sei es, Temperaturprofile als 3D-Modell zu erstellen, sagt der Hydrologe Franz Lennartz. Sie dienen der Entwicklung einer gesteuerten Wasserversorgung, die auch die zunehmende Wasserknappheit im Blick hat. Der Sommer 2022 war der bisher wärmste in Europa, seit es Messungen gibt. Wenn es so weitergeht, sind nicht nur die Kirschen in Gefahr. Es sei absehbar, meint Lennartz, dass in Brandenburg »die schönen großen Havelseen kleiner werden und eines Tages ganz austrocknen«.[32] Fontanes Havelland ohne Knupperkirschen und ohne Havel? Warum kleben sich die Klimakämpfer nicht an den Kirschbäumen in Werder oder auf einem Steg am Schwielowsee fest?!

Auf dem Wachtelberg

Jede Krise hat auch Profiteure. Die Klimakrise eröffnet einem Beruf neue Chancen, den man in Werder eher nicht vermutet: dem Winzer. Aufgrund der stetig steigenden Durchschnittstemperatur rücken in Mitteleuropa die Weingebiete weiter nach Norden vor. Im Vergleich zur Pfalz mit knapp 24.000 Hektar Weinanbaufläche weist Branden-

In Reih und Glied: Wachtelberg in Werder, mit Blick auf die Havel, 2022

burg zwar nur dreißig Hektar auf[33], aber nicht nur in der Mark gedeihen immer mehr Rebstöcke. Wein wächst inzwischen auch in Skandinavien.

Allein elf der dreißig Hektar brandenburgische Weinanbaufläche liegen in Werder, sie erstrecken sich über vier Weinberge. Der größte (6,2 Hektar) und der weitaus bekannteste ist der Wachtelberg. Er gehört Manfred Lindicke, dessen Familie zu den Werder'schen Obstdynastien gehört. Sohn Stefan betreibt den Obstbau, Vater Manfred führt das Weingut. Während der Junior im Hofladen das Zepter schwingt, residiert der Senior auf dem Wachtelberg. Macht man sich auf den Weg zu dieser Wein-Zentrale, geht es am Ende tatsächlich richtig bergauf. Wenn man dann auf dem Gipfel noch die Aussichtsplattform erklimmt, folgt die Belohnung: ein Panoramablick aus sechzig Metern Höhe über eine wellige Hügellandschaft mit einer in Reih und Glied angetretenen Armada lindgrüner Rebstöcke, die am Fuße des Berges in die breite blaue Havel zu fallen scheinen. Am Horizont werden wir *der Spitzturmkirche von Werder gewahr.* Wenn hier die Luft vor Hitze flimmert, dann weht ein Hauch Toskana über die märkische Streusandbüchse. Aber die Idylle täuscht. Als wir an den Rebstöcken vorbeilaufen, sieht auch der Laie, dass die Hitze den sonnenverliebten Trauben Probleme bereitet. Einige haben mehr als einen Sonnenbrand bekommen, sie sind schon braun und schrumpelig.

Seit 2002 betreibt Familie Lindicke auf dem Wachtelberg eine Straußenwirtschaft – eine vom Winzer nur saisonal betriebene Gaststätte, deren Öffnung man an einem ausgehängten Strauß oder Kranz erkennt: »Wenn's Sträußchen hängt, wird eingeschenkt.« Eine Tradition, die auf Karl den Großen zurückgehen soll. In Lindickes Straußenwirtschaft *Weintiene* haben wir mitten in der Saison eine Audienz beim Chef ergattert. Manfred Lindicke ist ein gefragter Mann, absolviert an manchen Tagen mehrere Weinproben. Dann ist er in seinem Element. Kenntnisreich und pointiert referiert er, zuweilen ohne Punkt und Komma, über seinen Wein im Besonderen und die Welt im Allgemeinen.

Als wir uns der Straußenwirtschaft nähern, ist Lindicke schon von Weitem zu hören. Er sitzt unter der überdachten Weinlaube an der Stirnwand eines langen Tisches und spricht vor einer bereits leicht angeheiterten Reisegruppe aus Sachsen. Die Touristen haben Werder bisher mit Ketchup und Kirschen in Verbindung gebracht, aber mit Wein? Sie staunen noch mehr, als Lindicke erzählt, dass es eine jahrhundertelange Weinbautradition in Werder gebe und aufgrund des Klimawandels hier inzwischen auch Sauvignon Blanc und Kernling gedeihen. Weißweinsorten, die früher nur in südlichen Regionen anzutreffen waren. Die Gruppe freut sich, als der Chef allen noch einmal einschenkt, bevor er sich uns zuwendet.[34]

Fontane sah keine Rebstöcke

Wir folgen Manfred Lindicke ins Lokal, das mit langen Holzbänken und -tischen sowie braunen Stoffplanen an der Decke Weinzelt-Atmosphäre verbreitet. Das Interieur mit den professionell gestalteten Infotafeln im vorderen Teil des Raumes, zwei äußert farbenfrohen modernen Bildern, hellen Bücherborden, zwei historischen Radios und einer Glasvitrine voller historischer Alltagsgegenstände im hinteren Bereich erinnert eher an eine Heimatstube. Die Entscheidung, was wir uns zuerst genauer ansehen könnten, müssen wir nicht treffen. Lindicke dirigiert uns zurück zum Eingang und erteilt, während er Wein und Wasser holt, die Aufgabe, den an der Wand prominent platzierten Familienstammbaum zu studieren. Der demonstriert vor allem eins: Die Familie ist seit Jahrhunderten Teil der Werderaner Weinbautradition. Der Älteste, ein Erdtmann Lin[g]icke, hat 1702 Land in Werder gekauft, um einen Weinberg anzulegen.

Manfred Lindicke schenkt inzwischen schon wieder ein. Sauvignon Blanc, Jahrgang 2020, knackig frisch – bei diesen Temperaturen genau richtig. Der Weinanbau in Werder, erklärt er und zeigt, ohne selbst hinzuschauen, auf eine Infotafel hinter sich, sei noch älter als seine Familie. Die älteste »urkundliche Erwähnung« ist ein Eintrag aus dem Jahr 1399, in dem aufgrund des harten Winters viele Weinstöcke erfroren seien.[35] Zu der Zeit war Werder noch im Besitz des Lehniner Klosters[36], das hier zwei Weinberge besaß.

So richtig in Schwung kam der Weinanbau im 18. Jahrhundert – durch Friedrich II., der ihn förderte, weil er selbst gern Trauben aß. 1740 gab es in Werder 130 Weinberge, 1796 dann 240 – auf einer Fläche von rund hundert Hektar.[37] Warum hat Fontane, der rund siebzig Jahre später nach Werder kam, diese Entwicklung nicht in den *Wanderungen* thematisiert? Manfred Lindicke nimmt ihn sogleich in Schutz. »Als Fontane hier war, gab es nur noch die zwei ehemals klösterlichen Weinberge.« Dass es mit dem Weinanbau bergab ging, sei zurückzuführen auf die »ungünstigen Witterungsbedingungen und die schlechte Marktlage durch billigere Weine aus dem Rheingebiet, die infolge der verbesserten Verkehrsbedingungen die Mark schneller erreichten«. Stattdessen trat in Werder der Obstanbau seinen Siegeszug an.

Wiedergeburt des Werderaner Weinanbaus

Die »Wiedergeburt des Werderaner Weinanbaus« geht ausgerechnet auf die Preußen-Renaissance in der späten DDR zurück. »Nachdem 1979 die Friedrich-Biografie von Ingrid Mittenzwei erschienen war und der Alte Fritz ein Jahr später wieder unter den Linden ritt«, erzählt Manfred Lindicke, »besann sich die Partei- und Staatsführung plötzlich wieder auf die Geschichte und forderte die Betriebe auf, Traditionspflege zu betreiben.« Auf Initiative der damaligen Gärtnerischen Produktionsgenossenschaft (GPG) Obstproduktion Werder, in der Lindicke arbeitete, wurde 1985 – nach hundert Jahren – auf dem Wachtelberg auf 4,8 Hektar wieder Wein angebaut. Bei der Neuanlage wurden sogar noch »vereinzelt alte verwilderte Weinstöcke gefunden«. Und wo kamen die neuen Rebstöcke her? »Gute Frage«, sagt Lindicke und lacht. »In der DDR gab es ja nur die zwei kleinen Weinanbaugebiete im Saale-Unstrut-Raum und in Sachsen. Aus Radebeul haben wir 3.000 Rebstöcke bekommen, weitere 1.000 aus Jugoslawien und 9.000 aus den ›sozialistischen Partnerbetrieben‹ in Ungarn, Bulgarien und der Slowakei.«

Nach der Wende gehörte Manfred Lindicke zu den ersten »Jung-Winzern« in Brandenburg. 1996 dann übernahm seine Familie die Bewirtschaftung des Wachtelbergs und begann mit dem schrittweisen Umreben der Fläche. »Und schon ein Jahr später haben wir mit der Wiederanpflanzung von Rotwein begonnen.« Die Bilanz kann sich sehen lassen: 53 Weißweine, fünfzig Rotweine und fünfzig Tafeltrauben.

Gehört er zu den Profiteuren des Klimawandels? Manfred Lindicke schüttelt den Kopf. »Auch wir müssen reagieren.« Früher hätten die Wurzeln der Rebstöcke bis zum Grundwasser gereicht, jetzt müsse mit Tröpfchenbewässerung nachgeholfen werden. Außerdem hat er vor mehr als zehn Jahren zwei Drittel seiner Reben auf Sorten umgestellt, die widerstandsfähiger gegen Nässe und Pilze sind. Gegen Nässe? Der Winzer nickt. Neben der Hitze sei auch der immer öfter auftretende Starkregen ein großes Problem. Er könne die Früchte aufplatzen und dann verfaulen lassen. »Es ist wie ein Damoklesschwert, das über uns schwebt«, sagt er.

Berliner Weinunverstand

Und wird er angenommen, der Wein aus Werder? »Wir haben viel getan, den Weinunverstand der Berliner und Brandenburger in Weinverstand umzuwandeln«, antwortet Lindicke. Dazu gehört auch die Anlage von zwei Sortenlehrpfaden. »Meine Berliner Kunden lieben und schätzen den Wein. Aber das gilt leider nicht für viele Gastronomen aus der Hauptstadt. Wenn man denen vorschlägt, regionale Weine aufzunehmen, verweisen sie auf ihre deutschen Weine im Angebot. Die kommen dann aus der Pfalz und dem Rheinland.«

Vielleicht lassen sie sich bald von der Anerkennung aus der Fachwelt umstimmen. »Nach 26 Jahren«, berichtet Lindicke nicht ohne Stolz, »hat unsere Hausmarke Müller-Thurgau im Frühjahr 2022 das erste Mal eine Goldmedaille bekommen.« Und sein Kellermeister Marian Malinowski wurde nach unserem Besuch im November 2022 unter die drei besten Jungwinzer in Deutschland gewählt. Der Jungwinzer des Jahres nutzt die Presseaufmerksamkeit, um auf den jüngsten Clou der märkischen Weingutbesitzer zu verweisen. Um der Region zu mehr Ansehen zu verhelfen, haben sein Chef Manfred Lindicke und andere Winzer eine »geschützte Ursprungsbezeichnung« angemeldet. Das werde dauern, weil der Antrag erst vom deutschen Landwirtschafsministerium in Bonn vorgeprüft und dann von der EU-Kommission in Brüssel endgeprüft werde. Einen Namen haben sich die Winzer auch schon überlegt: »Mittlere Havel«.[38]

Manfred Lindicke begleitet uns hinaus auf seinen Weinberg. Es ist noch immer drückend heiß. Als ein Auto vom Parkplatz rollt, hinterlässt es eine riesige Staubwolke. Für nächste Woche ist Regen in Norddeutschland angesagt. Aber ob der auch in Werder ankommt? »Haben Sie nun alles, was Sie wissen wollten?«, fragt Lindicke und lacht. Eine Frage haben wir noch. Die entscheidende. Die Frage nach der Zukunft des Familienbetriebs. Er hat sie nicht von selbst beantwortet. Der 73-jährige Lindicke wird ernst und scheint sich dann einen Ruck zu geben. »Ich habe drei Enkel. Keiner hat Interesse.« Er bleibt stehen und schaut uns an: »Und wissen Sie was, ich kann es ihnen auch nicht empfehlen.« Generell sei das Geschäft nicht lukrativ. Die Familie sei froh, wenn »plus/minus null« herauskomme. »Jede Flasche, die verkauft wird, ist die beste«, sagt er und lacht wieder. Rund 60.000 Flaschen Wein produziert er im Jahr. 2019 gab er zum großen Jubiläum extra eine Fontane-Edition heraus.

Wie lange wird er noch arbeiten? »So lang es geht, will ich weitermachen«, antwortet Manfred Lindicke, drückt uns die Hand und fügt hinzu: »Für die Familie.«

[…] habe ich das von meinem Großvater schon sehr geschätzte und in den ›Wanderungen‹ gelobte Baumgartenbrück bestätigt gefunden.

Fontanes Enkel Otto im Gästebuch von Baumgartenbrück, 28. August 1936

BAUMGARTENBRÜCK

Baumgartenbrück ist nicht nur topografisch schwer zu erfassen. Ist es ein Ort? Oder nur eine Brücke? Oder gar ein Obstgarten mit Brückenanschluss? Oder doch nur der Name eines Restaurants?

Irgendwie stimmt alles ein bisschen. Amtssprachlich ist die Frage klar geregelt: Baumgartenbrück bildet als »Wohnplatz« eine eigene Verwaltungseinheit in der Gemeinde Schwielowsee. Aber dieser Platz ist schwer zu finden. Im Internet steht zwar eine Postadresse, aber nur der Begriff »Baumgartenbrücke« verfügt über einen eigenen Wikipedia-Eintrag. Wenn man hinfahren möchte, sollte man das Navi einschalten.

Uns interessiert vorrangig, was Fontane in Baumgartenbrück ansteuerte: das *Gasthaus* und die *Brücke*. Beide befinden sich an der Straße »Baumgartenbrück«, die parallel zur Havel verläuft. Der Fluss verengt sich hier zu einer Furt, um sich dann *nach Süden hin* in einem *weiten Bassin zu ergehen*, dem Schwielowsee. Fontane saß im Restaurantgarten vor dem Gasthaus und sah direkt aufs Wasser. Und schwärmte. Was *hier fesselt*, das sei *die seltene Schönheit des Platzes. Es ist eine »Brühlsche Terrasse« am Schwielow-See.*

Natürlich muss das überprüft werden. Sprechen wollen wir außerdem mit dem Besitzer des Restaurants *Baumgartenbrück*, der in sechster Generation hinter dem Tresen steht. Über seinen Vorfahren, der Fontane bediente, über die prominenten Gäste, zu der die Fotografin und Journalistin Marie Goslich zählte, und über seine Großmutter, die in den 1970er Jahren im Gasthaus eine »Heimatstube« eröffnete. Diese Stube soll noch existieren und wahre Schätze enthalten.

Abgeschlossenheit und Weitblick
Die lachenden Tage von Baumgartenbrück

Die *Gaststätte Baumgartenbrück* liegt hinter der Grenze. Sie trennt mit einfachem Kreuzzaun nicht nur Straße und Restaurantgarten, sondern auch Geschichte und Gegenwart. Vor dem Zaun herrscht eine Dichte an Infotafeln, als gelte es, den Preis für lokale Erinnerungskultur zu gewinnen. Auf einer Natursteinstele wird mit einem *Wanderungen*-Zitat über die *seltene Schönheit des Platzes* Fontanes Besuch 1869 gedacht[39], auf einer zweiseitigen Tafel werden Radfahrer mit allerlei »Erlebnistipps« motiviert, »Fontane neu zu entdecken«[40]; eine weitere Tafel ist der Fotografin Marie Goslich gewidmet[41] und ein Schild älteren Datums der »historischen Gaststätte«, zu deren »illustren Gästen« Fontane zählte.[42]

Hinter dem Zaun liegt die Jetztzeit, in der kulinarische Hinweise vorherrschen. Im Gaststättengarten wehen zwei riesige Fahnen des Bierlieferanten, neben der Eingangstür zum Restaurant hängt links die Speisekarte und rechts eine Kreidetafel, die sich um Wanderlyrik bemüht: »Herzlich Willkommen am Havelstrand / ein Haus für den Gast / Gott grüße dich, / Wanderer, / halte fröhliche Rast«. Wir sehen uns sicherheitshalber gezielt um, um später nichts Falsches zu behaupten, aber: Nirgends wird mit dem prominentesten Gast geworben. Auch bei den Online-Bewertungen für das Restaurant, das seit knapp zweihundert Jahren von der Familie Herrmann betrieben wird, spielen weder Fontane noch der historische Ort eine Rolle. Gewürdigt werden die »flinke und ausgesprochen nette Bedienung«, das »leckere und preiswerte Essen« und immer wieder der »tolle Ausblick« auf den Schwielowsee.[43]

Als wir uns wieder dem Restauranteingang zuwenden, steht plötzlich der Chef in der Tür. Frank Herrmann lächelt sparsam und kommt lässig auf uns zu. Er reicht uns die Hand und gewährt uns einen ersten Einblick in den Herrmann'schen Tugendkatalog: »Sie sind pünktlich!«

»Immer«, antwortet der eine, »Na ja, fast immer«, die andere.

»Wie auch immer«, sagt Frank Herrmann, »das ist selten heutzutage.«

»Wo ist denn Fontane?«, fragen wir.

Vier Tage die Woche geöffnet: Restaurant *Baumgartenbrück*, 2022

»Der war vor 150 Jahren hier. Und hat sich nicht zu erkennen gegeben.«

»Sie werben gar nicht mit ihm!?«

»Das wird draußen genug gemacht.« Dabei nickt er in Richtung Gartenzaun. »Wir wollen nicht auf Kosten Fontanes wirtschaften. Wir sind wir. Und Fontane ist Fontane.«

Der Ton ist gesetzt.

Frank Herrmann hatte für das Gespräch einen Tag vorgeschlagen, an dem sein Restaurant geschlossen ist.[44] Im Gastraum hätten wir freie Platzwahl. Aber weil die Frühjahrssonne an diesem Dienstag nach Ostern schon ausreichend Wärme spendet, schlägt er einen Platz vor dem Haus vor: unter einer großen, noch kahlen Linde, an der ein paar bunte Ostereier aus Plastik baumeln, und mit Blick auf die *Brühlsche Terrasse*. Während wir unsere Unterlagen auf dem Gartentisch auspacken, spendiert uns Frank Herrmann, der in sechster Generation hinter dem Tresen steht, eine Tasse Kaffee. Er selbst trinkt keinen, auch kein Wasser. Der Tisch vor ihm bleibt leer, die Arme bleiben verschränkt.

Überhaupt ist der Mittfünfziger mit Bürstenhaarschnitt und modischer Brille betont zurückhaltend; wartet zunächst ab, was wir wissen wollen. Beginnen wir also mit Fontane.

Die Fontanes in Baumgartenbrück

Denn der berühmte Gast ist, wie wir noch hören und sehen werden, im Hause Herrmann doch präsenter, als es zunächst den Anschein hat. Dem Gastwirt ist es jedoch wichtig zu betonen, dass seine Familie »Fontane nicht kommerziell verwerten möchte«. Dabei mangelte es nicht an Gelegenheiten. Die größte bot sich im Jubiläumsjahr 2019. Man hätte gar nicht Fontanes 200. Geburtstag bemühen müssen, sondern den 150. Jahrestag seines Besuches in Baumgartenbrück. Fontanes Aufenthalt ist hier – im Vergleich zu anderen Orten – erfreulich gut belegt. Und wer kann schon sagen, dass sein Ur-Ur-Großvater Fontane begegnet ist. Frank Herrmann kann es; das heißt: Er könnte es.

Aus einem unveröffentlichten Brief geht hervor, dass Fontane Baumgartenbrück am 13. Juli 1869 besuchte. Er wurde nicht – wie bei anderen *Havelland*-Orten – vom Potsdamer Garnisonschullehrer Wagener begleitet, sondern von seinem Sohn Theodor.[45] Vor Ort skizzierte Fontane in seinem Notizbuch als Erstes einen Lageplan. Die Skizze vereint, was Baumgartenbrück charakterisiert. Zu erkennen sind auf der einen Seite das »Wirtshaus Herr Herrmann«, auf der anderen Seite der »Schwi[e]low-See« und in der Mitte der Baumgarten mit »Linden«, »Kastanien«, einer »Weide« und einer »Akazie«; zwischen den Bäumen nur angedeutet die Tische und Stühle des Biergartens.[46] In den folgenden Notizen steht, was Vater und Sohn vor Ort genossen haben: die »gute Verpflegung« und den »kostbare[n] Blick auf den Schwielow«.[47] In den *Wanderungen* erfährt das Restauranterlebnis eine ästhetische Steigerung. Man erhalte hier *ein landschaftliches Bild ersten Ranges und eine vorzügliche Verpflegung.* Vermutlich, meint Frank Herrmann, habe Fontane das als Erster so wahrgenommen und publiziert.

Eine weitere Bemerkung im Notizbuch wird im gedruckten Text dagegen inhaltlich ausgeschmückt. Fontane klärt auf, wie Baumgartenbrück »[e]in Lieblingsplatz der Potsdamer«[48] geworden sei. Als *vor etwa vierzig Jahren aus dem hier stehenden Brückenwärterhaus ein Gasthaus wurde*, hätte die *Potsdamer schöne Welt* damit begonnen, *ihren Brauhaus-*

berg und ihren Pfingstberg den Berlinern abzutreten und sich eine stille Stelle für sich selber zu suchen. Sie wählte Baumgartenbrück. *Und es war eine vorzügliche Wahl! Es vereinigt sich hier alles, was einem Besuchsorte zu Zierde und Empfehlung gereichen kann: Stille und Leben, Abgeschlossenheit und Weitblick.* Nach *einem tüchtigen Marsch oder einer Fahrt über den See* hier zu sitzen, *ist ein Genuss, der alle Sinne gefangennimmt.*

Das muss sich in den folgenden Jahren über die Grenzen Potsdams hinaus herumgesprochen haben, denn in Fontanes Roman *Irrungen, Wirrungen*, der knapp fünfzehn Jahre später erschien, entscheiden sich die Hauptfiguren Magdalene Nimptsch (Lene) und Baron Botho Freiherr von Rienäcker gegen eine »Landpartie« nach »Schwi[e]low und Baumgartenbrück«, weil diese Orte »immer noch zu besucht« seien. Stattdessen schlägt Botho »Hankels Ablage« in Zeuthen vor, »von dessen Schönheit und Einsamkeit er wahre Wunderdinge gehört habe«.[49]

In Baumgartenbrück wurden Vater und Sohn Fontane von Gottfried Eduard Herrmann (1808–1880) bedient, Frank Hermanns Ur-Ur-Großvater. Die Herrmanns bewirtschafteten das Gasthaus zu dieser Zeit bereits in der zweiten Generation. Johann Josef Herrmann pachtete es 1826, fünf Jahre später erwarb er das Grundstück für 5.005 Taler.[50] Während der Gastwirt, der die beiden Fontanes bediente, in den *Wanderungen* keine Rolle spielt, wird er – zur Freude der Familie – im Notizbuch beschrieben: »Herr [Gottfried Eduard] Herrmann ein mittlerer Fünfziger, Pfeffer- und Salz Haar, Glatze, Brille, hochroth, ein vorzüglicher Wirth mit …« – es folgt ein schwer zu entziffernder Begriff. Die Transkription führt zu einem kleinen Disput mit dem Ur-Ur-Enkel. Für die »Übersetzung« der Charakterisierung kommen infrage: »Borstigkeit«, »Bockigkeit« oder »Brastigkeit«.

Am Ende der Untersuchung erhält Frank Herrmanns Großmutter recht, die das Wort schon vor Jahrzehnten entziffert hatte. Korrekt heißt es: »ein vorzüglicher Wirth mit der Borstigkeit des guten Gewissens«. Sein Vorfahre hätte seinerzeit einen »anderen Ton anschlagen« müssen, erklärt Frank Herrmann die Charakterisierung, um vor allem die Referendare »in Schach zu halten«. Viele von ihnen, die während ihrer Vorbereitungen auf das Examen zum Regierungsassessor auf dem nahe liegenden Franzensberg in Baumgartenbrück zur Mittagstafel und abends zum Feiern erschienen, trugen sich ins Gästebuch ein.

Apropos Gästebücher! Sie gehören zu den Schätzen Baumgartenbrücks. Ein Eintrag Fontanes, der sich, wie Frank Herrmann vermutet, nicht zu erkennen gegeben hat, findet sich darin zu unserem Bedauern nicht. Aber einer seines Enkels, sagt Herrmann. Als er sieht, wie unsere Augen zu leuchten beginnen, springt er auf und holt die Gästebücher aus dem Haus. Unter dem 28. August 1936 findet sich der Eintrag eines Major Fontane: »Auf Angelfahrt durch die märkischen Gewässer mit ›S 36‹ [Motorboot] hier gelandet, habe ich das von meinem Großvater schon sehr geschätzte und in den ›Wanderungen‹ gelobte Baumgartenbrück bestätigt gefunden.« Inzwischen konnten wir den Enkel identifizieren. Es handelt sich um Otto Fontane (1887–1958), der nach dem Ersten Weltkrieg aufgrund des Versailler Vertrages nicht mehr als Kapitän zur See tätig, sondern in den Polizeidienst gewechselt war. 1936 war er als »Polizeimajor« in Hamburg gemeldet.[51]

Lange vor Großvater Fontane gaben sich in Baumgartenbrück prominente Zeitgenossen die Klinke in die Hand. Zu den Besuchern gehörten beispielsweise Bettina von Arnim sowie der Literaturwissenschaftler Karl Freiherr zu Meusebach, der sich – fasziniert von dem Ort – oberhalb des Gasthauses eine Villa als Alterssitz errichten ließ. Mit seiner bedeutenden Sammlung deutscher Literatur des Mittelalters lockte Meusebach 1840 auch seinen Kollegen Jacob Grimm nach Baumgartenbrück.[52] Von den Malern und einer Fotografin, die im Hause Herrmann verkehrten, wird noch zu berichten sein.

Zauber um die sechste Stunde

Fontane hatte Baumgartenbrück noch aus einem weiteren Grund aufgesucht. Ihn interessierte auch der Schiffsverkehr auf der Havel. Über die Furt an dieser Stelle, *wo also die Havel nach ihrer Schwielow-Promenade sich wieder verengt, um nordwestwärts* Richtung Werder *weiterzufließen*, ließ der Große Kurfürst 1676 eine 120 Meter lange, klappbare Holzbrücke und eine Zollstation errichten. Sie wurde zu einem *Punkt von Bedeutung […], ein Punkt, dessen Wichtigkeit gleichen Schritt hielt mit dem industriellen Aufblühen der Schwielow- und Havel-Ufer.* Denn an der Brücke etablierte *der Kulturstaat eine seiner Doppelpressen.* Kassiert wurde *zu Land oder zu Wasser.* Neben *dem Brückenzoll für Pferd und Wagen* musste *vor allem ein Brücken-Aufzugzoll* für alle durchpassierenden Schiffe *ge-*

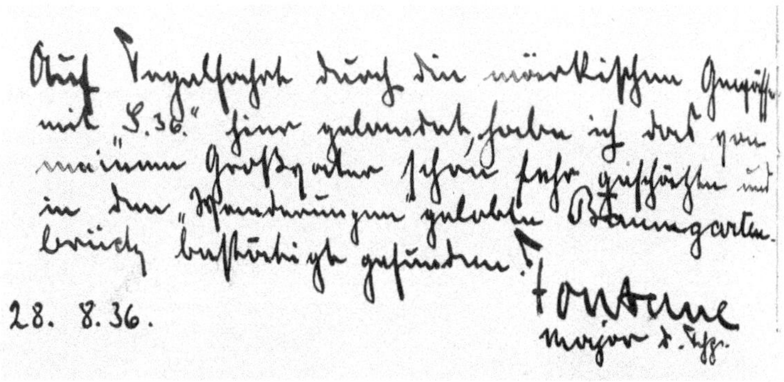

Knapp 70 Jahre später: Eintrag ins »Gästebuch Baumgartenbrück« von Otto Fontane, 1936

zahlt werden. Der Zusatz, wer vor Ort als Kassenwart fungierte, findet sich im Notizbuch: »Der Wirth ist auch der Brückenzöllner.«[53] Auch eine Schätzung, wie viele Schiffe Baumgartenbrück am Tag durchschnittlich passierten: »Der Schiffsverkehr ist enorm, es mögen wohl 60 Kähne […] hier täglich die Zugbrücke passieren; vielleicht viel mehr.«[54]

Die Fontanes blieben bis zur »Stunde nach 6«.[55] Zu dieser Zeit, heißt es in den *Wanderungen, waltet hier ein besonderer Zauber […]; dann schwimmen, kommend und gehend, aus dem Schwielow hinaus und in den Schwielow hinein, aber alle von der Abendsonne beschienen, die Havelkähne in ganzen Geschwadern heran, und zwischen ihnen hindurch gleitet von Werder her der obstbeladene Dampfer. Die Zugbrücke steigt und fällt in beständigem Wechsel, bis mit dem Niedergehen der Sonne auch der Verkehr zu Ende geht.* Baumgartenbrück besaß als Verkehrsknotenpunkt auch eine überregionale Bedeutung. Zweimal wöchentlich rollte die Postkutsche zwischen Königsberg und Kleve über die Havelbrücke. Auf alten Fotos ist zu sehen, dass die Chaussee von der Brücke schnurgerade auf das Gasthaus der Herrmanns zulief. Vierzig Jahre später hatte Baumgartenbrück als Verkehrskreuz ausgedient. 1909/10 wurde – neben der alten Holzbrücke – eine erste Stahlbrücke gebaut. Während das Gasthaus hinter dem hohen Damm der neuen Chaussee verschwand, wuchs die Bedeutung der Verkehrsverbindung, die nun ohne Zugbrücke passiert werden konnte. 1932 wurde die Straße zur »Reichsstraße 1«, heute

Zentrale Verkehrsader: alte (rechts) und neue Baumgartenbrücke, im Hintergrund das Gasthaus der Familie Herrmann, Postkarte, 1909/10

ist es die Bundesstraße 1, die sich von der niederländischen Grenze bei Aachen im Westen bis zur polnischen bei Küstrin im Osten erstreckt.

Als es um die Baumgartenbrücke geht, leuchten nun die Augen von Frank Herrmann. Er nimmt uns mit ins Gasthaus, um Fotos zu zeigen, welche die Geschichte der Überführung bis in die Gegenwart hinein weitererzählen. Zu unserer Überraschung ist im Restaurant, das im 1990er Jahre-Dekor ausharrt, der berühmte Wanderer doch präsent. Neben den historischen Fotografien hängen nebeneinander auch zwei Ganzkörperporträts von Herrmanns Ur-Ur-Großvater und von Fontane. Und in einer Ecke erhebt sich eine schlanke Glasvitrine, in der sowohl eine Transkription des Fontane-Briefs an seinen Sohn Theodor als auch eine Kopie der Beschreibung seines Vorfahren aus Fontanes Notizbuch ausgestellt sind.

Als Frank Herrmann die zweite Tasse Kaffee anbietet und erzählt, dass die Baumgartenbrücke ein zentrales Motiv für viele Gemälde von Künstlern war, die früher in dem Restaurant der Familie ein und aus gingen und die sich heute im Besitz der Familie befinden, sehen wir die Gelegenheit gekommen, ein weiteres Anliegen vorzutragen. Ob die berühmte »Heimatstube« seiner Großmutter noch existiere, wollen wir wissen. Der Gastwirt bejaht grinsend unsere Frage, weil er natürlich ahnt, welche als nächstes folgt. Und ist sie noch öffentlich zugänglich? Ja, sagt er und fügt schnell hinzu, dass wir heute aber nicht hineinkönnen. In der Heimatstube befände sich gerade die Tischwäsche auf der Heißmangel. Wir müssten einen neuen Termin machen. Baumgartenbrück, wir kommen wieder!

Kunst überm Tresen
Im Herrmann'schen Heiligtum

Im Frühjahr 1945 kam der Krieg nach Baumgartenbrück. Die deutsche Wehrmacht sprengte am 30. April um 15 Uhr die Brücke, eine Stunde später waren die Russen da. Weil sie das Gasthaus besetzten, mussten die Bewohner, Liselotte Herrmann und ihre beiden Kinder, für sieben Wochen ausziehen. In einem Zeitungsbericht erzählte der damals achtjährige Albrecht Herrmann, wie die Soldaten feierten, tranken und »mit Handgranaten Fische gefangen haben«.[56] Was nicht niet- und nagelfest war, nahmen sie als Beute mit.[57] 410 Glasnegative übersahen sie. In einem Treppenverschlag des Gasthauses überstanden die Glasplatten unversehrt die Kriegswirren.

Die Negative stammen von Marie Goslich, die als Fotojournalistin märkische Bildgeschichte geschrieben hat. Im Fontane-Jahr wurde sie mit einer Ausstellung gewürdigt, deren Arbeitstitel eine Verbindung zum großen Märker herstellen sollte: *Die Wanderin durch die Mark Brandenburg.* Aber Goslich, die vermutlich genauso wenig mit ihrer »schweren Plattenkamera« gewandert ist[58] wie Fontane mit seinem Notizbuch, hatte sich mit ihren Arbeiten längst von Theodor Fontanes Mark emanzipiert.

Die märkischen Bildergeschichten der Marie Goslich

Die Fotojournalistin Marie Goslich (1859–1938) gehörte zu den Stammgästen in Baumgartenbrück, das sie auf ihren Streifzügen durch das

Havelland für sich und ihre Motive entdeckt hatte. »Die reinste Freude ist die Freude an der Natur«, schrieb sie 1904 in das Gästebuch.[59] Was zunächst wie eine Phrase klingt, erfährt in ihren Fotografien eine bis dato ungekannte Vielschichtigkeit. Ihre Aufnahmen dienten primär der Illustration ihrer Zeitungsartikel, in denen sie sich auch für den Naturschutz einsetzte. Die Fotos dokumentieren die Schönheit der Natur, die sie in ihren Texten vor den Folgen der Industrialisierung bewahren wollte. Goslichs Beiträge wie »Die Luftverpestung durch Automobile« oder »Ein Kampf um die Erhaltung unserer Seen« besitzen eine beängstigende Aktualität.

Weil ihre Bilder aber vorrangig das tägliche Leben zeigen, sind ihre Aufnahmen auch Quellen der zeitgenössischen Alltagskultur. Marie Goslich fotografierte Menschen bei der Arbeit und in der Freizeit; in ihren Wohnungen und in der Natur; in der Mark und in der Metropole Berlin. Und immer wieder Frauen, über deren Rollenbilder sie in verschiedenen Zeitschriften schrieb. Die Frau auf dem Land beispielsweise sei zwar »ganz und gar die Gefährtin des Mannes«, aber »beider Arbeit wird als gleichwertig angesehen. Ja, in manchen Zweigen des ländlichen Betriebes ist die Frau wichtiger, was der Mann durch stillschweigendes Unterordnen anerkennt«.[60] In einem anderen Artikel kritisiert sie die Arbeitsbedingungen der schlecht bezahlten Näherinnen: »Ohne das Elend der Heimarbeiterinnen würden viele ›elegante Damen‹ gar nicht elegant sein können.«[61]

Frauen in Baumgartenbrück

Inspiration für ihre Motive und Themen suchte die in Berlin und Potsdam lebende Marie Goslich während ihrer Sommeraufenthalte in Baumgartenbrück. Unter ihrer Unterschrift im Gästebuch von 1904 ergänzte die damals 33-Jährige: »ein treuer Gast seit 1892«.[62] Seit dieser Zeit sei Goslich mit der gesamten Familie »eng befreundet« gewesen, sagt Frank Herrmann.

Die Geschäfte in Baumgartenbrück führte zu dieser Zeit Agnes Herrmann, die 1898, nach dem Tod ihres Mannes Karl – für alle sichtbar –, das Gasthaus übernommen hatte. Auf einem Foto Goslichs ist der Schriftzug am Gasthaus zu erkennen: »Baumgartenbrück. A. Herrmann«.[63]

1925 zog die 66-jährige Marie Goslich – seit etwa 1918 von ihrem Mann Karl Kuhls getrennt lebend[64] – endgültig aufs Land. Erst wohnte sie in Baumgartenbrück bei den Herrmanns, dann im Haus von Alwine Rottstock, die 1902 die Geltower Dorfbäckerei ihres Vaters übernommen hatte. Im Adressverzeichnis ist sie zuletzt 1936/37 als »Marie Kuhls, Schriftstellerin« aufgeführt.[65] Bekannt ist, dass sie im November 1937 in die [Psychiatrische] Landesanstalt Görden eingeliefert wurde und von dort ein knappes Jahr später in die Landeskrankenanstalt Meseritz-Obrawalde (heute in Polen), wo etwa 10.000 Menschen von den Nationalsozialisten ermordet wurden.[66]

Die Umstände ihres Todes sind noch immer ungeklärt, weil die Anstaltsunterlagen am Ende des Zweiten Weltkriegs verloren gingen.[67] Den Krieg überlebt haben Marie Goslichs Texte – und ihre Fotografien, deren Negative in Baumgartenbrück gerettet wurden.

In der Literatur existieren mehrere Versionen, wie die Glasplatten in die Hände der Familie Herrmann gelangt sind. So meint die Goslich-Biografin Kauffmann, Liselotte Herrmann habe »als junge Frau Marie Goslich persönlich kennengelernt und ihr hat diese auch die Glasnegative anvertraut«.[68] Liselottes Sohn Albrecht Herrmann schreibt hingegen, seine Mutter habe »nur kurze Zeit« nach ihrer Hochzeit mit dem Gastwirt Eduard Herrmann 1936 »im Hühnerstall der Familie die fotografischen Glasplatten [entdeckt]«.[69] Enkel Frank Herrmann präzisiert auf unsere Anfrage, die »Glasnegative sind von Liselotte kurz nach ihrer Hochzeit (1936) aus Goslichs Hühnerstall geborgen worden«.[70]

Öffentlich gezeigt wurden Goslichs Fotografien erstmals 1989 in der Galerie des Kulturbunds der Stadt Werder (Havel) und in der Ausstellung *Geltow um die Jahrhundertwende* im Gasthaus Baumgartenbrück.[71] Dass sie ins kulturhistorische Gedächtnis gerückt worden sind, ist jedoch Krystyna Kauffmann vom Heimatverein Geltow zu verdanken, die das Gasthaus 2008 besucht hatte und anschließend in Absprache mit Albrecht Herrmann die Bilder mit öffentlichen Geldern für Ausstellungen digitalisieren ließ.[72]

Und wo sind die Glasnegative heute? »Die sind bei uns«, antwortet Frank Herrmann, den wir zwei Monate nach unserem ersten Treffen in Baumgartenbrück erneut besuchten. Unser Ziel diesmal: das Herrmann'sche Heiligtum.

Die Heimatstube

Die Regie ist wie beim ersten Mal. Wir treffen pünktlich an einem Ruhetag in Baumgartenbrück ein und Frank Herrmann kommt vom Eingang seines Gasthauses auf uns zu geschlendert.[73] Inzwischen ist Sommer. Die mächtige Linde vor dem Haus präsentiert sich im satten Grün und hat die Ostereier abgelegt. Es ist warm, wir tragen alle ein T-Shirt. Und Frank Herrmann wäre jetzt lieber mit dem Boot unterwegs, wenn er uns nicht zugesagt hätte. Verlässlichkeit ist auch eine Tugend. Wir betreten das leere Gasthaus und folgen dem Wirt in den ersten Stock. Hier hat seine Großmutter 1973 eine Heimatstube eröffnet.

Die in Berlin geborene Liselotte Herrmann (1909–1981) war aufgrund ihrer Hochzeit mit dem Gastwirt Eduard Herrmann 1936 nach Baumgartenbrück gekommen. Der Umzug hatte auch berufliche Konsequenzen: Die ausgebildete Sekretärin absolvierte eine Lehre zur Köchin. Nach dem Krieg nahm sie den Restaurantbetrieb wieder auf, erhielt sogar, weil ihr Mann in russischer Gefangenschaft war, die staatliche Konzession. Der Schankbetrieb endete 1957, als die Herrmanns ihr Gasthaus als Reaktion auf die Zwangsmaßnahmen zur Verstaatlichung privater Unternehmen schlossen. Während Liselotte Herrmann sich nun der Familien- und Ortsgeschichte widmete, in der Gemeindebibliothek ehrenamtlich aushalf und Lesungen organisierte, wurde Baumgartenbrück im Sommer als Kinderferienlager des VEB Holzindustrie Halberstadt genutzt. Herrmanns Heimatstube diente nicht nur als Sammlungsraum für die vielen Unterlagen und die Bilder befreundeter Künstler, sondern auch als »kultureller Treffpunkt« für die Region.[74] Gisela Heller, die schon in der DDR auf den Spuren Fontanes unterwegs war, berichtete in den 1990er Jahren über das »Raritätenkabinett der Familie Herrmann«. Es sei eine »heimatkundliche[n] Fundgrube«.[75] Begehrlichkeiten, die Schätze zu heben, gibt es von verschiedenen Seiten. Frank Herrmann hält sich in dieser Frage betont bedeckt.

Als wir den Raum betreten, haben wir nicht den Eindruck, uns in einer Heimatstube zu befinden, sondern in einer kleinen Galerie. An den Wänden hängen dicht gedrängt Gemälde. Die prominentesten Vertreter sind Theo von Brockhusen und Karl Hagemeister, die sich beide von der Landschaft um den Schwielowsee inspirieren ließen und im Hause Herrmann ein und aus gingen. Theo von Brockhusen (1882–1919), »der märkische van Gogh«, würdigte in seinem Gästebucheintrag von 1909 Liselottes Vorgängerin, Agnes Herrmann, als »Besitzerin des Gastlichen Hauses«.[76] Den Herrmanns schenkte er zwei Bilder mit der Baumgartenbrücke.[77] Das Ölgemälde »Holzbrücke in Baumgartenbrück« (1907/08) hat seinen Platz verloren oder noch nicht bekommen; es steht auf einem olivgrünen Sofa.

Auch der aus Werder stammende Karl Hagemeister (1848–1933) war Stammgast in Baumgartenbrück. Wenn er ins Gasthaus kam, brachte er häufig ein angefangenes Bild mit und wollte vom Gastwirt Carl Herrmann (1847–1898) wissen, ob »das Bild wächst«. Antwortete Herrmann, er könne sich das nicht vorstellen, ging Hagemeister hinter das Haus, um an der Schwengelpumpe die Farbe von der Leinwand zu wischen.[78]

Frank Herrmann hat die Geschichten alle parat. Er erklärt nicht nur geduldig, was an den Wänden zu sehen ist, sondern zeigt uns auch die Sammlungsordner seiner Großmutter. Thematisch reicht das Spektrum von der Funkstation in Geltow über Marie Goslich bis zu den Geltower Seefahrern. Auch Fontane ist ein Ordner gewidmet. Er enthält Zeitungsausschnitte und Kopien seiner Notizbuchaufzeichnungen über Baumgartenbrück.

Die Förderung von Künstlern, die vor allem in der Region ihre Motive fanden, hat sich im Hause Herrmann über all die Generationen weitervererbt. Liselotte Herrmann übernahm beispielsweise als Schenkung den künstlerischen Nachlass der Grunewaldmalerin Margarete Martus (1867–1961), die oberhalb von Baumgartenbrück auf dem Franzensberg in einem Holzhaus wohnte. Einen Scherenschnitt der Künstlerin holt Frank Herrmann hinter dem Ofen hervor. Auch er setzt die Tradition seiner Großmutter fort und fördert Künstler, indem er sie im Gastraum honorarfrei ausstellen lässt. Während unseres Besuches waren die Aquarelle der Potsdamer Malerin Heidrun Vathke (*1944) zu sehen. Mit Marie Goslich verbindet sie die »Liebe zur Natur«.

Was bleibt

Wir fragen den Gastwirt, welche Funktion die Heimatstube seiner Großmutter heute habe. Interessierten stehe sie offen, sagt Frank Herr-

Brühl'sche Terrasse in der Mark: Blick vom *Gasthaus Baumgartenbrück* auf den Schwielowsee, Fotografie von Marie Goslich, um 1900

mann, aber Grundschüler, die in der DDR und noch kurz nach der Wende mit ihren Lehrern »praktische Heimatkunde« lernten, würden nicht mehr kommen. Weihnachten versammle sich hier die Familie zum Gänsebraten, dann werde auch der alte Kachelofen angeheizt. Ansonsten, das wüssten wir ja schon von unserem ersten Besuch, werde hier gemangelt.

Während wir wieder die Treppen hinuntersteigen, fragen wir das, was man von einem Geschäftsmann eigentlich zuerst wissen möchte: Wie läuft der Laden? »Im Sommer verdienen wir das Geld, im Winter halten wir uns grad so über Wasser«, sagt er nüchtern und fügt hinzu: »Preislich sind wir mit unserer gutbürgerlichen Küche aber ganz human geblieben.« Früher hatten sie an sechs Tagen geöffnet, zeitweise halfen sieben bis acht Studenten aus. Heute öffnen sie von Donnerstag bis Sonntag. Fünfhundert Gäste hätten im Restaurantgarten Platz, das würden sie aber weder logistisch schaffen noch täte es der Atmosphäre gut. Es kämen vor allem Stammgäste und Touristen aus der Region.

Brühl'sche Terrasse in der Mark: Blick vom *Restaurant Baumgartenbrück* auf den Schwielowsee, 2023

»Aber keiner kommt mehr mit Fontane unterm Arm vorbei.« Das war einmal. Aber »der besondere Zauber um die sechste Stunde« – der bestehe immer noch.

Dann wird es ein wenig sentimental. Zumindest für uns. Als wir zum Abschluss wissen wollen, wie es mit Baumgartenbrück weitergehen wird, kommt die Antwort ohne Zögern. »Nach unserer Generation wird die Gastronomie einschlafen«, sagt Herrmann. Sein Sohn verdiene in der Wirtschaft mehr als im Gastgewerbe; er investiert gerade in Ferienwohnungen, gleich nebenan. Sich in Baumgartenbrück zu erholen wird also auch künftig möglich sein. Um das Gespräch nicht allzu deprimierend enden zu lassen, erzählt uns Frank Herrmann an der Eingangstür seines Gasthauses, dass vor ein paar Tagen ein Gast gefragt habe: »Wo ist denn hier nun die Brühl'sche Terrasse?« Herrmann lächelt und schaut versonnen über den Restaurantgarten hinweg zum Schwielowsee, der majestätisch in der Sonne glitzert. Diese Aussicht bleibt.

Das Ganze ein Landschaftsbild im großen Stil.
Fontane über Petzow in *Ost-Havelland*, 1873

PETZOW

Petzow ist ein Gesamtkunstwerk. Ein kleiner Ort, der nicht nur mit einem Schloss im Tudorstil und einer imposanten Kirche, sondern auch mit einem prächtigen Park und einer atemberaubenden Aussicht punkten kann. Und mit großen Namen. Lenné-Parks gibt es viele in der Mark, auch Schinkel-Kirchen, aber welches Dorf verfügt über *Schöpfungen* von beiden?

Fontane ließ sich von den in Petzow wirkenden Künstlern nicht beeindrucken. Das Schloss sei architektonisch *ein gescheiterter Versuch*, die neue schöne Kirche gehöre *in historischer Beziehung* zu den *»tauben Nüssen«* und im Park hob er nur die *imposante Wasserterrasse* hervor. Uneingeschränkt lobte er dagegen das *Panorama*, das sich vom Kirchturm bietet: *ein Landschaftsbild im großen Stil.*

Es spricht durchaus für Souveränität – oder nur für Ignoranz –, dass die Petzower in Erinnerung an den Fontane-Besuch 1869 im rekonstruierten Dorfwirtshaus rund hundert Jahre später eine *Fontane Klause* eröffneten. Sie hat wie das gesamte Dorfensemble die Wirren der Zeit überlebt. Auf der Website der Gaststätte, die seit 1975 und heute in dritter Generation geführt wird, findet sich kein Hinweis auf den Petzow-Besuch des berühmten Wanderers. Stattdessen wird damit geworben, dass die Klause bereits zu DDR-Zeiten »eine beliebte Adresse« gewesen sei. »Lange Schlangen vor der Eingangstür, besonders an den Wochenenden, zeugten von der guten Küche.« Verschwiegen wird, dass Gaststättenplätze in der sozialistischen Mangelwirtschaft äußerst rar waren. Im Netz fallen die aktuellen Bewertungen von Küche und Service eher gemischt aus.

Kirche mit Ausblick: Schinkel-Kirche in Petzow am Glindower See, 2022

Auch sonst ist unsere Vorfreude auf Petzow etwas gedämpft. Die Kirche wird nicht mehr als Gotteshaus genutzt und das Schloss ist ein Palast aus Eigentumswohnungen geworden. Bleiben die Wasserterrasse im Park und die fantastische Aussicht vom Kirchturm. Doch wie schon so oft werden wir vor Ort eines Besseren belehrt.

Wie auf Zauberschlag
Umschau in und auf der Kirche

»Kommt man denn auf den Turm?«, fragt ein älterer Mann vor der Petzower Kirche.

»Wat meenen Sie denn, warum ick hier sitze«, antwortet eine Frau, die hier offenbar die Verantwortung trägt. Sie hat es sich bequem gemacht auf einem schwarzen Kunstlederstuhl unter der nach beiden Seiten offenen Bogenhalle, die den Turm von der Kirche trennt. Niemand kommt an ihr vorbei, der auf den Turm oder in die Kirche möchte.

Der ältere Mann nimmt sein schwarzes Käppi ab und streicht sich seine grauen Haare nach hinten. »Und Sie bewachen den Aufstieg!?«

»Bewachen wäre zu viel jesagt«, sagt die Frau und lacht. »Ick koordiniere hier alles.«

»Und wie kommen wir nun auf den Turm?«, fragt etwas ungeduldig ein zweiter Mann, der in Begleitung des ersten vor den Stufen der Bogenhalle ausharrt.

»Mit einem Euro sind Sie dabei!«, antwortet die Frau, springt auf und läuft in die Kirche, um Kasse und Eintrittskarten zu holen.

Als sie zurück ist, fragt der Ungeduldige: »Und da oben ist auch die Aussicht, die Fontane so gefallen hat?«

»Nicht nur Fontane!«, antwortet die Turmwärterin und überreicht den Männern die Eintrittskarten.

»Wem denn noch?«

»Wenn Sie oben waren, dann auch Ihnen!«

Die Männer grinsen, geben ihr zwei Euro und wenden sich Richtung Kirchturmtür, aus der gerade eine Touristengruppe aus Österreich kommt.

Die Frau hat aber noch Aufstiegstipps für die beiden. »Jetzt jenau die Luft einteilen; es sind 'ne Menge Stufen«, empfiehlt sie. »Und wenn hier unten nich' so viel Betrieb wäre, dann würde ick Ihnen im Norden die Ostsee und im Süden die Alpen zeigen.«

»Die Alpen?«, fragt der Mann mit Käppi verdutzt.

»Ja, die Glindower Alpen«, ruft die Frau. Dann winkt sie ab. »Dit steht ooch bei Fontane!«[79]

Während die Männer im Turm verschwinden, nähert sich ein junges Pärchen, das die Szene wie wir aus sicherem Abstand beobachtet hat. Die junge Frau hält der Turmwärterin unaufgefordert zwei Euro hin und fragt mit gedämpfter Stimme: »Wer ist noch mal Fontane?«

Dit is' Fontane!

Die Turmwärterin schnappt nach Luft, bewahrt aber die Contenance. »Dann kommense mal mit«, fordert sie die beiden auf und schiebt ihren Stuhl vor sich her in die Kirche.

»Aber zum Turm geht es doch dort entlang!?«, wirft der junge Mann ein und zeigt in die andere Richtung.

»Jaja, dit weeß ick doch! Aber da sind jetzt jenuch Leute oben. Und wir wollen doch nich', dass der Turm einstürzt, nicht wahr!?«

Artig folgen die zwei der Frau in die Kirche. Wir schließen uns an, weil wir natürlich wissen wollen, wie sie den beiden Fontane erklärt.

In der Kirche wendet sich die Turmwärterin gleich nach rechts und steuert auf ein braunes, quadratisches Podest zu, das in der Ecke unter der Orgelempore aufgestellt ist. Auf das Podest ist eine Glasvitrine montiert, unter der sich eine Büste aus hellgrauem Ton befindet. »Dit is' Fontane, unser Theodor«, sagt die Frau. »Ick war erst nich' begeistert, ihn hinter Glas zu stecken, aber wenn die Klimakleber kommen und Tomatensuppe rüberkippen, is' er jetzt wenigstens jeschützt.«

Weil das Pärchen nur ehrfurchtsvoll nickt, Fontane aber noch immer nicht zu (er)kennen scheint, erklärt sie: »Der war Dichter und Wanderer. Hat *Effi Briest* geschrieben. Schon mal jehört?« Als die beiden sich noch mehr verunsichert zeigen, setzt sie zum finalen Rettungsversuch an: »Und die Ballade über den Herrn von Ribbeck.«

»Jaja!«, ruft die junge Frau jetzt erleichtert. »Ribbeck kennen wir.« Und ihr Freund fügt hinzu: »Da waren wir gestern.«

»Da war Fontane nich'!«, sagt die Turmwärterin und grinst.

»Nicht?« Die zwei sind wieder irritiert.

»Auf seinen Wanderungen war er überall. In Ribbeck nich'«, erklärt die Turmwärterin.[80]

»Aber in Petzow?«, fragt der junge Mann.

»Ja, hier war er. Aber die Kirche fand er innen kahl.«

Die beiden drehen sich um und schauen prüfend ins Kirchenschiff.

»Aber dit trifft heute nicht mehr zu«, stellt die Turmwärterin richtig und läuft zum Altar. Das Pärchen folgt ihr unaufgefordert, während sie auf die großen Ausstellungstafeln zeigt, die an den Kirchenwänden hängen. »Hier sehen Sie, wo er überall war. Für jeden Ort im Havelland eine Tafel. Und eene Skizze.« Sie bleibt vor der Caputh-Tafel stehen. »Na ja, een doller Zeichner war Fontane nicht gerade, aber man kann was erkennen.« Neben der Skizze vom Caputher Schloss sind eine historische Aufnahme und ein aktuelles Foto zu sehen. Die Turmwärterin geht weiter und setzt ihre Erklärungen fort.

»Radecke heißt die Frau, die jahrelang Fontanes Notizen entziffert hat. Die hat zusammen mit einem anderen Fontane-Nachwanderer, den Namen hab ick jetzt vergessen, die Ausstellung hier jemacht.« Das Pärchen nickt anerkennend und schaut sich die Tafel zu Petzow an. »Ist vor drei Wochen hier groß eröffnet worden. Mit der Frau Krause aus dem Fernsehen.« Sie hält kurz inne und verbessert sich dann: »Ick meen doch die kleene Frau Antoni.«

»Wer ist Frau Antoni?«, fragt jetzt der junge Mann.

Schinkel statt Redtel

Schöne Schale, kahler Kern – so lässt sich Fontanes Urteil nach der Besichtigung der Petzower Kirche im Sommer 1869 zusammenfassen. Äußerlich gehöre sie *in den Kreis jener neuen schönen Gotteshäuser,* mit denen der *kirchliche* wie *feine landschaftliche Sinn* des Königs *Potsdam und die Havelufer umstellte.* Tatsächlich war Friedrich Wilhelm IV. schon als Kronprinz in den Entstehungsprozess der neuen Kirche involviert. Die mittelalterliche Fachwerkkirche gegenüber dem Herrenhaus war stark beschädigt und eine Restaurierung zu teuer.[81]

Aber es gab Streit über den Entwurf und Probleme bei der Standortsuche. Nicht *Stüler,* wie Fontane schreibt, *entwarf die Zeichnungen,* sondern Karl Friedrich Schinkel (1781–1841). Seinen Entwurf besprach er im September 1838 mit dem Kronprinzen, der einige Änderungswünsche hatte: »ein von der Kirche abstehender Turm«, »eine überwölbte Bogenhalle« zwischen Turm und Kirche sowie eine »halbkreisförmig hervortretende Altarnische«.[82] Viel zu teuer, befand der Aufsicht führende Regierungs- und Baurat Carl Wilhelm Redtel.[83] Pikanterweise war Redtel ein Schinkel-Schüler, der auch in anderen Orten mit seinem Lehrer in Konkurrenz geriet. Während sich einige Jahre zuvor der Rathenower Magistrat beim Neubau des Turms der Sankt-Marien-Andreas-Kirche für den Redtel- und gegen den Schinkel-Entwurf entschieden hatte[84], konnte sich in Petzow der Schinkel-Plan durchsetzen, weil der Kronprinz, der 1840 König geworden war, auf die konsequente Umsetzung seiner Wünsche bestanden und für die Mehrkosten zusätzliche Mittel aus seiner Schatulle bereitgestellt hatte. Außerdem spendierte der Petzower Gutsbesitzer Kaehne Ziegel, Kalk und Mauersand aus seinen beiden Ziegeleien zum Selbstkostenpreis.[85]

Zu Verzögerungen kam es zudem, weil man bei Ausschachtungsarbeiten am vorgesehenen Standort in der Nähe der alten Kirche festge-

Ohne Einsparungen durchgesetzt: Schinkels Entwurf für die Kirche in Petzow, 1838

stellt hatte, dass erst in neun bis zwölf Metern Tiefe mit einem tragfähigen Grund zu rechnen war. Schließlich wurde, erneut in Abstimmung mit Friedrich Wilhelm IV., ein alternativer Standort auf dem Grelleberg festgesetzt, wo im Oktober 1840 der Grundstein gelegt wurde. Im August 1841 begannen die Bauarbeiten.[86] *[D]ie Ausführung erfolgte rasch*, schreibt Fontane. Auch für damalige Verhältnisse fand rekordverdächtig nach einjähriger Bauzeit in Anwesenheit des Königs am 31. Oktober 1842 die Kirchweihe statt.[87] Schinkel konnte nicht mehr teilnehmen; er war am 9. Oktober gestorben.

Entzauberte Kirchen

Innen fand Fontane die Petzower Kirche tatsächlich *leer und kahl*. Bereits im Notizbuch hielt er im Sommer 1869 fest: »So hübsch sie ist, [sie] ist Dekoration«.[88] Sein scheinbar oberflächliches Urteil verknüpft er jedoch mit einer generellen Kritik an *Architekten*, die unter allen Künstlern die *pietätslosesten* seien. Die *Baumeister* der neuen Kirchen würden auch *das* zerstören, *was* aus den alten Kirchen *unbeschadet [...] weiterleben könnte.* Wenn schon der *moderne Basilika-Erbauer* ein altes *gotisches Gewölbe* niederreiße, hätte er dem *halbverblasste[n] Freskobild*, der *Inschrifttafel*, dem *Grabstein mit der Plattenrüstung [...] in dem Neubau ein Plätzchen gönnen können. Er versagt dies Plätzchen ohne Not, er versagt es, und daran knüpfen wir unsern Vorwurf.* So entstünden *entzauberte Kirchen, die helle Fenster und gute Plätze haben, die aber den Sinn kalt lassen, weil mit der Vergangenheit gebrochen wurde. Ein »gefälliger Punkt in der Landschaft« ist gewonnen, eine vielversprechende Schale, aber, in den meisten Fällen, eine Schale ohne Kern.* Zu diesen *»tauben Nüssen« gehört auch die Petzower Kirche.*

Schon von zeitgenössischen Experten wurde Fontanes Einschätzung nicht geteilt. So beschrieb der Kunsthistoriker Georg Dehio (1850–1932) in dem nach ihm benannten Kunsthandbuch den klassizistisch gestalteten Innenraum als »von großer Wirkung« mit einer »delikat abgestufe[n] Polychromierung [Vielfarbigkeit]«.[89] Dazu werden beispielsweise die flache Holzbalkendecke, von der Pinienzapfen herabhängen, sowie die farbigen Marmorimitationen an den Wänden gezählt. Um es kurz zu machen: Die »taube Nuss« begeistert durch schlichte, filigrane Eleganz. Das Schiff ist auch nicht (mehr) *kahl*, sondern geschmückt mit moderner, weltlicher Kunst.

Schale mit neuem (Fontane-)Kern

Nachdem die Petzower Schinkel-Kirche 1988 »aus Mangel an Gemeinde« entwidmet worden war[90] und für die Dauer von 99 Jahren in Erbpacht dem Landkreis Potsdam-Mittelmark übergeben worden war, ist hier ein Kulturzentrum entstanden. Von Anfang an dabei ist Doris Patzer, die Kulturreferentin. Ihr Landkreis ist mit Kultur reich gesegnet, Potsdam-Mittelmark hat die höchste Museumsdichte in Brandenburg. Qua Amt agiert sie auch als Kulturkirchenchefin in Petzow. Wir treffen die zierliche Frau mit der schwarzen Mähne und roten Lederjacke in »ihrer« Kirche und erleben eine professionelle Kulturmanagerin, die präzise und schnörkellos unsere Fragen beantwortet.[91] Fast wie arrangiert sitzen wir unter der Orgelempore neben der Fontane-Büste.

Als Doris Patzer die Kirche 1988 »übernommen hat«, arbeitete sie noch in der »Abteilung Kultur« des Kreises Potsdam-Land – unter anderen politischen Verhältnissen. Die Wende bedeutete jedoch keinen Bruch. Das ehemalige Gotteshaus in Petzow blieb Kulturkirche und Patzer der staatlich geförderten Kultur treu. Für die Kirche erarbeitete sie nicht nur ein Ausstellungskonzept, sondern kümmerte sich auch um die Ausstattung. Galerieleisten wurden angebracht, die Heizung musste erneuert werden. Inzwischen hat sie seit gut drei Jahrzehnten nicht nur unzählige Ausstellungen, Konzerte und Lesungen, sondern auch Hochzeiten organisiert. Allein mit den geplanten Ausstellungen ist die Kirche »für fünf Jahre im Voraus ausgebucht«. Bei den meisten Veranstaltungen ist der Eintritt frei.

Eines der größten Kulturprojekte leitete sie 2019. Unter dem Titel *Fontane am Schwielow* fanden zum 200. Geburtstag des Dichters rund vierzig Veranstaltungen statt. Zentraler Ort war die Petzower Kirche mit der Ausstellung *Fontane+*. Petzow bot sich an, denn »hier ist noch alles da, was Fontane beschrieben hat«, erklärt Patzer und fügt selbstbewusst hinzu: »Wer hat das schon zu bieten!« Wenn das die Neuruppiner hören.

Das prominenteste Exponat kam erst fünf Tage vor Ausstellungseröffnung aus dem Ofen. Die Fontane-Büste der Künstlerin Carmen Stahlschmidt, die aus echtem Glindower Ton geformt und im historischen Ringofen in Glindow gebrannt worden war[92], fand für die Zeit der Ausstellung rechts neben dem Altar ihren Platz. Sakrale Jubiläumsstimmung herrschte im Fontane-Jahr 2019 also nicht nur in der Kulturkirche Neuruppin.

Heute steht ein Duplikat der Fontane-Büste im hinteren Teil der Kirche und beobachtet nun unser Gespräch. Damals ahnten wir noch nicht, dass sie für unsere Ausstellung *FONTANE ON TOUR. Skizzen und Notizen aus dem Havelland* im Frühjahr 2023 wieder aus seiner Ecke hervorgeholt werden würde.

Für Patzers Professionalität spricht, dass die Kulturreferentin Berufliches und Privates zu trennen versteht. Dabei hängt bei ihr beides zusammen. Erst auf Nachfrage erzählt sie, dass sie sich auch in der Freizeit der Kultur verschrieben und einige Kunstsparten selbst schon ausprobiert habe. Am Ende ist sie bei der Fotografie geblieben. Konkret: bei der Fotomalerei. Oft experimentiere sie so sehr, »dass das Originalmotiv nicht mehr zu erkennen ist«. Ihre Motive finde sie in

»Landschaftsräumen, in Parks und Gärten«. Anschließend entstehen an Patzers digitaler Staffelei ausdrucksstarke Bilder mit leuchtenden Farben und extravaganten Details. Im Johanniter-Krankenhaus Treuenbrietzen erblickten ihre Kunstobjekte 2020 in einer Ausstellung erstmals das Licht der Öffentlichkeit.[93]

Nicht von relativer Schönheit, sondern absolut

Fontanes Highlight in Petzow war außer Zweifel die Aussicht vom Kirchturm. Auch 150 Jahre später ist nicht zu toppen, was man für nur einen Euro in himmlischer Höhe zu sehen bekommt. Zahlt man bei der Turmaufsicht den Eintritt, erhält man ein geschmackvoll gestaltetes Billet. Es dient nicht nur der Legitimation für den Aufstieg, sondern zugleich als Rabattgutschein für den Einkauf im Petzower Sanddorngarten. Auch eine Idee von Doris Patzer. Über die Bogenhalle betritt man den Turm und gelangt auf einer engen Wendeltreppe in die Spitze. Die fantastische Aussicht wird in wirklich jeder Veröffentlichung und auf jedem Flyer über Petzow gepriesen. Zitiert wird dabei immer nur Fontane. Allerdings hat sein prägnanter Satz *Das Ganze ein Landschaftsbild im großen Stil* in den *Wanderungen* einen »Vorspann«:

[S]o verstimmend diese Kahlheit [in der Kirche] wirkt, so gewiss ist es doch auch, dass man im Hinaustreten auf das Flachdach des Turmes diese Verstimmung plötzlich und wie auf Zauberschlag von sich abfallen fühlt. Sie geht unter in dem Panorama, das sich hier bietet. Die »Grelle«, eine tiefe Flussbucht, liegt uns zu Füßen; unmittelbar neben ihr der Glindower See. Die Havel und der Schwielow, durch Landzungen und Verschiebungen in zahlreiche blaue Flächen zerschnitten, tauchen in der Nähe und Ferne auf und dehnen sich bis an den Horizont, wo sie mit dem Blau des Himmels zusammenfließen. Dazwischen Kirchen, Dörfer, Brücken – alles, nach zwei Seiten hin, umrahmt von den Höhenzügen des Havellandes und der Zauche. Das Ganze ein Landschaftsbild im großen Stil; nicht von relativer Schönheit, sondern absolut.

Wenn man selbst Umschau gehalten hat, ist dem nichts hinzuzufügen. Fontanes Poetisierung der Aussicht lässt sich auch nicht durch seine eher nüchtern klingenden Notizen nach dem Kirchturmbesuch im Sommer 1869 relativieren: »Es verlohnt sich die Plattform ihres Thurmes zu besteigen. Die Landschaft ist hier nicht blos relativ hübsch, tolerable, wobei man immer das Vergleichsorgan des Menschen wie ein

Landschaftlicher Rundblick: Blick auf den Glindower See vom Kirchturm in Petzow, 2022

Auge zuhalten muss, es ist unbedingt weit, reich, groß angelegt. Es tritt einem nichts Weniges entgegen[.]«

Zeiten ändern sich
Wie das Waschhaus dem Schloss Konkurrenz macht

Vom Grelleberg, auf dem die Petzower Kirche thront, geht es hinunter Richtung Schwielowsee. Der Weg ist eine prächtige Allee, vorbei am überwucherten Spritzenhaus, das einem Hexenhäuschen gleicht. Überquert man die Fercher Straße, wo unterhalb der alten Schmiede an der Straßenkurve Richtung Ferch ein großes Plakat mit der Aufschrift »Frieden – Myr« befestigt ist, geht es in die Zelterstraße, die zum Schwielowsee führt. Wie in einem Museumsdorf sind hier verschiedene historische Ziegelhäuser aufgereiht, flache Häuser mit hohen, kunstvoll gestalteten Dachgiebeln. Man muss nicht ständig im Handy nachlesen, denn alles Relevante ist in Petzow – textlich überschaubar – auf blau leuchtenden Schildern zweisprachig erklärt.

Das rekonstruierte Dorfensemble geht zurück auf den »Ortsverschönerungsplan« von Gutsbesitzer Carl Friedrich August von Kaehne (1775–1857), der mit Hilfe von Schinkel und Lenné in Petzow tatsächlich ein »Gesamtkunstwerk« schuf, das die Architektur behutsam in die landschaftliche Umgebung einbettet. Zuvor war der Familie in zweihundert Jahren etwas gelungen, das, wie Fontane schreibt, *sehr selten* sei: der Aufstieg von *schlichte[n] Bauern* im 17. Jahrhundert zur Erhebung in den Adelsstand im Jahr 1840 durch König Friedrich Wilhelm IV. Rasant verlief dagegen der Abstieg in der ersten Hälfte des 20. Jahrhunderts. Erst erschöpfte sich die (Ton-)Quelle des Reichtums, dann, worauf wir noch zu sprechen kommen, brachten die letzen beiden Generationen als »Schieß-Kaehnes« die Familie in Verruf und schließlich wurde sie 1945 von den Sowjets enteignet.

Soweit man überhaupt von einer Architektur sprechen kann

Die Zelterstraße, bis 1951 Schloßstraße, läuft zielgerade auf die nächste Attraktion zu. Das *Schloss* wurde um 1820 im gotisierenden Stil errichtet.[94] Auffallend sind die vier Rundtürme in den Ecken des rechteckigen Gebäudes, das *eine Mischung von italienischem Kastell- und englischem Tudorstil* zeigt. Es sei, behauptet Fontane, *nach einem Schinkelschen Plane ausgeführt.* Belegt ist das nicht. Aber sowohl die Verbindung zwischen Kaehne und Schinkel sowie das »Schinkelsche Prinzip von Verbindung der Zweckmäßigkeit mit dem Schönen oder der bewusste Einsatz von ortseigenem Baumaterial« würden dafür sprechen.[95]

Am Beispiel des Petzower Schlosses rechnet Fontane in den *Wanderungen* erneut mit Tendenzen der neuzeitlichen Architektur ab. Gelegentlich werde noch immer *der Versuch gemacht, es mit der Gotik [...] zu wagen; aber diese Versuche scheitern [...] jedesmal,* wenn *unsere westdeutschen Neugotiker* es nachbilden. *Auch das Herrenhaus zu Petzow ist ein solcher gescheiterter Versuch. Was daran anmutend wirkt, ist, wie schon angedeutet, das malerische Element: nicht seine Architektur, [...] soweit man überhaupt von einer Architektur sprechen kann.* Immerhin fällt Fontanes Verdikt nicht absolut aus; er spricht dem Gebäude, wie in anderen Fällen geschehen, nicht ab, ein *Schloss* zu sein.

Leuchtet süßlich im Abendlicht: Schloss Petzow, 2022

Weil das Petzower Schloss nach der Enteignung in der DDR als Erholungs- und Schulungsheim des FDGB, zeitweise auch als Kinderferienlager genutzt wurde, setzte mit baulichen Eingriffen »schon früh eine allgemeine Zerstörung des historischen Bildes ein«. Die in den 1980er Jahren geplante Errichtung eines Bettenhauses in Plattenbauweise mitten auf dem Gutshof verhinderte nur die sozialistische Mangelwirtschaft. In Rheinsberg wurden die Baumaterialien für ein neues FDGB-Heim dringender benötigt.[96] Nach der Wiedervereinigung diente das Schloss als Hotel und Restaurant. Als beide Einrichtungen 2005 geschlossen wurden, drohte es zu verfallen. Dann fand sich doch noch ein Investor, der das Areal von 2014 bis 2016 restaurierte und mit Ergänzungsbauten versah. In ihnen und im ehemaligen Schloss sind jetzt Eigentumswohnungen untergebracht. Auf der alten Schlossterrasse stehen noch Sonnenschirme und eine größere Sitzgruppe, die dem Unwissenden im ersten Moment suggerieren, hier würde vielleicht noch bedient. Es war einmal. Wie im Märchen strahlt die ockerfarbene Fassade im Abendlicht ziemlich süßlich in den dunkelnden Park hinein.

Halten wir uns also an das *[M]alerische*. Für den Park, *eine Schöpfung Lennés*, wartet Fontane mit einem seiner typischen Vergleiche auf, die für die märkische Provinz eine ästhetische Erhöhung bedeuten. Hinter dem seeseitigen Stufengiebel des Schlosses mündet der Weg in den Schwielowsee. *In großen Stufen geht es abwärts. Wenn aber Sanssouci bei all seiner Schönheit einfach eine große Waldterrasse mit Garten und Wiesengründen bietet, so erblickt man von dem Hügelrücken des Petzower Parkes aus eine imposante Wasserterrasse, und unser Auge, zunächst ausruhend auf dem in Mittelhöhe gelegenen, erlenumstandenen Parksee, steigt nunmehr erst auf die unterste Treppenstufe nieder – auf die breite Wasserfläche des Schwielow.* Man sollte sich unbedingt bis auf den Steg wagen. Blinzelt man dort an einem wolkenlosen Tag etwas gegen die Sonne, verschwimmen Himmel und Wasser zu einem sagenhaften Meeresblau.

Herr Friedrich von Petzow

Wer an mehr Informationen über Petzow interessiert ist, als auf den blauen Tafeln geboten werden, kommt an Karl-Heinz Friedrich nicht vorbei. Entweder man liest eine seiner Publikationen[97] oder man fragt ihn gleich selbst. Der umtriebige Pensionär, der 1999 von Potsdam nach Petzow zog, leitet den Heimatverein, der im historischen Petzow-Ensemble eine eigene Dependance hat. Das Waschhaus – passend am Haussee gelegen – entstand etwa 1819/20, wahrscheinlich nach einem Entwurf – wen wundert das hier noch – von Schinkel. Dessen Sichtziegelmauerwerk und Rohrdach mit einem hölzernen Bogenfries deuten zumindest auf eine bewusste Integration in den Park hin. Sicher ist nur, dass Fontane das Waschhaus, das bis 1945 genutzt wurde, weder im Notizbuch noch in den *Wanderungen* erwähnt. Nach dem Zweiten Weltkrieg verfiel das Gebäude und wurde erst 1999 mit Hilfe von EU-Mitteln wieder aufgebaut. Heute kann man es besuchen. Seit 2001 dient das Waschhaus als Heimatmuseum, das gleich zwei Dauerausstellungen beherbergt: über die Kulturgeschichte des Wäschewaschens einerseits und die Ortshistorie andererseits. Dass beide Räume professionell gestaltet sind und die Handschrift des ehemaligen Berufsarchivars Friedrich tragen, ist nicht zu übersehen – und zu überlesen.

Auch sonst kann sich die Bilanz des seit zwanzig Jahren bestehenden Vereins, der 37 Mitglieder zählt, von denen drei im Museum aktiv

Eigene Dependance für den Heimatverein: Waschhaus am Haussee in Petzow, 2022

sind[98], durchaus sehen lassen. Dass in der Schinkel-Kirche seit 2011 die Orgel wieder erklingt und 2014–2016 im Dorf zwei imposante Staffelgiebeltürme an einer Toreinfahrt in der Zelterstraße auferstanden sind, ist dem Engagement des Vereins zu verdanken.

Als wir zur verabredeten Zeit im Waschhaus eintreffen, macht Friedrich gerade das, was Heimatforschern immanent ist: Aus dem Stand erklärt er einem zufällig hereingeschneiten Paar die Geschichte »seines« Ortes.[99] Weil wir warten müssen, schauen wir kurz in den Wasch-Raum. Unser Erstaunen über die Vielzahl der Exponate – von der Mangel bis zum Bügeleisen – mischt sich mit der bitteren Erkenntnis, unter welchen Bedingungen die Frauen früher Wäsche waschen mussten.

Dann kommt Herr Friedrich, führt uns in den Raum zur Ortsgeschichte, und ehe wir uns versehen, sind wir eingetaucht in das Reich der Kaehnes, in die Ateliers der Petzow-Schöpfer Lenné und Schinkel, in das Refugium der DDR-Schriftsteller, die sich in der »Villa der

Worte«[100] »[a]m schweigenden Schwielowsee«[101] inspirieren ließen.[102] Würde alles auf Infotafeln veröffentlicht werden, sähe man den grünen Park vor lauter blauen Schildern nicht. Allein die Gästeliste des Arbeits- und Erholungsheims »Friedrich Wolf« des Schriftstellerverbandes der DDR in Petzow (1955–1990) würde mehrere Tafeln füllen: Christa Wolf, Günter de Bruyn, Arnold Zweig, Kerstin Hensel, Maxie und Fred Wander, Leonhard Frank – und Brigitte Reimann, die das Heim schon 1963 »VEB Elfenbeinturm« taufte. Wenigstens ein literarischer Text aus Petzow sei zitiert. Während eines Treffens beider deutscher Schriftstellerverbände am 18. Juni 1988 verabredeten sich in einer Kaffeepause der ostdeutsche Volker Braun und der westdeutsche Günter Grass im Schlosspark.

IN PETZOW
der mächtige Ast bei Windstille
Niederkrachend zu unsern Füßen
Wen sollte es treffen? Lieber
Grass, in den eigenen
Reihen wüten wir heftiger.[103]

Berühmt und berüchtigt
Die Kaehnes in Petzow

Hochmut kommt vor dem Fall. Für diese biblische Redensart können die Kaehnes in Petzow wohl als Paradebeispiel gelten. Der Besitzerstolz hätte im Verlauf der Generationen pathologische Züge angenommen, sagen die einen; die Kaehnes hätten nur ihren Besitz verteidigt, die anderen. Fest steht: Sie haben geschossen. Auf Menschen. Bereits vor dem Tod seines Vaters 1910 begann der Sohn Carl (III.) von Kaehne (1860–1937) den 1.635 Hektar großen Familienbesitz gewaltsam zu verteidigen. Jeder, der das Gebiet unbefugt betrat, wurde vertrieben, notfalls mit der Waffe. Weil Carl III. auch abdrückte, kam es zu mehreren Gerichtsverfahren.[104] In den kalten Wintern während des Ersten Weltkriegs, als in den Wäldern vor allem Holz gestohlen wurde, verstärkte Carl IV. (1894–1946) die familiäre Patrouille. Vater und Sohn prügelten und schossen auf alles, was ihnen über den Waldweg lief. Sogar auf Kinder.[105]

Die »Schieß-Kaehnes«

Weil sich nach dem Krieg die Nachrichten über die schießwütigen Gutsbesitzer in Petzow häuften und die Hauptstadt erreichten, beschäftigte sich nicht nur – in einigen Fällen überraschend milde – die Justiz, sondern auch der Preußische Landtag mit den »Schieß-Kaehnes«.[106] So hatte Carl jr. im Juli 1920 auf das Auto von Ausflüglern geschossen, die sich in Petzow verfahren hatten – und war lediglich mit einer Geldstrafe davongekommen. Der Fall Kaehne lieferte auch Stoff für einen Nachfolger Fontanes. Kurt Tucholsky veröffentlichte 1922 unter seinem Pseudonym Theobald Tiger ein bitterböses, zynisches Gedicht, das zugleich die Justiz der Weimarer Republik aufs Korn nimmt:

> Du dämlicher Hund liegst blutend im Wald.
> Ein preußischer Adliger machte dich kalt.
> Zitternd stand dein Junge dabei –
> Mensch, du warst Nummer 103!
> Wälz dich im Dreck – aber mach keine Szene.
> Auf dich schoss nicht schlecht
> waidgerecht
> Kähne.
> [...]
> Mit Landrat und Richtern im Amtsgestühl
> Zusammengehörigkeitsgefühl.
> Kein Gendarm, kein Landjäger siehts.
> Herr Hauptmann schießt auf die ganze Justiz.
> Hat Waffen, Freiheit, Helfershelfer
> von Potsdam bis Petzow ...
> Wozu das Gebelfer?
> [...][107]

Das Strafregister der »Schieß-Kaehnes« war damit aber noch nicht abgeschlossen. Carl (IV.) von Kaehne, der an das Gericht schrieb, er sei »nicht zehn, sondern siebzehn Mal vorbestraft«[108], musste kurz vor

Kriegsende erneut der Prozess gemacht werden. Im Herbst 1943 wurde er, seit 1933 Mitglied der NSDAP, beschuldigt, den Flugzeugingenieur und Widerstandskämpfer Alfred Mehlhemmer am 10. Mai 1943 am Petzower Haussee erschossen zu haben. Weil das Gericht fünf Monate später in der Urteilsbegründung den »tragischen Tod des Dr. Mehlhemmer« als Folge »von unglücklichen Zufällen und Irrtümern« bewertete und »ein schuldhaftes Verhalten des Angeklagten« nicht feststellen konnte, wurde Kaehne freigesprochen.[109] Die Gerüchteküche brodelte und die Empörung hallte, insbesondere in der DDR, lange nach. 1986 ließ die SED im Petzower Park einen noch erhaltenen Gedenkstein aufstellen: »Hier wurde der Antifaschist Dr. A. Mehlhemmer am 10.5.1943 durch den Gutsbesitzer v. Kaehne erschossen«.

So wenig wie das Gericht den komplizierten Fall restlos aufklären konnte, so wenig lässt sich belegen, dass es sich um ein »Klassenurteil« im Sinne der Nationalsozialisten handelte.[110] Karl-Heinz Friedrich hat zusammen mit Peter von Kaehne, einem Nachfahren der Familie, sechzig Jahre nach dem Vorfall eine bemerkenswert differenzierte Zeitungsserie veröffentlicht, die Licht ins Dunkel bringt. Beide räumen ein, dass der Tod Mehlhemmers »eine der mysteriösesten Geschichten in Petzow bleiben« werde.[111] Carl (IV.) von Kaehne wurde 1945 von der Roten Armee verhaftet und kam ein Jahr später im »Speziallager Nr. 7« des Konzentrationslagers Sachsenhausen um.[112]

Zelters Haus und Tafel

Unsere Petzow-Reise soll nicht düster enden. Auch Fontane schließt sein *Petzow*-Kapitel mit der Spurensuche nach einer Persönlichkeit, die für positive Schlagzeilen sorgte. Auf seiner Wanderung durch Petzow suchte er auch die Grellebucht am Glindower See auf und fand im Schatten des *großen Ziegelofen[s]* an der *Hinterwand* eines *kümmerlich[en]* Hauses einen Hinweis: *[A]us dem Weinlaub hervor schimmerte eine weiße Tafel mit der Inschrift: »Hier ward Zelter geboren am II. Dec. 1758.«*

Gemeint ist der berühmte preußische Komponist Carl Friedrich Zelter (1758–1832), der allerdings nicht in Petzow geboren wurde. Zuweilen wird behauptet, Fontane sei hier einem Irrtum aufgesessen[113], aber er schrieb ab, was er las. Und ließ offen, ob es stimmt. Eine bekannte, nicht nur fontanistische Methode, Lücken zu überbrücken.

Heute weiß man, dass Zelter in Berlin geboren wurde und in Petzow einige, wie er selbst schrieb, »unbekümmerte Kinder- und Jugendjahre« verbrachte, wo sein Vater die Ziegelei Grelle gepachtet hatte.[114]

Berlin oder Petzow – dem Jungen war nicht in die Wiege gelegt, zum Musikprofessor an der Königlichen Akademie der Künste berufen zu werden. Bevor er zum einflussreichen Musikpädagogen avancierte und selbst unmusikalischen Kreisen als Vater der ersten, 1809 gegründeten Berliner Liedertafel bekannt wurde, lernte er das Maurerhandwerk, absolvierte die Meisterprüfung und übernahm das Bauunternehmen seines Vaters. Zelters Verdienste um die Musik sind vielfältig, die Würdigungen auch. Für seinen Duzfreund Goethe war Zelter »wie ein Wein von vortrefflichem Jahrgang«.[115]

Dass in Petzow früh an ihn erinnert wurde, hielt Fontane fest. Aber das Haus der Zelters am Ende des Dorfes in Richtung Bliesendorf verfiel nach seinem Besuch im Sommer 1869 weiter. Und wurde 1972 auf Beschluss der Stadt Werder abgerissen; ein später vorgesehener Denkmalbau an gleicher Stelle blieb »ein Lippenbekenntnis städtischer Politik«.[116] Der Abriss des Hauses stieß auf viel Kritik und inspirierte den Schriftsteller Jens Gerlach 1984 zu einer grundsätzlichen Abrechnung mit der sozialistischen Kulturpolitik, die am Ende überraschend hellsichtig ausfällt:

> Zelterhaus Petzow
> die tafel ist noch da und lügt:
> er ward hier nicht geboren
> hier wuchs er auf und das genügt
> genügt es euch?
>
> das haus zerfällt
> geht nur ein Haus verloren
> und nicht mit ihm auch eine Welt?
>
> ihr obst- und rübenzüchter – glaubt
> ihr weltgerecht zu leben
> wenn ihr euch selbst der welt
> beraubt?

Rest des Zelter-Hauses: Gedenkstätte mit der Fotografie des Gebäudes und einer Kopie der alten Gedenktafel in Petzow, 2022

wer erbe nicht bewahren kann
wird wenig weitergeben
wenn er von hier geht irgendwann[117]

Gerettet wurde wenigstens die Zelter-Tafel aus Porzellan, die Fontane ungeprüft abgeschrieben hatte. Karl-Heinz Friedrich zeigt uns ein Replikat davon im Heimatmuseum, das unter einer Zelter gewidmeten Vitrine steht. Am historischen Ort selbst ist der Heimatverein zusammen mit dem Ortsbeirat auch aktiv geworden, und das auf äußerst kreative Weise. Vor zehn Jahren wurde dort eine Hausfassade mit einer 300 Jahre alten restaurierten Haustür errichtet. Die Ziegelfassade schmückt ein Foto des abgerissenen Gebäudes und eine Kopie der Tafel, die »lügt«. Bei der Einweihung 2012 sang der Glindower Chor. Ende gut, nicht alles gut.

Denn wo geht man nach dieser bewegenden Geschichtsstunde in Petzow am besten essen? Nahe liegend wäre die *Fontane Klause* in der

Zelterstraße. Aber, wie schon angemerkt, die Online-Bewertungen sind gemischt. Will ja nichts heißen. Die Gaststätte wirbt mit »guter deutscher Hausmannskost« und verfügt hinweisschildlich über »Terrasse und Garten«. Wir schaffen es nur in den Eingangsbereich, wo uns, eingerahmt an der Wand, ein Fontane-Text empfängt. Es ist nicht das *Petzow*-Kapitel, sondern das Ribbeck-Gedicht.

»Fontane war *hier* nicht«, sagt ein Gast, der uns wütend entgegenkommt. »Definitiv nicht«, meint seine Frau, die ihm folgt. Was ist los? »Wollense nicht wissen!« Wir lassen uns verunsichern. Und sitzen – zum Glück – fünf Minuten später gegenüber in der historischen Schmiede beim Griechen. Der hat zwar keinen Garten, aber in seinem »Außenbereich« einen fantastischen Ausblick auf den Haussee. Noch nie haben wir griechische Weinblätter so genossen. Wozu in die Ferne schweifen. Der Ort sollte im Namen einen staatlich anerkannten Zusatz erhalten. Petzow. Dorf der Aussichten.

[U]nd die schönen alten Bäume, die mit ihren mächtigen Kronen so vieles malerisch zu überschatten und zu verdecken verstehen, sie mühen sich hier umsonst, diesen trübseligen Anblick dem Auge zu entziehen.

Fontane in *Ost-Havelland*, 1873

GLINDOW

Diese Wanderung fällt aus dem Rahmen. Fontane besuchte in Glindow kein altes Schloss, sondern eine moderne *Ziegelbrennerei*. Er porträtierte keine adlige Familie, sondern das *Proletariat*. Er beschreibt keine idyllische Landschaft, sondern die *Kehrseite* der Industrialisierung. Und am Schluss schildert Fontane keine romantische Abendstimmung am Glindower See, sondern die ernsten Gesichter der *hageren Kinder* aus Glindow. So lässt er nicht nur das Kapitel ausklingen, sondern den gesamten *Havelland*-Band. Ein Statement? Hat sich der Wanderer im Havelland vom Plauderer über Land und Leute der Mark zum Anwalt der gesellschaftlichen *Unterschicht* gewandelt?

Wir wollen der Frage nachgehen – in einem Ort, in dem das alte Ziegeleigewerbe nicht nur ausgestellt wird, sondern überraschend lebendig ist. In einem Ort, in dem eine technische Innovation für Aufsehen sorgte, die noch heute funktioniert. Mitte des 19. Jahrhunderts meldete der Berliner Ingenieur Friedrich Eduard Hoffmann ein Patent zur »Erfindung eines ringförmigen Ofens zum ununterbrochenen Brennen aller Arten von Ziegeln« an. Dieser neuartige Ringofen revolutionierte die Mauersteinherstellung. Er war – wie die erste Dampfmaschine auf der Pfaueninsel – ein Symbol für die Industrialisierung in Preußen.

Fontane hat den Ringofen gesehen und so beschrieben, dass seine Funktionsweise auch von weniger technikaffinen Menschen verstanden wird. Während der Corona-Pandemie musste der Ofen nach 153 Jahren heruntergefahren werden. Aber nun gibt es wieder Hoffnung für den Hoffmann'schen Ringofen in Glindow.

Einst Zentrum der Mauerstein-Metropole: Blick auf die alte, neue Ziegelei mit Ringofen am Glindower See, 2022

Steinerne Geschichte
Im Ziegeleiturm

In Glindow ist die Zeit zurückgedreht. Weder *Industriereviere* noch *Lehmhütten*, geschweige denn rauchende *Fabrikschornsteine* beherrschen wie zu Fontanes Zeiten die Landschaft. Der Ort scheint zurückzuerhalten, was ihm durch die Industrialisierung genommen wurde: *den vollen Reiz eines havelländischen Dorfes, hingestreckt zwischen See und Hügel.* Dass die Straße, die sich zwischen Hügelkette und dem Glindower See hindurchschlängelt, »Alpenstraße« heißt und direkt am Seeufer in den »Panoramaweg« mündet, ist kein märkischer Scherz. Denn aus den Hügeln sind Berge geworden, die auf allen Karten als »Glindower Alpen« gekennzeichnet sind. Sie sind ein künstliches Produkt der frühen Ziegelproduktion. Schon im 15. Jahrhundert begannen hier die Zisterziensermönche nach dem berühmten gelben Ton zu graben. Er lag circa dreißig Meter unter der Erde und war der Grundstoff für Millionen von Ziegeln, die in Berlin und Potsdam verbaut wurden. Das 1763–69 errichtete Neue Palais Friedrichs des Großen zum Beispiel wurde mit Ziegeln aus Glindow gebaut.

Die abgetragene Erde wurde zu riesigen Wällen aufgetürmt. So entstand in Glindow aus märkischem Sand ein Gebirge. Der Glindower Gastwirt Müller eröffnete am Fuß der »Erdeberge« ein Restaurant und soll mit seinem begeisterten Ausruf »Hinter mir die Glindower Alpen und vor mir der Glindower See« den Namen für die Berge und dann für seine Gaststätte aus der Taufe gehoben haben.[118] In heutigen Reiseführern zählen die Touren in den Glindower Alpen, die 1995 zum Naturschutzgebiet erklärt wurden, zu den »mittelschweren Wanderungen«, für die eine »gute Grundkondition erforderlich« ist. Sollte das einen Spaziergänger abschrecken, werden auf dem 119 Hektar großen Areal Gelegenheiten zum Pausieren geboten, um vom Belvedere Umschau zu halten, um sich an den Tafeln auf dem Naturlehrpfad weiterzubilden oder um eine echte Kaiserlinde zu bewundern.

Am Ende des Dorfes beginnt die Alpenromantik zu bröckeln. Einzelne leerstehende und verfallene Häuser säumen jetzt die Straße und geradeaus ragt ein alter Fabrikschornstein in den havelländischen Himmel. Er ist ein steinernes Zeugnis aus vergangenen Zeiten, in denen Glindow Mauerstein-*Metropole* war. Rund um den Glindower See existierten Ende des 19. Jahrhunderts über zwei Dutzend Ziegeleien.[119] Unser Ziel ist die ehemalige Glindower Ziegelei am Ende der Alpenstraße, die Fontane 1869 besichtigte. Sie wird überragt von einem schmucken achteckigen Turm, hinter dem für die Besucher ein großzügiger Parkplatz angelegt wurde. Der etwa zwanzig Meter hohe Turm symbolisiert die schöne Seite der Ziegeleigeschichte. Er ist ein eindrucksvolles Beispiel für den kunstvollen Ziegelbau und wurde 1892 vom damaligen Ziegeleibesitzer Friedrich Krumwiede errichtet.[120] Fontane hat ihn also nicht gesehen.

Welche Funktion der Turm erfüllte, bleibt »bis heute im Dunkel«. Das steinerne Glanzstück könnte der Werbung gedient haben – nach der Devise: Seht her, was sich aus Ziegeln alles fertigen lässt. Möglichweise fungierte er auch als »Orientierungshilfe für die Ziegelkräne«.[121] Später wird uns ein altes Foto gezeigt, das vermuten lässt, die Ziegeleibesitzergattin habe auf der oberen Etage bei einem Tässchen Tee den

Ausblick auf See und Berge genossen. Heute scheint der denkmalgeschützte Turm alle vermuteten Funktionen zu vereinen. Er präsentiert innen und außen die Ziegeleikunst – und gewährt auf der Spitze noch immer den Rundblick. Willkommen im Märkischen Ziegeleimuseum Glindow.

Ziegel im Museum

Das kleine, seit 1993 existierende Ziegeleimuseum wird bewirtschaftet vom Förderverein Historische Ziegelei Glindow e. V., der nur knapp zehn aktive Mitglieder zählt.[122] Wir erwarten industriehistorische Nerds, denen Verein und Museum als Plattform für lange, faktenstrotzende Führungen dienen. Begrüßt werden wir jedoch von zwei freundlichen Frauen, die eine adressatenbezogene Kommunikation beherrschen. Die Vereinsvorsitzende Sabine Schultze, die als Konstrukteurin arbeitet, ist erst seit ein paar Jahren im Verein tätig. Bescheiden erklärt sie uns, was den Besucher auf zwei Etagen im Museumsturm, der »ja eigentlich nur ein Treppenhaus« sei, erwartet. Anhand von Illustrationen, Fotografien, Karten, Dokumenten und echten Stein-Exponaten werde »die Geschichte des Glindower Ziegeleigewerbes vor Augen geführt«. Sie reicht »von dem seit 1462 verbrieften Tonabbau bis zur Wiederbelebung der Ziegelei nach der Wende«.

Auch die Zeit der DDR wird thematisiert. Eine Tafel widmet sich dem VEB Tonwarenfabrik Glindow, in dem 1961 die letzten Ziegel gebrannt und ab 1965 nur noch Blumentöpfe produziert wurden. Bis 1989 sollen hier 6,3 Millionen Blumentöpfe hergestellt worden sein.[123] Die Attraktion der Ausstellung sind jedoch die farbigen und kunstvoll gestalteten Schmuckziegel für repräsentative Bauten wie Kirchen und Gutshäuser. Um diese kleine, aber feine industriegeschichtliche Schau an einem authentischen Ort zu sehen, reisen Besucher sogar aus Südamerika an. Vor Corona kamen jährlich rund 3.000 Menschen ins Museum nach Glindow.

Über eine schmale Rundtreppe gelangen wir in die erste Turmetage. Hier übergibt Schultze die Führung an Barbara Czycholl, die uns zunächst eine professionell aufbereitete und von ihr redaktionell betreute Broschüre des Vereins überreicht. Darin werde »erstmals die bewegte Geschichte eines halben Jahrtausends von früher Tongewinnung bis zur Hoch-Zeit der Ringöfen um den Glindowsee zusammengefasst«.[124] Aber sie hat für uns noch mehr in petto.

Fiedler und Fritze oder wie kam Fontane auf Glindow?

Stolz verweist Czycholl auf die Fontane-Ecke. In einer Glasvitrine stehen die *Wanderungen*-Bände und eine Tafel dokumentiert das *Glindow*-Kapitel. Umrahmt sind die wörtlich zitierten Textstellen mit einem Fontane-Porträt und aktuellen Schwarz-Weiß-Bildern des Berliner Fotografen Karl-Ludwig Lange aus der Neuen Ziegelei-Manufaktur. Erfreut zeigt sich Czycholl, als wir ihr Fontanes Aufzeichnungen über Glindow präsentieren, und kündigt spontan an, die entsprechenden Notizbuchseiten im Museumsturm auszustellen. Tatsächlich werden die Notizen ein halbes Jahr später die Fontane-Ecke bereichert haben.

Über Fontanes Aufenthalt in Glindow hat Czycholl im Potsdamer Fontane-Archiv recherchiert, wo ein (bisher) unveröffentlichter Brief aufbewahrt wird. Aus ihm geht hervor, dass Fontane in Glindow nicht – wie bei anderen *Havelland*-Orten – vom Potsdamer Garnisonschullehrer Wagener begleitet wurde, sondern von seinem Sohn Theodor. Für den gemeinsamen Ausflug am 13. Juli 1869 bat der Vater den Sohn, auf der »[Potsdamer] Wildpark-Station« zuzusteigen. Über »Station Werder« sollte es dann »nach Glindow gehen«.[125] In dem Ort gab es damals vier Zeigeleien. Fontane besuchte die *Ziegelei der General-Invalidenkasse zu Potsdam*, die sich seit 1858 in Besitz von August Ludwig Fritze befand.[126]

Fontanes Kontaktaufnahme erfolgte offenbar nicht auf Umwegen. Denn zu den Besitztümern Fritzes gehörte ein Berliner Mehrfamilienhaus in der Königgrätzer Straße 25. Einer der Mieter war Fontane. Für einen direkten Kontakt spricht ein weiteres Indiz. Während seines *Wanderungen*-Arbeitsurlaubs in Schlesien beschwerte sich Fontane, dass sein Fragenkatalog für das *Glindow*-Kapitel nicht umgehend beantwortet wurde. Deshalb beauftragte er seine Frau Emilie in einem Brief vom 1. September 1869, beim »alten Fiedler« nachzuhaken, ob seine Fragen »wegen Glindow noch immer nicht beantwortet seien?«. Auch Fritze, klagte Fontane, scheine »nicht zu den literarischen Größen zu gehören«.[127]

Fiedler und Fritze gehörten zu den wenigen havelländischen

Das Ufer voller Schornsteine: »Gruß aus Glindow«, Postkarte, um 1910

Ziegeleidynastien in der Umgebung von Glindow. In den *Wanderungen* werden diese *Ziegellords* nur beiläufig erwähnt. Im Zentrum stehen die sozialen Auswirkungen des Ziegeleigewerbes, die Fontane anhand von Glindow exemplarisch darstellen wollte. Diesen konzeptionellen Zugriff wandte er bereits im ersten *Wanderungen*-Band an: Am Beispiel des Ruppiner Ortes Gottberg beschrieb er die dramatischen Folgen des Dreißigjährigen Krieges.[128]

Familie Fritze spielte in Fontanes Leben drei Jahre später noch eine andere wichtige Rolle. Als August Ludwig Fritze 1872 verstarb, wurde das Wohnhaus in der Königgrätzer Straße an den Bankier F. A. Hackel und die Handelsgesellschaft Siegheime & Avellis verkauft.[129] Weil die Mieten daraufhin »mindestens verdoppelt« würden, schrieb Fontane an Mathilde von Rohr, müssen »wir also *alle* ziehn«. Das Wohnhaus, ohnehin »sehr heruntergekommen«[130], war zum Spekulationsobjekt geworden und die Fontanes bekamen die sozialen Verwerfungen der Gründerjahre zu spüren. Anfang Oktober 1872 zog die Familie in die Potsdamer Straße 134c um.[131]

Aber sie lachen nicht
Fontane als Kapitalismus-Kritiker?

Am Anfang ist es nur ein kleiner Hinweis. Fontane setzt ihn im Auftakt zum *Glindow*-Kapitel in Klammern, als handle es sich um eine Nebensächlichkeit: *Was Werder für den Obstkonsum der Hauptstadt ist, das ist Glindow für den Ziegelkonsum. In Werder wird gegraben, gepflanzt, gepflückt – in Glindow wird gegraben, geformt, gebrannt; an dem einen Ort eine wachsende Kultur, an dem andern eine wachsende Industrie, an beiden (in Glindow freilich auch mit dem Revers der Medaille) ein wachsender Wohlstand.* Ein paar Seiten weiter rückt Fontane diese Kehrseite der Medaille jedoch in den Mittelpunkt des Kapitels – in einem für die *Wanderungen* ungewöhnlichen Ton. Ohne poetische Schminke werden die sozialen Folgen des Ziegeleigewerbes im Stil einer Reportage dargestellt.

Blick auf den »gemeinen Mann«

Fontane unterscheidet zwischen Ziegelstreichern und Tagelöhnern. Während die *Ziegelstreicher* die Tonmasse mit ihren Händen zu Ziegelrohlingen formen, bevor sie dann gebrannt werden, sind die *Tagelöhner*, welche die *Unterschicht* bilden, *bloße Handlanger, Aushilfen für den groben Dienst, der keine »Kunst« verlangt, und erheben sich [...] wenig über ein dörfliches Proletariat [...].* Weil in der Saison die *einheimischen Kräfte* nicht ausreichen, kamen von April bis Oktober *fremde Ziegelstreicher*, die sogenannten *Lipper* – Zielgelspezialisten aus Lippe in Westfalen.[132] *Sie ziehen in ein massives Haus, das unten Küche, im ersten Stock Eßsaal, im zweiten Stock Schlafraum hat. Sie erheben gewisse Ansprüche. So muss jedem ein Handtuch geliefert werden. [...] Die Arbeit ist Akkordarbeit. [...] Sie arbeiten von drei Uhr früh bis acht oder selbst neun Uhr abends, also nach Abzug einer Essstunde immer noch nah an siebzehn Stunden.*

Fontane spricht auch die gesundheitlichen Folgen für die Arbeiter an. *Die Berichte darüber gehen sehr auseinander.* Während *beispielsweise von Potsdamer Hospitalärzten versichert wird, dass dieser stete Wechsel von Nasskälte und Glühofenhitze die Gesundheit früh zerstöre, versichern die Glindower Herren, dass nichts abhärtender und nichts gesunder sei, als der Ziegeldienst in Glindow. Personen zwischen siebzig und achtzig Jahren sollen sehr häufig sein.* Fontane bemüht sich, in dieser *Streitfrage* zu differenzieren. Es scheint, *dass dieser Dienst eine angeborene gute Gesundheit und gute Verpflegung verlangt – sind diese Bedingungen erfüllt, so geht es. [D]ie kümmerliche Tagelöhnerbevölkerung aber, die »nichts drin, nichts draußen« hat und zum Teil von einem elenden Elternpaar geboren und großgezogen wurde, geht allerdings früh zugrunde.*

Ein erster Streik in der Region ist 1889 verbrieft. Es ging um Lohnerhöhungen für die Saisonarbeiter. Nennenswerte Verbesserungen wie die Errichtung von Arbeiterwohnhäusern wurden jedoch erst 1901 erreicht.[133] Vergleicht man diese noch erhaltenen Unterkünfte mit den Villen der Ziegeleidynastie Fritze in Glindow und Werder, wird deutlich, wer vom *wachsende[n] Wohlstand* profitierte. In der DDR galt Fontanes *Glindow*-Kapitel als Beleg für dessen »demokratisch-humanistische Position«. »Bei aller scheinbaren Objektivität« solcher Abschnitte über die Ziegelbrenner in Glindow oder die Torfstecher im Wustrauer Luch bleibe kein Zweifel, »dass Fontanes Anteilnahme nicht den Torf- und Ziegellords gehört, sondern jenen, die unter unwürdigen Bedingungen den Reichtum der Bourgeoisie schaffen«. Der Glindow-Aufsatz müsse, schrieb der *Wanderungen*-Herausgeber Gotthard Erler in seinem Vorwort von 1976, Fontanes »Bemerkungen über den ›frondiensthaften Industrialismus‹ und über den Gegensatz zwischen den Unternehmervillen und den Arbeiterkaten zu den erstaunlichsten Partien der ›Wanderungen‹ gezählt werden«. Er beweise zudem, »wie der Blick auf den ›gemeinen Mann‹, den einfachen, arbeitenden Menschen, dem Reporter Fontane interessante Perspektiven und neue Betrachtungsweisen ermöglichte«. In der DDR, in der Fontanes Mark nun »Teil eines sozialistischen Staates« sei, gehörten »die Nachkommen seiner Kutscher und Kossäten, seiner Torfstecher und Ziegelbrenner zu den neuen Leser[n]«. Sie würden die *Wanderungen* aus »gänzlich veränderter Sicht rezipieren, »die freilich dem alten Fontane so fremd nicht mehr war«.[134] In seinem Vorwort für die neuen Ausgaben nach der Wiedervereinigung wurden diese Passagen ersatzlos gestrichen.

Nur um so dunkler

Für Fontane gehen die sozialen Verwerfungen mit dem Verlust an Lokalkultur einher. *[D]ie schönen alten Bäume, die mit ihren mächtigen Kronen so vieles malerisch zu überschatten und zu verdecken verstehen, sie mühen sich hier umsonst.* So *lässt sich nicht behaupten*, dass die Ringöfen *zu besonderer Zierde gereichten.* Und der *Fabrikschornstein mag alles sein, nur ein Verschönerungsmittel ist er nicht.* Überhaupt schmücke der Ziegeleibetrieb weder *die Landschaft* noch *die Dörfer, in denen er sich niedergelassen hat.* Wie weit die Verschandelung allein in Glindow vorangeschritten war, schildert Fontane in seinen Notizen deutlicher als in den *Wanderungen.* Während im gedruckten Text lediglich steht, auch *Glindow hat von diesem allem sein geschüttelt Maß*, heißt es im Notizbuch, »das Dorf hat einzelne hübsche Häuser, im Großen und Ganzen macht es doch eher einen unschönen, oder doch unsaubren Eindruck«. Dass »der Sinn für das Schöne, Anmuthige, Saubre fehlt [...], ist den Bewohnern nicht anzurechnen«.[135]

Am Ende des *Glindow*-Kapitels spitzt Fontane die Schilderung der sozialen Gegensätze zwischen Ziegeleibesitzern und -arbeitern derart zu, als würde er für den *Vorwärts* schreiben: *Am See hin, um die Veranden der Ziegellords rankt sich der wilde Wein, Laubengänge, Clematis hier und Aristolochia dort, ziehen sich durch den Parkgarten, Tauben stolzieren auf dem Dachfirst oder umflattern ihr japanisches Haus – aber diese lachenden Bilder lassen die Kehrseite nur um so dunkler erscheinen: die Lehmstube mit dem verklebten Fenster, die abgehärmte Frau mit dem Säugling in Loden, die hageren Kinder, die lässig durch den Ententümpel gehen. Es scheint, sie spielen; aber sie lachen nicht; ihre Sinne sind trübe wie das Wasser, worin sie waten und plätschern.*

Auch Frauen und Kinder arbeiteten in den Ziegeleien. Während die Männer die Steine formten und die Öfen in Gang hielten, wuchteten die Frauen und Kinder die Ziegel auf Schubkarren oder auf Holzregale zum Trocknen, bevor sie in den Ringöfen gebrannt und dann mit Loren zu den zahlreichen Schiffsanlegern gebracht wurden.

Dass Kinder nicht geschont wurden, belegt eine Familienchronik aus Werder. Wilhelm Felsch berichtet, dass er als 14-Jähriger in den Sommermonaten jeden Morgen von seinem Vater in die Tongräberei mitgenommen wurde, wo er »von früh 5 Uhr bis abends 7 Uhr für einen Tageslohn von 5 Silbergroschen die schwere Sandkarre schob«.[136] Zwar war die Kinderarbeit in Preußen 1839 eingeschränkt worden, aber das Gesetz zeigte aufgrund kaum vorhandener Kontrolle »nur wenig Wirkung«.[137]

Historisches Energiesparsystem
Im Ringofen

Inzwischen sind wir in der oberen Etage des Museumsturms angekommen. Das sich hier in zwanzig Metern Höhe bietende Panorama scheint zu vereinen, was Glindow bis heute auszeichnet: Landschaft, Dorf und Industrie. Weil der Turm oben rundherum verglast ist, wissen wir im ersten Moment nicht, wohin wir unseren Blick zuerst richten sollen: auf das leuchtende Blau des Glindower Sees, das frische Grün der Glindower Alpen, auf die roten Dächer des Dorfes oder auf die alte Ziegelei. Für den Blick ins Dorf hat Sabine Schultze eine historische Fotografie zur Hand, auf der hinter einem größeren Wohnhaus ein weiterer Ringofen mit Schornstein zu sehen ist. Dann zeigt sie aus dem Fenster in den Ort. Wenn man genau hinsieht, erkennt man im Garten des noch erhaltenen Hauses die Fundamente des Ofens.

Es mutete wie ein Wunder an, dass von den vielen Ziegeleien um den Glindower See noch eine erhalten ist – mit Ringofen und Schornstein. Es ist genau die, welche Fontane besichtigt hat. »Und nun Sie!«, sagt Schultze erfreut. Die Aussicht vom Ziegeleiturm, das werden wir wenig später einräumen müssen, ist nicht der Höhepunkt des Glindow-Besuchs.

Knochenarbeit

Wir folgen einer kleinen Besuchergruppe, die Sabine Schultze an diesem Wochenende über das Ziegeleigelände führt. Zunächst geht es in eine staubige Betriebshalle, in der uns Schultze erklärt, wie die Ziegelstreicher arbeiten. Der angelieferte Ton wird im Koller weiter aufbereitet und über ein Förderband in bis zu sieben Kilo schweren »Hubeln« an die Werkbank transportiert. Dann legt die zierliche Frau selbst Hand an. Sie demonstriert mit einer überraschenden Geschicklichkeit, wie der Ziegelmacher den Tonklumpen in die Höhe stemmt und mit Schwung in den Streichkasten schmettert. Die überstehenden Tonreste werden mit einem Draht abgestrichen, dann wird der Kasten entfernt und der geformte Ziegel für die Trockenkammern auf eine Palette gelegt. Wenn nichts ins Stocken gerät, geht es zu wie beim Brötchenbacken. Früher stemmte ein Arbeiter 5.000 Kilo pro Schicht, erklärt

Schultze. In dieser Halle wird spürbar, was Knochenarbeit ist. Allein vom bloßen Zusehen werden einem die Arme schwer. Anschließend geht es einen langen Gang entlang, vorbei an mindestens einem Dutzend Trockenkammern. Die Ziegel, die in diesen luftdicht verschlossenen Gelassen circa zehn Prozent ihres Volumens verlieren, dürfen nicht feucht in den Ofen. Sonst besteht die Gefahr, dass sie beim Brennen reißen.

Dann folgt das Highlight: der Hoffmann'sche Ringofen. Er war die Lösung für das Problem einer immer größeren Nachfrage nach Ziegelsteinen. Die herkömmliche Produktion konnte Mitte des 19. Jahrhunderts mit dem Bauboom in der Hauptstadt einfach nicht mehr mithalten. Entwickelt wurde das Meisterwerk der Technik vom Berliner Ingenieur Friedrich Eduard Hoffmann, der die Innovation 1852 als Patent anmeldete. Der Ringofen steigerte die Ziegelproduktion um ein Vielfaches. 1868 wurden auf der *Invalidenkassenziegelei* in Glindow zwei Ringöfen errichtet, vier Jahre später zählte man in der Region schon knapp fünfzig.[138] Einer aus der Besuchergruppe fragt, wie viele Steine Glindow im Verlauf der Jahre verlassen haben. Schultze berichtet, der Verein habe das mal ausgerechnet. 23 Billionen Steine wurden von 1830 bis zum Ersten Weltkrieg auf rund 550.000 Schiffsladungen in die Residenzstädte transportiert.[139] Der Satz »Berlin ist aus dem Kahn gebaut« hat hier seinen Ursprung.

Torte mit Weinflasche oder Wie Fontane den Ringofen erklärt

Der Eintritt in den Ringofen kommt einer Zeitreise gleich. Im Innern hat sich seit 150 Jahren nicht viel verändert. Und auch die Funktionsweise ist dieselbe geblieben. Um sie zu verstehen, liest man bei Fontane nach, der sie anschaulich beschrieben hat:

Denken wir uns also eine gewöhnliche runde Torte, aus der wir das Mittel- oder Nußstück herausgeschnitten und durch eine schlanke Weinflasche ersetzt haben, so haben wir das getreue Abbild eines Ringofens. Denken wir uns dazu die Torte in zwölf gleich große Stücke zerschnitten; so haben wir auch die Einrichtung des Ofens: sein Zwölfkammersystem. Die in der Mitte aufragende Weinflasche ist natürlich der Schornstein. In den ersten, *durch Seitenöffnungen miteinander verbundenen Kammern werden die getrockneten Steine eingekarrt.* Anschließend werden diese Kammern *durch zwei große Eisenschie-*

Wie vor 150 Jahren: Blick auf das »Dach« des Ringofens, 2022

ber von den anderen *Kammern abgesperrt. Nun beginnt man in Kammer eins ein Feuer zu machen, nährt es, indem man von oben her durch runde Löcher ein bestimmtes Quantum von Brennmaterial niederschüttet.* Schultze zeigt uns auf dem »Dach« des Ofens die Löcher über den Brennkammern, in die der Kohlenstaub hineingeschüttet wird. Früher fraß der Ofen, schreibt Fontane, *alles: Holz, Torf, Braunkohle.*

Dann erklärt er den eigentlichen Clou – das Energiesparsystem des Ringofens. *Während man in Kammer einst eine für zwölftausend Steine ausreichende Rotglut unterhielt, wurden die Nachbarsteine in Kammer zwei halb, in Kammer drei ein Drittel fertig gebrannt und die Steine in Kammer vier und fünf wurden wenigstens »angeschmoocht«, wie der technische Ausdruck lautet. […] Der eine (vorderste) Eisenschieber rückt jeden Tag um eine Kammer weiter, der andere Eisenschieber, vom entgegengesetzten Flügel her, folgt und gibt dadurch die Kammer frei, in der am Tage zuvor gebrannt wurde. So vollzieht sich ein Kreislauf. […]. Der Ringofen hat keine andern Vorzüge, als dass er ein Sparofen ist.* Gespart wurden Brennstoff und Zeit.

Zwei dieser Öfen gibt es noch. Sie sind in Europa einzigartig und natürlich denkmalgeschützt. Der eine, der sich nebenan befindet, wurde 1962 stillgelegt. Der andere, in dem wir gerade stehen, ruht. Wir fragen, ob der Ofen irgendwann wieder brennen wird. Sabine Schultze wiegt nachdenklich den Kopf. »Da müssen Sie Herrn Dieckmann fragen.« Harald Dieckmann ist der Chef der Ziegelei-Manufaktur, die den letzten Ringofen bis 2021 befeuert hat.

Es besteht Hoffnung
Die neue Ziegelei

Der Ofen ist aus. Aber die Ziegelei ist nicht tot. Auf dem Gelände ist die Kultur eingezogen. In den erkalteten Brennkammern stellen lokale Künstler ihre Installationen aus. Einer von ihnen ist Chris Hinze, der in einer Steinbaracke vor dem Ringofen sein Atelier bezogen hat. Ins Auge fallen uns die außenwandig rauen und innen mit glattem Plastik überzogenen Betonkugeln, in die Strukturen des menschlichen Gehirns eingraviert sind. So werde sichtbar, was sonst nicht zu sehen ist: der menschliche Geist. »Wenn uns irgendwann Außerirdische finden«, kommentiert Hinze unsere skeptischen Blicke, »werden sie feststellen: So einfach waren die gestrickt.«

Mit den Arbeitern in der Ziegelei führte der Künstler Interviews, die man sich vor Ort anhören kann. Das hat Fontane nicht getan. Aber zu seinen Beobachtungen in Glindow würde passen, was der Kunsthistoriker Christoph Tannert 150 Jahre später über Hinze geschrieben hat: Den Künstler störten »Werteverlust und das Schwinden spiritueller Momente in unserer von reiner kapitalistischer Gier kontaminierten Vorstellungswelt«.[140]

Gegenüber von Hinzes Baracke, direkt an der Panoramastraße, steht die riesige, von ihm 2016 geschaffene Holzskulptur eines Schiffsrumpfs. Der Ort ist nicht zufällig gewählt. Auf der anderen Seite der Straße legten die mit Ziegel beladenen Kähne ab. Für den gebürtigen Cottbusser, der als Kind häufig mit Kähnen durch den Spreewald schipperte, sind Schiffe eine Metapher für Bewegung und Veränderung. Aus dem in der Mitte gebrochenen Schiffsrumpf ragen hohe Balken wie Masten heraus. Begibt man sich an Bord und zwängt sich durch die

Balken, steht man in einem fast geschlossenen Kreis, in dem man automatisch nach oben, in den Himmel, in die Weite schaut. Hinze nannte seine Skulptur »Raumschiff«. Der Name passt zur Vision von Harald Dieckmann, dessen Haus gleich neben dem Schiffsrumpf steht.

Ziegel statt Beton

Obwohl sein Ofen nicht mehr glüht, ist der Chef der Glindower Ziegelei-Manufaktur ein viel beschäftigter Mann. Oder gerade deswegen. In seinem Haus ist auch das Büro untergebracht, in dem er gerade telefoniert und zugleich einem Arbeiter mit Handzeichen einen Auftrag erteilt. Sein Handy wird während unseres Gesprächs noch mehrmals klingeln. Weil es drückend heiß ist, schlägt Dieckmann uns die Sitzecke vor seinem Haus vor.[141] Von dort hat man alles im Blick: den Ziegeleihof, den Schiffsrumpf und Hinzes Atelier, hinter dem sich der alte Ringofen duckt. Aber er muss sich gar nicht verstecken, weil Hoffnung besteht, ihn wieder zum Glühen zu bringen. Die Kunst wird wohl wieder weichen müssen. Und Glindow wird einmal mehr erleben: Zurück in die Zukunft! So weit ist es aber noch nicht. Harald Dieckmann möchte auch nichts einer geplanten Pressekonferenz vorwegnehmen, die er immerhin mit der Brandenburger Kulturministerin plant. Im Verlauf des Gespräches lüftet er dann doch ganz leicht den Schleier.

Zunächst geht es zurück in das Reich der Zufälle. Denn dass der Unternehmer sein Glück ausgerechnet in Glindow suchen würde, war nicht geplant. Harald Dieckmann, der aus Süddeutschland stammt und »von Hause aus« eigentlich Architekt ist, suchte nach der Wiedervereinigung für ein Betonwerk einen Standort in Brandenburg, »möglichst mit Hafen«. So kam er 1991 auch nach Glindow, wo ihm gesagt wurde, er solle mal den Weg weiterfahren, dort stünde eine »olle Ziegelei«; die könne er doch abreißen und dann ein modernes Werk bauen. Als er das Ziegeleigelände in Augenschein nahm, war er »sofort begeistert«. Und dachte mitnichten ans Abreißen. Von nun an sollte es heißen: Ziegel statt Beton. »Am liebsten hätte ich es gleich gekauft«, aber das von der Treuhand verwaltete Grundstück »war sündhaft teuer«. Zu der Zeit wurden hier – nach der Blumentopf-Ära in der DDR – schon wieder Ziegel für die Rekonstruktion von historischen Gebäuden gefertigt.[142]

Bis Harald Dieckmann am Glindower See schließlich Fuß fasste, gingen über zehn Jahre ins Havelland. Als er 2004 unter dem Namen Neue Ziegelei-Manufaktur Glindow GmbH schließlich loslegte, schien die Produktion zunächst ein Selbstläufer zu werden. »Eigentlich sollte es ein Neustart auf kleiner Flamme sein«, erklärt Dieckmann, »aber die Nachricht verbreitete sich über die Medien wie ein Lauffeuer. Die Leute wollten das unterstützen und haben uns mit Aufträgen zugeschüttet.« Dieckmann springt auf und holt uns Beispiele aus seiner Ziegelproduktion. Für die in Glindow hergestellten Ziegel müssen die Kunden mehr als doppelt so viel Geld zahlen wie für konventionelle Steine aus Ton und Lehm. »Dafür produzieren wir authentisch – von der Formgebung bis zum Brennen in dem alten, klassischen Ringofen«. Plötzlich fegt ein Windstoß über das Betriebsgelände. Der Ziegeleichef reagiert sofort und packt in Windeseile einen Ziegelstein auf Fontanes Glindow-Notizen, die wir auf dem Tisch ausgebreitet haben. Und so ist Fontane wieder im Spiel. Ohne den Wanderer kommt auch Dieckmanns Ziegeleigeschichte nicht aus. Wo Fontane im modernen Glindow noch präsent ist – das müsse einer seiner Arbeiter erklären. Dieckmann ruft Jens Zwiezscher mit an den Tisch.

Fontane in der Brennkammer

2019 kam Fontane in Glindow frisch aus dem Ofen. Für die Jubiläumsausstellung zum 200. Geburtstag in der Petzower Kulturkirche schuf die Künstlerin Carmen Stahlschmidt aus Flonheim eine Fontane-Büste. Auch für diesen Schaffensprozess galt das Prinzip der Authentizität; die Büste wurde im Glindower Ringofen gebrannt. Und weil es der Künstlerin wichtig war, den berühmten gelben Ton aus Glindow zu verwenden, wurden ihr hundert Kilogramm davon nach Rheinland-Pfalz geliefert. Ob der Kopf auch authentisch geformt ist, möge jeder selbst beurteilen. Die Künstlerin habe sich für »eine Kombination aus dem Abenteurer Fontane und dem gealterten Schriftsteller Fontane entschieden«.[143]

Nüchtern berichtet uns Brennmeister Jens Zwiezscher, wie die Fontane-Büste unter seiner Anleitung in der zugemauerten Kammer Nr. 8 bei circa 1.080 Grad 24 Stunden lang gebrannt wurde. Reibungslos ging der Prozess nicht vonstatten. Nachdem das Brennen abgeschlossen

Stand auf der richtigen Seite: Gebrannte Fontane-Büste im Glindower Ringofen, 2019

war, beobachteten vom Rundgang des Ringofens etwa fünfzehn Leute, unter ihnen Stahlschmidt, Dieckmann, die Kulturreferentin Doris Patzer und mehrere Journalisten, wie Zwiezscher Stein um Stein von der Mauer der Brennkammer entfernte. Als der Durchgang frei war, hatten die Anwesenden eine Schrecksekunde zu verkraften. Der Stapel mit den frisch gebrannten Ziegeln war umgestürzt. Das komme immer mal vor, wirft Dieckmann ein. »Häufig reichen eine kleine Ungenauigkeit oder der geringste Luftzug aus, um die Lage des Brennguts zu verändern.« Der Büste sei »aber nischt passiert«, erzählt Zwiezscher weiter. Fontane war in der Kammer nicht gewandert, er hatte einfach nur Glück. Die Ziegel waren in die andere Richtung gefallen. Die Büste gehört heute Rainer Müller, dem Inhaber des Resorts Paradies Schwielowsee. Aber er hat sie nicht weggeschlossen, sondern als Dauerleihgabe dem Museum für Havelländische Malerkolonie in Ferch übergeben. In der Kulturkirche Petzow, wo sie 2019 zu sehen war, steht heute eine Kopie.[144]

Noch nicht spruchreif

Es sei »eine Mischung aus Wehmut und Erleichterung gewesen«, als Harald Dieckmann Ende Mai 2021 den Ringofen herunterfahren musste. Weil die Umsätze sich halbiert hätten, sei »ein Weiterbetrieb nicht mehr zu verantworten gewesen«. War Corona schuld? »Nicht nur. Es sind mehrere Faktoren zusammengekommen«, antwortet der Unternehmer. Ein Großauftrag in Rostock war geplatzt, die Brennstoffpreise begannen zu steigen. Dieckmann legt eine Pause ein und schaut sehnsüchtig Richtung Ringofen.

Dann gab es doch wieder Hoffnung. Es tauchten – wie im 15. Jahrhundert – plötzlich wieder Mönche in Glindow auf. Diesmal kamen sie nicht aus Lehnin, sondern aus Neuzelle. »Sehr professionell, sehr traditionell«, kommentiert Dieckmann schmunzelnd. Sie wollten auf einem ehemaligen sowjetischen Übungsplatz acht Kilometer von ihrem Kloster entfernt einen modernen Bau errichten – mit Ziegeln aus Glindow. »Das hat mich bewogen, wieder Mut zu fassen und Fördergelder zu beantragen.« Nachdem die Fördermittel genehmigt wurden, konnte »die Ertüchtigung der Ziegeleianlagen 2022 zum großen Teil erledigt werden«.

Das war der Hoffnung versprechende Stand bei unserem Besuch im Mai. Dann kam im November nach längeren Verhandlungen die Absage der Mönche. Bleibt der Ofen nun endgültig aus? »Jetzt geht es darum,« schreibt uns Harald Dieckmann, »dennoch eine Zukunft zu finden.«[145] Offenbar braucht er erneut einen langen Atem in Glindow.

Im Kloster

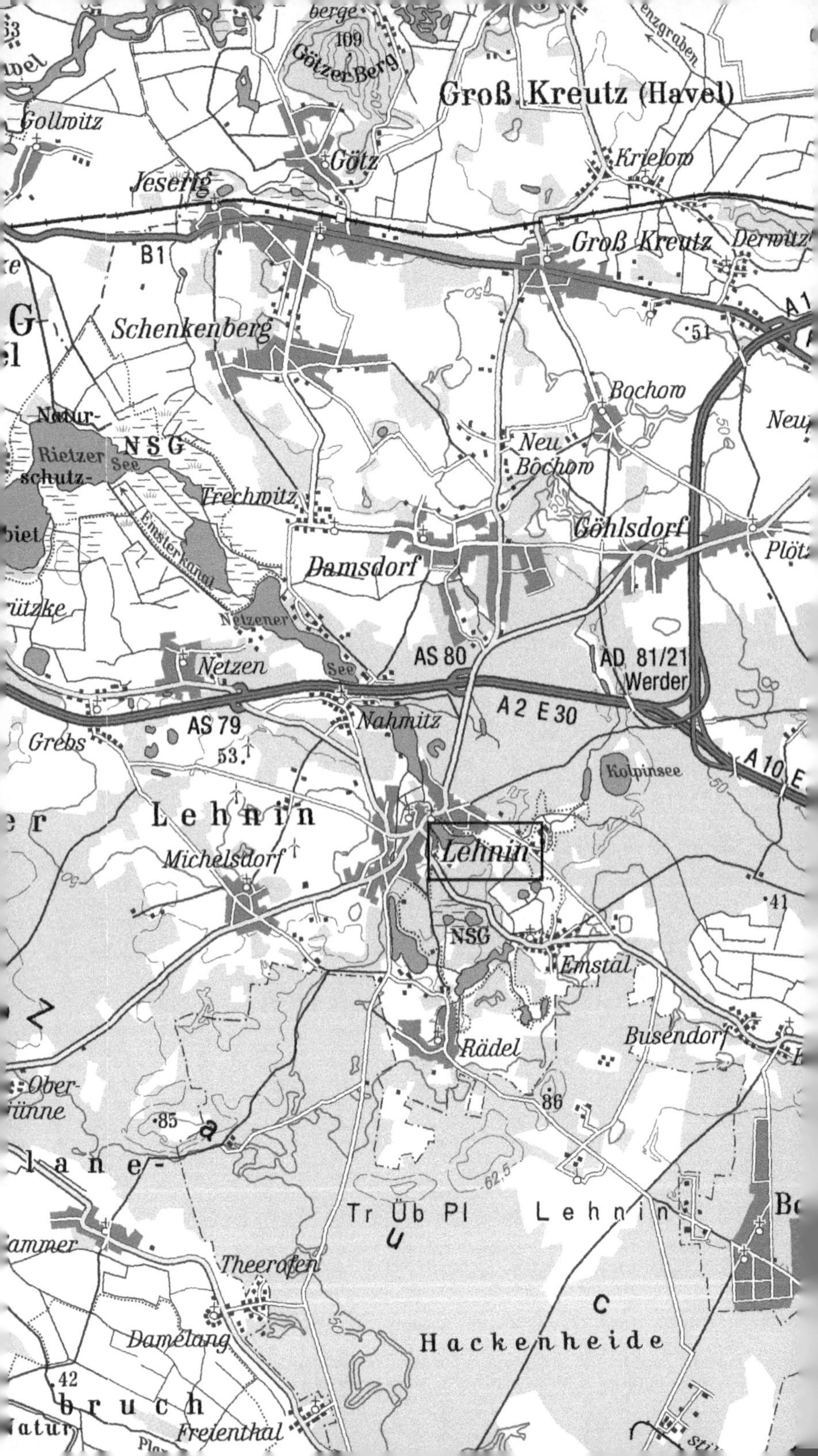
Götzer Berg
109
Groß Kreutz (Havel)
Gollwitz
Götz
Krielow
Jeserig
Groß Kreutz
Derwitz
B1
Schenkenberg
51
Bochow
Natur-
schutz-
NSG
Rietzer See
Neu Bochow
Trechwitz
Göhlsdorf
Plötz
Emsterkanal
Damsdorf
Netzener See
AS 80
AD 81/21 Werder
Netzen
A 2 E 30
AS 79
Nahmitz
Grebs
53
Kolpinsee
A 10
Lehnin
Michelsdorf
Lehnin
41
NSG
Emstal
Busendorf
Rädel
86
85
62,5
Tr Üb Pl
Lehnin
Theerofen
Damelang
Hackenheide
42
bruch
Freienthal

Lehnin war nicht nur das älteste Kloster in der Mark, es war auch […] das reichste, das begütertste, und demgemäß war seine Erscheinung.
Fontane in *Ost-Havelland*, 1873

LEHNIN

Was uns empfängt, ist Stille. Genau das verspricht Kloster Lehnin: »ein Ort der Stille« zu sein. Hier, im Klausurhof, lässt sie sich messen. Ganz irdisch. Kein Mensch wandelt durch den Kreuzgang, keine Biene summt über den begrünten Innenhof. Auch nebenan im Amtshof, immerhin das Zentrum der Anlage, scheint alles wie ausgestorben. Das Museum ist geschlossen, das Café auch. Stillstand im Kloster.

Würden wir uns über die Stille erheben und im Klausurhof eine Drohne in den Lehniner Himmel aufsteigen lassen, sähe man uns einsam inmitten von schlichten Backsteinbauten, umgeben von alten Bäumen, deren dichte Kronen im leichten Wind die Dächer zu streicheln scheinen, *während Wiesen- und Gartenland jene Baumgruppe und ein Höhenzug wiederum jenes Wiesen- und Gartenland umspannt.* Vor über 800 Jahren war hier *ein eichenbestandener Sumpf, und inmitten dieses Sumpfes wuchs Kloster Lehnin auf, vielleicht im Einklang mit jenem Ordensgesetz aus der ersten strengen Zeit: dass die Klöster von Cisterz immer in Sümpfen und Niederungen, das heißt in ungesunden Gegenden, gebaut werden sollten, damit die Brüder dieses Ordens jederzeit den Tod vor Augen hätten.*

Heute gelten andere Gesetze. Es geht um Spiritualität und Entschleunigung. Und das Kloster verspricht noch mehr. »Wer nach Lehnin kommt, ist nie ganz allein. Die Mauern sprechen, sie atmen Fragen, die Sorgen und Freuden derer, die vor uns waren.«[1] Wir sind wegen Fontane hier. Der Wanderer suchte hier keine Spiritualität. Er hatte Fragen zur Geschichte des Klosters und zu den Sagen, die sich um dessen Gründung ranken. Er konsultierte aber nicht die Mauern, sondern die Quellen. Mehrere Wochen arbeitete er sich durch die Fachliteratur

Stille Einkehr: Klausurhof im Kloster Lehnin, 2022

und streifte mindestens zweimal durch die alte, damals zum Teil zerstörte Klosteranlage.

Da haben wir es, 150 Jahre später, deutlich einfacher. Lehnin zeigt sich rekonstruiert und wir haben einen Ansprechpartner gefunden, der das heutige Kloster wie kein Zweiter kennt. Stefan Beier wird uns nicht nur Fragen beantworten, sondern auch über das Gelände führen. Im Amtshof sind wir mit ihm verabredet. Wie aus dem Nichts taucht er plötzlich auf und durchbricht die Stille. »Kaffee?«, fragt er nach einer freundlichen Begrüßung. Fontane wäre gut gestimmt.

Ein Mord und viel Phantasie
Sagenhaftes aus Lehnin

Stefan Beier kennt sich aus mit Klöstern. Begeistert nimmt er uns mit auf eine Zeitreise durch das Klosterleben, das für ihn kein gesellschaftliches Auslaufmodell ist.[2] Immer wieder blitzen seine wachen Augen durch die große dunkle Brille. Und bei allem ist er – getreu einem weiteren Klostermotto – völlig entspannt. Selbst als die erste Tasse Milchkaffee aus dem Automaten überläuft. Er hat uns zunächst ins Elisabethhaus, das Zentrum Kloster Lehnin, geführt. Der mit Arkaden verzierte Gebäuderiegel am Amtshof wurde erst 2019 nach umfassender Sanierung wiedereröffnet und bietet Übernachtungs- und Tagungsräume. Man ist hier »zu Gast, wo Himmel und Erde sich begegnen«. In dieser Begegnungsstätte reicht ein Knopfdruck für zwei Tassen Kaffee.

Stefan Beier, der eigentlich Bauingenieurwesen sowie Stadt- und Regionalplanung studiert hat, begann seine Tätigkeit im Kloster Lehnin 2000 unter anderem mit dem Ziel, ein Museum aufzubauen. Fünf Jahre später eröffneten im Amtshaus die Dauerausstellung mit dem Titel, man ahnt es schon, *Wo Himmel und Erde sich begegnen* sowie ein Café und ein Klosterladen. Leiter des Museums wurde Stefan Beier. Weil er zurzeit eine neue Dauerausstellung entwickelt, ist das Museum seit 2020 geschlossen. Das Haus wird dafür umgebaut und die Gastronomie erweitert. Beier engagiert sich auch über Lehnins Grenzen hinweg. Auf seine Initiative wurde das Kloster 2014 Mitglied des Vereins Klosterland, dessen Vorsitz er 2015 übernahm.[3] Die Vereinsvision zitiert er aus dem Kopf: Er möchte »den Wert der Klosterkultur für die Gesellschaft sichtbar und nutzbar machen«. Klosterbauten und Klosterleben verdienen eine »Wertschätzung als Ort eines besonderen Kulturerbes«. Beier macht sie in Lehnin lebendig.

»Lebendige Steine« ist in der geschlossenen Ausstellung, in die er uns als nächstes führt, die Überschrift für ein archäologisches Exponat, das uns die Anfänge des Klosters verdeutlichen soll: mehr als ein Dutzend geformte Steine. Sie gehören zu den auffälligsten Merkmalen der zisterziensischen Klosteranlagen und wurden ab Ende des 12. Jahrhunderts für Klöster wie Lehnin »stilprägend und zum regionalen Indiz«. Die Bibel bezeichnet Christen als »lebendige Steine«. Die christliche Kirche, also das Gebäude und die Gemeinde, werde aus diesen »lebendigen Steinen« errichtet. Im Kloster Lehnin wurden sehr viele Steine verbaut. Die Bauzeit dauerte fast hundert Jahre. Die verschiedenen Backsteingebäude, von der Klosterkirche bis zum Kornspeicher, spiegeln die asketische Lebensführung der Zisterzienser wider: nüchtern, gleichförmig, fast schmucklos – und dennoch ästhetisch.

Eine Hirschkuh, ein Baumstumpf – und eine Vision

Geht es um die Entstehung von Kloster Lehnin, traktiert Fontane seine Leser nicht mit Faktischem. Stattdessen tischt er den Gründungsmythos auf. Das ist natürlich unterhaltsamer. Fontane zitiert *die Sage* im Wortlaut des *böhmischen Geschichtsschreiber[s]* Pulkava (Přibík Pulkava von Radenín), der im 14. Jahrhundert als Chronist am Hofe Karls IV. tätig war. Der wiederum erzählte sie *»nach einer brandenburgischen Chronik«*, die nicht überliefert ist. Etwas modernisiert, lautet sie so: Markgraf *Otto I., der Sohn Albrechts des Bären, jagte einen Tag lang in den dichten Waldrevieren der Zauche*, einem Brandenburger Landschaftsgebiet. Ermüdet ließ er sich (später hinzugedichtet: unter einer Eiche) genau *an eben der Stelle nieder, wo später Kloster Lehnin erbaut wurde.* Als er einschlief, hatte er die *Vision* von einer *Hirschkuh, die ihn* attackierte. *Endlich ergriff er Bogen und Pfeil und schoss sie nieder. Als er erwachte und seinen Traum erzählte*, forderten ihn seine Gefährten auf, *dass er an dieser Stelle eine Burg gegen die heidnischen Slawen errichten solle.* Die *Hirschkuh erschien ihnen als ein Sinnbild des Heidentums, das in diesen Wäldern und Sümpfen allerdings noch eine Stätte hatte.*

Daraufhin verkündete der Markgraf die Gründung einer *Burg, von der aus die teuflischen Widersacher durch die Stimmen geistlicher Männer* verjagt werden sollten. In Windeseile ging eine Bitte zum *Abt des Zisterzienserklosters Sittichenbach, im Mansfeldischen, dass er Brüder aus seinem Konvente, zur Gründung eines neuen Klosters senden möchte. Die Brüder kamen.* Und Otto *gab dem Kloster den Namen Lehnin, denn Lanye heißt Hirschkuh im Slawischen.* Soweit die Sage, die Fontane 1878 auch in seinem Roman *Vor dem Sturm* erzählte.

In der Klosterkirche existiert ein Relikt, das den Gründungsmythos veranschaulichen soll. Stefan Beier will es uns zeigen und führt uns ins Herzstück der Klosteranlage. Als wir die Kirche betreten, verschlägt es uns angesichts der Ausmaße kurz die Sprache.

Die Erklärung lautet versachlicht: Die Klosterkirche St. Marien, eine dreischiffige Pfeilerbasilika, die sowohl spätromanische als auch frühgotische Formen aufweist, ist eine der ältesten und bedeutendsten Backsteinbauten in der Mark Brandenburg. Auf den Altarstufen bleibt Stefan Beier stehen und deutet auf den Boden. *Unmittelbar vor ihm, in den Fußboden eingelassen*, sehen wir, *schlicht und unscheinbar, den Stumpf*

Imposant: Blick in den Chorraum der Lehniner Klosterkirche, 2022

der Eiche, unter der Markgraf Otto, der Gründer des Klosters, seinen Traum gehabt hatte. Auch Fontane wurde er gezeigt.

Während sich das genaue Alter des Stumpfes nicht mehr ermitteln lässt, ist belegt, dass zurzeit der Missionierung heidnische Heiligtümer mit christlichen Sakraleinrichtungen überbaut wurden, um die alte Religion mit der Macht des neuen Glaubens zu verdrängen. Sehr wahrscheinlich, erklärt Beier, »wurde das Kloster demonstrativ auf einer heidnischen Kultstätte errichtet«. Bei dem eingelassenen Baumstumpf könne es sich daher »um den Rest eines slawischen Naturheiligtums handeln«. Wie einst die Donar-Eiche von Bonifatius. Wir müssen an den Palast der Republik denken, der auf den Überresten des gesprengten Hohenzollernschlosses errichtet wurde – und dann nach der Wiedervereinigung dem neuen, alten Schloss weichen musste. Läuft man aufmerksam durch den Schloss-Nachbau, das Humboldt Forum, entdeckt man Relikte aus Erichs Lampenladen, dem abgerissenen Palast der Republik.

Zurück zum Faktischen, das hinsichtlich der Klostergründung etwas trockener klingt als die Sage: Nach der Gründung der Mark Brandenburg durch Albrecht den Bären wurde 1180 Lehnin (tatsächlich) durch dessen Sohn, Markgraf Otto I. von Brandenburg (Regierung 1170–1184), gestiftet. Drei Jahre später zog der erste Abt Sibold mit zwölf Mönchen und zwölf Laienbrüdern (tatsächlich) aus dem Zisterzienserkloster Sittichenbach in Lehnin ein. Etwa 1190 wurde mit dem Bau der Kirche und der Klosteranlage begonnen, der im Wesentlichen bis 1260 zum Abschluss kam.[4] Im Übrigen war Kloster Lehnin die erste Gründung des Zisterzienserordens in der Mark und besaß als Hauskloster und Begräbnisstätte der Askanier und später der Hohenzollern eine bedeutende Funktion. Zudem gehen drei neue Klostergründungen im 13. Jahrhundert auf das Engagement der Lehniner Mönche zurück. Dazu zählt das 1257 gegründete Kloster Mariensee, das 1273 nach Chorin verlegt wurde und das Richtung Osten rund 150 Kilometer entfernt liegt.[5]

Mord und Zweifel

In der zweiten Sage geht es um einen Mord. Opfer ist der erste Lehniner Abt Sibold. *Die Erinnerung an ihn lebt noch im Volke fort,* schreibt Fontane in den *Wanderungen*. Und räumt ein, *alle diese Erinnerungen* sind

Sage und Legende. Historisch verbürgt ist wenig oder nichts. Aber ob Sage oder Geschichte, darf gleichgültig für uns sein, die wir der einen so gerne nachforschen wie der andern. Zunächst die Sage. Sie wiederzugeben sei nicht einfach, *da sich, neben dem Ernsten und Tragischen, auch Tragikomisches und selbst Zweideutiges mit hineinmischt.* Fontane will gewarnt haben. *Es sei also gewagt.*

Erneut modernisiert erzählt, soll im Jahr 1190 Folgendes geschehen sein: Nach der Klostergründung zogen Abt Sibold und seine Mönche *oft über Land, um in den umliegenden Dörfern zu predigen und die wendischen Fischerleute, die zäh und störrisch an ihren alten Götzen festhielten, zum Christentum zu bekehren.* Auf einem dieser Bekehrungsausflüge an einem heißen Sommertag beschloss Sibold, der mit einem Amtsbruder unterwegs war, auf dem Rückweg *in dem nahe beim Kloster gelegenen Dorfe Nahmitz zu rasten.* Als Sibold eines *der ärmlichen Häuser* betrat, versteckten sich die Kinder in der Kammer und die Frau, die ihren Mann mit den anderen Fischern am See beschäftigt wusste, unter dem Backtrog. Auch im Dorf ging die Angst vor den Fremden um.

Nach dem ersten Schreck liefen die Kinder des Hauses, in das der Abt eingetreten war, an den See und riefen ihrem Vater und den anderen Fischern zu: »Der Abt ist da!« Sie erzählten, *in welch eigentümlicher Situation sie die Mutter und den Abt verlassen hatten.* Die Fischer vermuteten das Schlimmste, *und der bittre Groll, den das Wendentum gegen die deutschen Eindringlinge unterhielt, brach jetzt in helle Flammen aus. Mit wildem Geschrei* liefen sie ins Dorf zurück und umstellten das Haus. Der Abt und sein Begleiter konnten sich nur durch Flucht in den Wald retten. Während der Mönch ins Kloster eilte, um Hilfe zu holen, hatte *der ältliche und wohlbeleibte Abt* Mühe, die ihn *verfolgenden Dörfler* abzuschütteln. Schließlich kletterte er auf eine Eiche. *Abt Sibold schien gerettet, aber ein Schlüsselbund, das er beim Erklettern des Baumes verloren hatte, verriet sein Versteck.* Nachdem die Nahmitzer den Baum umstellt hatten, erschienen die Mönche aus dem Kloster Lehnin und *beschworen den tobenden Volkshaufen,* von seiner Rache abzulassen. Erst boten sie Geld, dann versprach Sibold vom Baum herab, den Zehnten zu erlassen. Vergeblich.

Weil *der Abt sich weigerte herabzusteigen,* fällten die Wenden schließlich die Eiche und erschlugen ihn. Die fassungslosen Mönche *kehrten unter Misshandlungen* der Fischer *in ihr Kloster zurück* und waren kurz davor, es *auf immer* zu verlassen. Daraufhin erschien ihnen die Jungfrau Maria und rief: *Redeatis! Nihil deerit vobis (Kehret zurück; es soll euch an nichts fehlen).* Es waren *Worte, die allen ein neues Gottvertrauen einflößten und sie zu mutigem Ausharren vermochten.* Fontane bekundet *Zweifel in die volle Echtheit und Glaubwürdigkeit der Überlieferung*, weil man es hier mit einer *mannigfach gemodelten Sage zu tun habe.*

Wenig überraschend, gibt ihm die Forschung recht. Bis heute sei »kein Beweis für diese Sage aufgetaucht«, sagt Beier. Aber der Mord wird nicht ausgeschlossen. Der Historiker Stephan Warnatsch führt die Tötung des Abtes, die er um 1185 vermutet, auf einen möglichen Streit zwischen den Mönchen und den Nahmitzer Slawen um Fischerei- und Mühlenrechte zurück.[6] Und es existieren Belege für einen Widerstand der slawischen Bevölkerung gegen die Missionierung der Mönche und die Zerstörung ihrer Kultstätten – allerdings nicht in Lehnin. 1170 zerstörten Slawen das benachbarte Kloster Zinna bei Jüterbog, weil zuvor die heilige Stätte ihres Gottes Triglaw auf der Marienburg bei Brandenburg an der Havel vernichtet worden war. Und neun Jahre später ermordeten sie den ersten Zinnaer Abt Rizzo.[7]

Die Mord-Sage als *Pinselei*

Zur Mord-Sage gibt es im Kloster Lehnin gleich zwei Gemälde. Dass Fontane beide Kunstwerke in der Kirche gesehen hat, geht aus seinem Notizbuch hervor.[8] Aber sein Urteil ist vernichtend. So *wichtig wie sie sind*, schreibt er in den *Wanderungen*, sind sie *alles andre eher als ein Schmuck. Zu dem Grauen über die Tat gesellt sich ein Unbehagen über die Hässlichkeit der Darstellung, die diese Tat gefunden.*

Auf dem ersten Bild, das zu Fontanes Zeiten im *Querschiff der Lehniner Kirche* hing, sieht man *in zwei Längsschichten oben die Ermordung des Abtes, unten den Auszug der Mönche und die Erscheinung der Jungfrau Maria […]. Vor dem Munde der Maria schwebt der bekannte weiße Zettel, auf dem wir die schon oben zitierten Worte lesen: »Redeatis, nihil deerit vobis.«*[9] Fontane stellt Vermutungen an, wann das Werk entstanden sein könnte. Und unterscheidet dabei zwischen Text- und Bildfeld. Während das Gemälde *eine Pinselei [ist], wie sie von ungeschickten Händen in jedem Jahrhundert (auch jetzt noch) gemalt werden kann*, deutete die *Form der Buch-*

Mord im Bild: Darstellung der Sibold-Legende, Tafelgemälde in der Lehniner Klosterkirche, um 1520

staben in der Inschrift darauf hin, dass *das Bild zu Anfang des fünfzehnten Jahrhunderts gemalt* wurde. So habe man sich *etwa ums Jahr 1400, oder wenig später, im Kloster selbst die Ermordung des Abtes Sibold* vorgestellt. Fast richtig. Die Forschung schätzt die Entstehung des Ölgemäldes auf circa 1480. Heute hängt es nicht mehr in der Kirche, sondern aus Sicherheits- und konservatorischen Gründen im Museum. Wir können es so mit Fontanes Notizen, in denen es detaillierter als in den *Wanderungen* beschrieben wird, vergleichen. Deutlich zu sehen ist beispielsweise »ein rother Streifen[,] der das Bild in 2 Hälften theilt«.[10]

Das zweite, *ursprünglich bessere Bild ist kaum noch erkennbar* – und wird in den *Wanderungen* daher auch nicht beschrieben. Aber im Notizbuch. In der Mitte des Bildes identifiziert Fontane immerhin eine »weiße Abtgestalt«, »wie es scheint[,] attackirt von allerlei Volk«. Vielleicht, vermutet er, sei »dies das Mordbild, von dem bei Nahmitz unter der Eiche erschlagene[n] Probst.«[11] Damit lag Fontane richtig. Das Tafelgemälde von etwa 1520 zeigt die »Legende der Ermordung des Abtes Sibold« und hängt auch heute noch in der Klosterkirche. Alles, auch die Mordszene im Vordergrund rechts, ist wieder gut zu erkennen, weil das Gemälde vor einigen Jahren restauriert wurde.[12] Aber man entschied sich gegen eine umfassende Reinigung. Warum – das demonstriert uns Stefan Beier im Westchor. Er steigt auf eine Kirchenbank und zeigt uns Stellen, die gleich mehrmals übermalt wurden. Hätte man das Bild gründlich gereinigt, gäbe es »einen Flickenteppich aus hellen, strahlenden Teilen des Mittelalters und den dunklen Teilen der Übermalungen aus dem 19. und vermutlich frühen 20. Jahrhundert«. Nach der Restaurierung wurde das Gemälde im Westchor nicht am alten Standort aufgehängt, sondern zu seinem besseren Schutz genau gegenüber – auf der »Schattenseite« der Kirche.

Verfall und Weissagung
Fontane in Lehnin

Nach über 360 Jahren endete der Klosterbetrieb. 1542 verbot Kurfürst Joachim II. die Wahl eines neuen Abts und ein Jahr später verließen die letzten fünfzehn Mönche das Kloster. *So erlosch Lehnin.* Der Klosterbesitz, der 64 Dörfer umfasste, fiel an den Kurfürsten, der Lehnin zu einem Domänenamt ausbauen ließ und einen Teil des Geländes als Jagdlager nutzte. Daran knüpfte der Große Kurfürst an. Nach dem Dreißigjährigen Krieg, der auch Lehnin nicht verschont hatte, baute er das bereits verfallene Konversengebäude Mitte des 17. Jahrhunderts zu einem Jagdschloss um. Kurfürstin Luise Henriette soll Lehnin als Sommersitz geliebt haben.[13] Doch die Lehniner Liebe übertrug sich nicht auf die nachfolgenden Hohenzollern. Noch vor 1800 begann der Verfall. Während ein Teil der Klosterkirche noch als Gemeindekirche diente, nutzten die Gemeindemitglieder die anderen Gebäude als Steinbruch. 1811 ging das Domänenamt Lehnin in Privatbesitz über. Fünfzig Jahre später kam Fontane.

Trister Aufenthalt: Kirche St. Marien (Westteil) im Kloster Lehnin um 1860, Postkarte

Alles ist hin

Von der Baufälligkeit konnte sich Fontane ein Bild machen, als er die ehemalige Klosteranlage im Herbst 1863 aufsuchte.[14] Inzwischen war das Domänenamt Lehnin in Privatbesitz übergegangen: an den Rittergutsbesitzer Robert von Loebell, der von 1846 bis 1870 auf dem Klostergelände gewohnt haben soll. Ein Kontakt oder eine Begegnung zwischen Fontane und Loebell ist nicht belegt. Vom Zustand der Klosterkirche zeichnete Fontane ein düsteres Bild: *Alles was einst glänzte und leuchtete, ist hin.* Der *gotische* (westliche) Teil der Kirche *liegt in Trümmern.* Im *romanischen* (östlichen) Teil sah er statt frischer Farben *leblose weiße Tünche,* der Fußboden *abgetreten und ausgehöhlt* und *statt des Purpurs und Brokats* eine übliche schwarzwollene Decke über dem *schlichten Altartisch. Nur der alte, halb zu Stein gewordene Eichenstumpf, […] die lebendige Wurzel, aus der dieses Kloster erwuchs, […] hat alles überdauert.* Fazit des Besuchs in der Klosterkirche: *ein trister Aufenthalt.* Aber sobald Fontane *aus der öden, freudlosen Kirche* herausgetreten war, tat sich *ein Bild anheimelnder Schönheit* vor ihm auf. *Hier draußen haben wir die ganze*

Poesie des Verfalls, den alten Zauber, der überall da waltet, wo die ewig junge Natur das zerbröckelte Menschenwerk liebevoll in ihren Arm nimmt.

Wenn man heute aus der Kirche tritt, lässt sich der *alte Zauber* der *ewig junge[n] Natur* zumindest erahnen. Vor uns erstreckt sich der alte Obstbaumgarten, der jetzt im Frühjahr in blütenweißer Pracht erstrahlt. Ansonsten wird das Kloster eingerahmt von der Moderne: ein riesiger Parkplatz vor und neu errichtete Stiftsgebäude hinter der historischen Anlage.

Die Rettung

Als Fontane das verfallene Kloster 1863 in Augenschein nahm, gab es für die Lehniner Auferstehung bereits einen Hoffnungsschimmer. Ein Jahr zuvor hatten Ausgrabungen auf dem ehemaligen Klosterareal begonnen. Sie bereiteten eine umfassende Sanierung vor, die vom Lehniner Rittergutsbesitzer Robert von Loebell (1815–1905) initiiert wurde. Dessen guten Beziehungen zum preußischen Königshaus verdankte Lehnin seinen Wiederaufstieg. Frühzeitig hatte Friedrich Wilhelm IV., preußischer König von 1840 bis 1861, Pläne zur Restaurierung der Kirche in Auftrag gegeben und verschiedene Architekten beauftragt, darunter Ludwig Persius (1842) und Friedrich August Stüler (um 1860). Der Monarch engagierte sich auch persönlich. Er erwarb das aus dem 14. Jahrhundert stammende und ursprünglich als Hospital errichtete Gebäude am Klosterkirchplatz, das seitdem »Königshaus« heißt und in dem heute unter anderem Konzerte und Lesungen stattfinden. In der Klosterkirche zeigt uns Stefan Beier eine – etwas versteckt aufgehängte – Schmucktafel, die an die beiden Besuche Friedrich Wilhelms IV. im September 1851 und im November 1859 erinnert. Den Abschluss der Restaurierungsarbeiten erlebte der König nicht mehr.

Nach mehrmaligen Verzögerungen begann 1871 die Sanierung im Auftrag des preußischen Königshauses. Für die originalgetreue Wiederherstellung wurden sogar alte Tongruben geöffnet, um die Backsteine in den historischen Farbtönen zu brennen. Nach einer sechsjährigen Bauphase konnte die Klosterkirche am 24. Juni 1877 im Beisein von Kronprinz Friedrich Wilhelm, dem späteren 99-Tage-Kaiser Friedrich III., neu geweiht werden.[15] An Robert von Loebell erinnert heute im Amtshof ein Gedenkstein.

Bedeutender Backsteinbau: Lehniner Klosterkirche (nordöstliche Ansicht), 2022

1911 erwarb die Evangelische Kirche das ehemalige Klostergelände und gründete das Diakonissenmutterhaus Luise-Henrietten-Stift, das 2004 in der Stiftung Evangelisches Diakonissenhaus Berlin Teltow Lehnin aufgegangen ist. Zu der Einrichtung, in der etwa 350 Mitarbeiter beschäftigt sind[16], gehören inzwischen eine geriatrische Rehabilitationsklinik, eine Innere Klinik, ein Alten- und Pflegeheim, eine Diakoniestation, Altenhöfe, ein Kindergarten, eine Krankenpflegeschule und ein Hospiz. Fontanes *Lehnin*-Kapitel aus den *Wanderungen* wird auf den Flyern der Stiftung nicht erwähnt.

Die Hohenzollern leben, die Weissagung ist tot

Ein Orakel ging um in Preußen – das Orakel über die Zukunft der Mark. Es war ein düsteres Orakel. Für die Hohenzollern, für die Protestanten – und für Brandenburg überhaupt. *Eine solche Prophezeiung war durchaus dazu angetan, Aufsehn zu erregen*, schreibt Fontane in den *Wanderungen*. Und weil diese Weissagung tatsächlich Furore machte, widmete Fontane ihr im *Havelland*-Band ein eigenes Kapitel.

Zu Anfang des 18. Jahrhunderts *erschienen an verschiedenen Druckorten*, zuerst in Berlin, *100 gereimte lateinische Hexameter, sogenannte Leoninische Verse.* Bei diesem Gedicht, so war in einem lateinischen Vorwort zu lesen, handle es sich um die Weissagung eines Zisterziensers namens Hermann, der um 1300 im Kloster Lehnin gelebt habe. Vorausgesagt wurde *mit bemerkenswertem Geschick und jedenfalls mit ungewöhnlicher poetischer Begabung das Aussterben der* [protestantischen] *Hohenzollern in der elften Generation nach Joachim I. und die gleichzeitige Rückkehr der Mark in den Schoß der katholischen Kirche.* Wenn erst ein katholischer König die Mark Brandenburg beherrsche, prophezeite der Text darüber hinaus, werde auch das Kloster Lehnin im neuen Glanz wiederhergestellt sein. Wäre die Prophezeiung eingetreten, wäre Friedrich Wilhelm III., der elfte Hohenzoller nach Joachim I., dem Untergang geweiht gewesen. Obwohl er nicht entthront wurde, geriet die Prophezeiung nicht in Vergessenheit. Von seinem Nachfolger, Friedrich Wilhelm IV., ist die Aussage überliefert, er glaube nicht an diese Weissagung, aber er fürchte sie.[17]

Die Lehnin'sche Weissagung (Vaticinium Lehninense) verbreitete sich im Märkischen wie ein Lauffeuer und löste Furcht und Freude aus, je nachdem, welchem politischen Lager man angehörte. Weil *das wirkliche Original* fehlt, stellte sich jedoch umgehend die Frage: *Echtheit oder Unechtheit.* Fontane griff den Gelehrtenstreit auf, filterte *die Beweise pro und contra* heraus und positionierte sich abschließend selbst. Bis auf *wenige Ausnahmen* habe man *[k]atholischer-* und auch *demokratischerseits [...] ebenso beharrlich die Echtheit* der Weissagung *wie protestantisch-preußischerseits die Unechtheit zu beweisen getrachtet.* Entschieden werde die Frage, so Fontane, *nicht aus dem Inhalt, sondern umgekehrt einzig und allein aus der Form*, die vor allem die sprachliche Gestaltung umfasst. In diesem Kontext argumentiert er mit Verweis auf den Literaturhistoriker Gottschalk Eduard Guhrauer, dass das in der Weissagung verwendete Wort »Jehova« *erst zu Anfang des sechzehnten Jahrhunderts gebräuchlich geworden sei.* Die Wissenschaft gibt Fontane recht. Zwar lässt sich inzwischen die Verwendung des Wortes bereits im 13. Jahrhundert nachweisen, eine nennenswerte Verbreitung sei jedoch erst im 16. Jahrhundert, vor allem seit der Reformation, festzustellen.[18]

Obwohl sich Fontane *mit den bisherigen Verwerfungsbeweisen* nicht befreunden konnte und eine philologische Untersuchung, *ausgerüstet mit einer gründlichen Kenntnis aller Nuancen mittelalterlichen Lateins*, noch ausstünde, habe er *nicht den geringsten Zweifel*, dass die Lehnin'sche Weissagung *unecht* sei. *Denn die Ereignisse haben mittlerweile die Prophezeiung überholt. Seit der Thronbesteigung Friedrich Wilhelms IV. ist sie falsch geworden.* Fontanes Fazit lautet: *[D]ie Hohenzollern leben, und nur die Weissagung, echt oder nicht, ist tot.*

Die Weissagung lebt weiter

Ungeachtet der früh erkannten Fiktionalität erlangte die Lehnin'sche Weissagung nicht nur eine erstaunliche Popularität, sondern sorgte für eine Flut von wissenschaftlichen Abhandlungen.[19] Im Mittelpunkt steht vor allem die Frage, ob die Dichtung aus dem Mittelalter stammt oder im 17. Jahrhundert entstanden ist. Sie kann als geklärt gelten. Gegen einen mittelalterlichen Ursprung sprechen neben der Verwendung des Wortes »Jehova« vor allem zwei Argumente: Während die Voraussagen bis zum Tod des Großen Kurfürsten 1688 weitgehend zutreffen, gilt das für die weitere historische Entwicklung in Preußen nicht. Darüber hinaus findet sich weder in den Urkunden zum Kloster Lehnin ein »mönchischer Prophet Hermann« noch wird in einer unabhängigen historischen Quelle von der angeblichen Vision berichtet.[20] Es handelt sich, so der Philologe Siegmar Döpp, um »ein poetisches Pseudepigraphen« (wörtlich: Falschzuschreibung). Darin gebe der Autor seiner Hoffnung Ausdruck, die Mark Brandenburg und ganz Deutschland würden zum katholischen Glauben zurückfinden, sobald die Herrschaft der Hohenzollern beendet sei.[21]

Die Lehnin'sche Weissagung wurde in literarischen Texten zu einem beliebten Stoff. Auch bei Fontane. In seinem Roman *Vor dem Sturm* erhält die Prophezeiung im Kontext der Napoleonischen Befreiungskriege allerdings eine völlig neue Bedeutung. Fontanes Romanheld Lewin von Vitzewitz unternimmt im Kapitel *Lehnin* mit seinen Freunden des Dichterklubs »Kastalia« eine Schlittenpartie zum verfallenen Kloster. Im Refektorium lässt Kastalia-Mitglied Dagobert von Jürgaß als »Reisemarschall« am Abend vor dem Kamin ein opulentes Mahl auftragen. Als es zu schneien beginnt und »einzelne große Flocken« durch das »offene Dach« fallen, verkündet Jürgaß im Schein der Fackeln, die Stunde sei da, von der die Lehnin'sche Weissagung berichte. Er zitiert aber nicht die Sätze vom Untergang der Hohenzollernherrschaft, sondern »eine andere, schönere Stelle«, in der es heißt: »›Und die Mark vergisst all ihrer Leiden, und kein Fremdling darf fürder über sie frohlocken.‹« Weil die Stunde nun gekommen sei, rufe er in »dieser Halle, die nun bald wieder – auch *das* verkündet uns die Weissagung – im Glanze eines neuen goldenen Daches in alle Lande hineinleuchten wird: Vivat Borussia! Was aber aus Nacht geboren wurde, versink' auch in Nacht. Pereat [Nieder mit] Bonaparte!« Jürgaß lässt seine Rede mit einem inszenierten Spuk enden. Seine Worte sind kaum verklungen, da steigt aus der Tiefe durch die Falltür »in einem qualmigen Lichte« eine Napoleon-Puppe auf. »Einen Augenblick stand die Erscheinung und sah kopf- und augenlos die Halle hinunter; dann versank sie wieder in dieselbe Tiefe, aus der sie aufgestiegen war. Und mit schwerem Schlage, der durch die Halle dröhnte, schlug die Falltür zu.«[22]

Fielmann'sche Schenkung

Im Sommer 2022 war die Geschichte noch einmal eine Meldung wert. Museumsleiter Stefan Beier präsentierte der Öffentlichkeit eine Sammlung mit Büchern der Lehnin'schen Weissagung, die das Kloster Lehnin erworben hat. Sie umfasst etwa vierzig Schriften aus dem 18. bis 20. Jahrhundert. Dieses Konvolut sei für das Kloster »ein historischer Schatz, weil eine Sammlung in dieser Größenordnung vermutlich kaum ein zweites Mal existiert«. Auf Umwegen gelangte die Sammlung ins Klostermuseum. Ein Antiquar aus Oldenburg meldete sich in der Gemeinde Lehnin und bot die Bücher zum Verkauf an. Die Gemeinde wandte sich an Beier, der den Wert des Konvoluts erkannte. Allein es fehlte das Geld, um die Sammlung für das Museum zu erwerben. Daraufhin kontaktierte Beier den Kunsthistoriker Jürgen Ostwald, der für den Kunstmäzen und Brillenunternehmer Günther Fielmann Ausstellungskataloge durchforstet und durch Deutschland reist, um nach historischen Kunstschätzen zu suchen. Ostwald steht ein Jahresbudget von bis zu 700.000 Euro zur Verfügung.[23] Wenn der »Jäger der verlorenen Schätze«[24] fündig wird, kauft beziehungsweise ersteigert er die Objekte, um sie anschließend für die Fielmann-Stiftung an Einrichtungen zu übergeben, die sich den Erwerb nicht leisten können. Diesmal profitierte das Kloster Lehnin.

[E]s gestattet kein Verweilen in ihm, und es wirkt am besten, wenn es wie ein Schattenbild flüchtig an uns vorüberzieht.

Fontane in der 2. Auflage *Havelland* von 1880

CHORIN

Von wegen Geschichte wiederholt sich nicht. Kloster Chorin ist mal wieder in Gefahr. Es geht um die Finanzierung – wie vor zweihundert Jahren. Heute kommt ein weiteres Problem hinzu: Wie viel Kulturbetrieb verträgt ein historisches Denkmal?

Aber noch geht es zu wie auf der Titanic. Das Schiff sinkt, aber das Orchester spielt weiter. Denn das Kloster feiert 2022/23 sein 750. Jubiläum – mit dem traditionellen Musiksommer und neuen Ausstellungen. Geworben wird mit dem Slogan »Chorin ist ein Sehnsuchtsort«. Die Werbung verspricht nicht zu viel. Das kulturhistorische Kleinod im gotischen Backsteingewand, nur eine Stunde von Berlin entfernt, verzaubert mit einem inszenierten Verfall und begeistert mit einem vielfältigen Kulturprogramm. Gelegen zwischen sanften Hügeln, alten Bäumen und einem spiegelglatten See, lockt der Ort im Landkreis Barnim jedes Jahr Tausende Besucher an.

Das ehemalige Kloster versucht den heiklen Spagat zwischen Tourismus und Spiritualität. Im Klosterladen gibt es Kerzen, Weihrauch und Bücher zu spirituellen Themen, die »Stille Stunde« lädt zum Schweigen und Meditieren ein, meditative Rundgänge versprechen, einen Ort erfahrbar zu machen, der »religiöse Praxis geatmet hat«. Über allem steht jedoch der Denkmalschutz. Denn es gilt, den historischen Ort zu bewahren und weiter behutsam zu rekonstruieren. Dieses Bestreben hat inzwischen eine zweihundert Jahre alte Tradition. Dass Kloster Chorin als historisches Denkmal überlebt hat, verdanken wir einem Architekten, den man hier nicht unbedingt vermutet.

Dass sich immer wieder Menschen finden, die sich für diesen Ort

Sehnsuchtsort: Kloster Chorin, 2022

engagieren, verdankt die Klosteranlage ihrem romantischen Flair, das viele Künstler inspirierte.

Fontane beeindruckte das nicht. Er schrieb aus der Reihe. Und verhängte die dichterische Höchststrafe: Chorin fehle es an Poesie. Was hat ihn zu diesem Verdikt bewogen?

Wir suchen das Kloster auf, als die Jubiläumsfeierlichkeiten im vollen Gange sind. Da platzt mitten in das Treiben die Nachricht, dass die Zukunft der Anlage auf Messers Schneide stehe. Zu all dem Ungemach passt, dass es uns einfach nicht gelingt, einen Termin bei der Klosterchefin zu bekommen. Fontane ist hier offenbar kein Türöffner. Wir hatten im Havelland mehr als dreißig Gesprächspartner, nirgends gestaltete sich die Kontaktaufnahme so kompliziert.

Schweine im Kloster
Warum Fontane Chorin jegliche Poesie absprach

Für den Klostertourismus ist Fontane gänzlich ungeeignet. Während er andernorts als Botschafter für den märkischen Tourismus dient, wird der wandernde Dichter in Chorin in allen Flyern ignoriert. Sein Urteil ist alles andere als eine Reiseempfehlung. Der Anfang seines *Chorin*-Kapitels erlaubt noch einen gewissen Interpretationsspielraum: Nähere man sich der Anlage durch *ein leicht gewelltes Terrain*, wirke Chorin *wie eine Überraschung. Erst in dem Augenblicke, wo wir den letzten Höhenzug passiert haben, steigt der prächtige Bau, den die Hügelwand bis dahin deckte, aus der Erde auf und steht nun so frei, so bis zur Sohle sichtbar vor uns wie eine korkgeschnitzte Kirche auf einer Tischplatte.*

Am Schluss jedoch lässt Fontane keinen Zweifel: Das Kloster sei *keine jener lieblichen Ruinen, darin sich's träumt wie auf einem Frühlingskirchhof, wenn die Gräber in Blumen stehen.* Dem alten Gemäuer gehe das *eigentlich Malerische ab* und das Innere sei *sang- und klanglose Öde.* Kurzum: Das Kloster gestatte *kein Verweilen.* Auch konzeptionell hat Chorin in den *Wanderungen* keinen guten Stand. Fontane nahm das Kloster – *wiewohl außerhalb des Flussgebiets der Havel gelegen* – erst in die zweite Auflage des *Havelland*-Bandes auf. Nur, wie er im Vorwort von 1880 begründet, *um Lehnins willen, dessen Tochterkloster es war.*

Nicht nur die Fontane-Welt rätselt, warum der märkische Wanderer ausgerechnet mit Chorin so hart ins Gericht ging. Schließlich war das Kloster schon lange vor seinem Besuch zu einem Sehnsuchtsort geworden. Und hatte die preußischen Stararchitekten auf den Plan gerufen, sich für dessen Restaurierung einzusetzen. Allen voran Karl Friedrich Schinkel, den Fontane *unter allen bedeutenden Männern, die Ruppin, Stadt wie Grafschaft, hervorgebracht* habe, für den bedeutendsten hielt.[25]

Kalter Wind

Die Suche nach einer Antwort beginnt mit Fontanes »Chorin-Partie« am 1. November 1863, die er mit seinem Verleger Wilhelm Hertz und seinen Freunden August von Heyden, Bernhard von Lepel und Richard Lucae unternehmen wollte. Von Anfang an stand der Ausflug unter keinem guten Stern. Der Wanderer kränkelte. Er stecke,

Verfall ohne Poesie: Kloster Chorin, Fotografie, 1862

schrieb er am 29. Oktober an Wilhelm Hertz, »tief in den dumpfen, bedrückenden Vorstadien eines Schnupfenfiebers«. Eng damit verknüpft bestand eine weitere »Schwierigkeit«: die Abfahrtzeit. Er könne »nicht (eben weil ich nicht ganz wohl bin) um 5 aufstehn, um um 7 den Zug zu benutzen«. Damit der Ausflug keine »zu strapaziöse Geschichte« werde, wolle er einen Abend zuvor nach Neustadt, um dort zu übernachten. Lucae und Heyden würden das jedoch ablehnen. Nun hoffe er auf Hertz. Und auf Lepel – der, wie er seinem Verleger versichert, »gar so übel nicht« sei.[26]

Hertz sagte jedoch ab. Und Lepel zog es vor, »die Nacht doch lieber in meinen vier Pfählen zu [verbringen] als im Gasthof zu Neustadt«. Außerdem frotzelte der Freund: »Aus dem Früh-Aufstehn macht sich ein junger Mensch nichts. Besonders, wenn er etwas Rheumatismus in der linken Schulter hat. Der geht ja wohl nach Landparthieen an kalten, windigen Herbsttagen weg!?«[27] So fuhr Fontane am 31. Oktober allein nach Neustadt und traf sich dort einen Tag später mit Heyden, Lucae und Lepel, um nach Chorin aufzubrechen.

Zweihundert Jahre Rekonstruktion: Kloster Chorin, 2022

In den *Wanderungen* stellt Fontane zwei Reiserouten vor. Am bequemsten erreiche man das Kloster über einen kurzen Spaziergang *von der benachbarten Eisenbahnstation Chorinchen aus.*

Wagt man heute die Zugfahrt von Berlin nach Chorin, benötigt man »durchschnittlich« eine Dreiviertelstunde, wie die Deutsche Bahn versichert. *Empfehlenswerter aber ist es, in Neustadt bereits die Eisenbahn zu verlassen und in einem offenen Wagen, an Kapellen, Seen und Laubholz vorbei, über ein leicht gewelltes Terrain hin, den Rest des Weges zu machen.*

Man möchte sich nicht ausmalen, wie der kalte Wind dem vom Schnupfenfieber geplagten Wanderer in der offenen Kutsche um die Ohren pfiff. Im Kloster selbst wurde es nicht besser. *[W]ir schreiten auf dem harten Schuttboden hin wie auf einer Tenne, über die der Wind fegte.* Kurz und knapp ergänzte Fontane: *Alles leer.* Inspiriert hat ihn diese Klosterruine jedenfalls nicht. Lag es an der Jahreszeit? Im Oktober 1863 hatte er bereits das benachbarte Kloster Lehnin besichtigt und war zu einem völlig anderen Fazit gelangt. Zwar empfand er den Aufenthalt in der Klosterkirche als ebenso öde und freudlos, aber *draußen haben wir die ganze Poesie des Verfalls, den alten Zauber, der überall da waltet, wo die ewig junge Natur das zerbröckelte Menschenwerk liebevoll in ihren Arm nimmt.* Von einer solchen fontanistischen Schwärmerei kann Chorin nur träumen.[28]

Die Suche nach einer Erklärung für Fontanes hartes Urteil führt zu einem weiteren Detail. Der Dichter vermisste in Chorin nicht nur *die stille Führerschaft von Sage und Geschichte,* sondern auch einen Ansprechpartner vor Ort. Ob er sich – wie bei den anderen Schauplätzen seiner *Wanderungen* – erfolglos um einen Kontakt bemüht hatte, ist nicht bekannt. So hätte er sich über die jahrzehntelangen Bestrebungen für den Erhalt des Klosters informieren können. Und erfahren, dass Chorin schon zu seiner Zeit als Backsteinwunder galt. Der Fontane bekannte Architekt David Gilly – Erbauer von Schloss und Dorf Paretz[29] – attestierte dem »Amt Chorin« bereits 1797 nicht nur eine »sehr angenehme Landschaft«, sondern auch »die in Ruinen übergegangenen Gemäuer eines alten, in einem reichen gotischen Stil mit bemerkenswerter Arbeit ausgeführten Kloster«.[30] Nichts davon steht in Fontanes *Chorin*-Kapitel.

Gestrichene Passage

Dass er jedoch über die denkmalpflegerischen Aktivitäten sehr wohl im Bilde war, verrät die Druckgeschichte von Fontanes Chorin-Aufsatz. Zunächst erschien er 1867 in einer Zeitschrift und wurde erst 1880 in die zweite Auflage des *Havelland*-Bandes aufgenommen. Allerdings gekürzt. Die nicht übernommene Passage des Zeitschriftendrucks beantwortet endlich auch die Frage, warum Fontane Kloster Chorin jegliche Poesie absprach.

Es sei »eine ordnende Hand über das Ganze hingegangen, die es mit der Erhaltung dieser Ruine wohlgemeint hat, aber nicht so mit der Poesie derselben«. Den Zauber Chorins hatte also der Denkmalschutz zerstört. Fontane gibt jedoch nicht preis, wer die »ordnende Hand« führte. Es war: Karl Friedrich Schinkel. Er gilt als der Retter. Neben Schinkel engagierten sich eine Reihe prominenter preußischer Architekten für die Restaurierung der Anlage. Sie alle ließen sich verzaubern – und bescheinigten dem Kloster eine magische Anziehungskraft.

Fontane beeindruckte das offenbar nicht. Er setzte noch eins drauf.

Dies Blatt erscheint an jedem Mittwoch. — Das Abonnement beträgt 15 Sgr. für das Vierteljahr in allen Theilen des Preuß. Staates.

Wochenblatt der Johanniter-Ordens-Balley Brandenburg.

Alle Postanstalten des In- u. Auslandes nehmen Bestellungen an, für Berlin das Büreau des Johanniter-Ordens, Potsdamer Straße 27 b.

Im Auftrage der Balley Brandenburg verantwortlich redigirt von C. Herrlich in Berlin.

Nr. 39. Berlin, den 25. September 1867. Nr. 39.

Bestellungen auf das „Wochenblatt der Johanniter-Ordens-Balley Brandenburg" für das nächste Quartal bitten wir rechtzeitig auswärts bei den Königl. Postanstalten, für Berlin in der Expedition desselben, Potsdamer-Straße Nr. 27 b (die am 1. October nach der Potsdamer-Straße Nr. 134 c verlegt wird), machen zu wollen.

Am 1. k. Mts. wird das Büreau des Johanniter-Ordens aus dem bisherigem Lokale, Potsdamer-Straße 27 b, nach der Potsdamer-Straße 134 c. verlegt.

Kloster Chorin.

(Schluß.)

4. Wie es ist.

Die angeblich politische Glanzzeit Chorin's war das natürliche Resultat der gegebenen Verhältnisse, nicht mehr, nicht weniger, und die Quitzows-Zeit wird dem Kloster zu einem ähnlich abwartenden politischen Verfahren Veranlassung gegeben haben; doch sind die Aufzeichnungen darüber lückenhafter. Chorin entbehrte eines Abtes Heinrich Stich (wie ihn Lehnin hatte), der sich gemüßigt gesehen hätte, die Verwickelungen einer verwickelungsreichen Epoche nieder zu schreiben. Die letzten anderthalb Hundert Jahre des Klosters unter der sich befestigenden Macht der Hohenzollern scheinen ohne jede Gefährdung hingegangen zu sein; Schenkungsbrief reiht sich an Schenkungsbrief, bis endlich die Reformation dazwischen tritt und den Faden durchschneidet.

Die Vorgänge, die die Säcularisirung Chorin's begleiteten, waren wohl dieselben, wie wir sie in früheren Kapiteln bei Kloster Lehnin kennen gelernt haben; — Chorin wurde allerdings zunächst aus freier Hand verkauft, doch dies hatte keinen Bestand, und binnen Kurzem wurde auch hier der Klosterhof ein Amtshof, eine Domaine. Er ist es noch.

Von den alten Baulichkeiten, wenn dieselben auch Umwandlungen unterworfen wurden, ist noch Vieles erhalten: lange einstöckige Fronten, die den Mönchen als Wohnung und Arbeitsstätten dienen mochten, dazu Abthaus, Refektorium, Küche, Spendesaal, ein Theil des Kreuzganges, vor allem die Kirche. Diese, wenn schon eine Ruine, richtiger eine ausgeleerte Stätte, giebt doch ein volles Bild von dem, was diese reiche Klosteranlage einst war. Schon die Maaße, die Diemensionen deuten darauf hin; das Schiff ist um 44 Fuß länger als die Berliner Nicolaikirche und bei verhältnißmäßiger Breite um 17 Fuß höher. Im Mittelschiff stehen auf jeder Seite elf viereckige Pfeiler (einige zur Linken sind neuerdings verschwunden) der zwölfte Pfeiler, rechts wie links, steckt in der Wandmauer. Die Consolen oder Kapitel-Ornamente sind verschieden gestaltet und stellen abwechselnd Akanthus- Klee- und Eichenblätter dar. Das Blattwerk zeigt hier und da noch Spuren von grüner Farbe, während der Grund roth oder gelb gemalt war. (Fresko-artige Malereien finden sich noch in letzten Ueberresten im Kreuzgang; an einer stehengebliebenen Gewölbskappe zeigt sich Zweig und Blattwerk, das ein Wallnußgesträuch darzustellen scheint.) Das hohe Gewölbe, welches von den Pfeilern des Mittelschiffes getragen wurde, ist seit einem Jahrhundert eingestürzt. An Stelle desselben wurde im Jahre 1772 ein Dachstuhl aufgerichtet, der seitdem das neue Dach trägt. Dies neue Dach ist niedriger als das alte war, was sich an den Giebelwänden, besonders an dem Frontispice in Westen, noch deutlich markirt. Von den Seitenschiffen ist nur noch eins vorhanden, das nördliche, über dem niedrigen Dach desselben ragen die elf Spitzbogenfenster des Hauptschiffes auf, deren obere Steinverzierungen noch beinahe unversehrt erhalten sind. Im ganzen Bau, wie ein alter Beschreiber des Klosters, Prof. Bellermann, sehr richtig bemerkt, herrscht Kühnheit und Einfachheit, Größe und Würde.

Kloster Chorin, insonderheit seine Kirche, ist wesentlich schöner und imposanter als Lehnin, und doch gestattet letzteres, mit allen seinen Mängeln, eine belebtere und farbenreichere Darstellung.

Der Grund ist der, daß dieser baulich schönen Choriner Ruine das eigentlich Malerische abgeht. Die Schilderung, die ich gleich zu Anfang dieses Aufsatzes zu geben suchte, deutete bereits darauf hin. Ruinen, wenn sie nicht blos, als nähme man ein Inventarium

Noch ungekürzt: Erstdruck des Chorin-Aufsatzes im Wochenblatt der Johanniter-Ordens-Balley Brandenburg, 1867

Man komme »in Versuchung, die alten Tage der Verwüstung zurück zu wünschen, wo im hohen Chor die Ziegenställe des Pächters waren und die Schafe das Gras von den Grabsteinen der Askanier nagten«.[31] Schinkel hatte die Ziegen und Schafe vertrieben, Fontane wollte sie zurückholen. Die Deutsche Stiftung Denkmalschutz sollte ihre Botschaft, »Fontane hätte für unser Magazin ›Monumente‹ schreiben können«, noch einmal überdenken. *Monumente* präsentierte im Fontane-Jahr 2019 als erstes Beispiel für die vom Wanderer besuchten Denkmäler, welche die Stiftung unterstützt, ausgerechnet Kloster Chorin – mit der eher irreführenden Bildunterschrift: »Fontane war begeistert von dem prächtigen Bau.«

Von einer besonderen Pflicht
Der Retter Chorins

Preußens oberster Baumeister, der Chorin spätestens ab 1810 regelmäßig aufsuchte, war begeistert von dem ehemaligen Kloster. Und entsetzt über dessen Zustand. Denn das Areal wurde seit knapp dreihundert Jahren landwirtschaftlich genutzt. In der Kirche hielt man Schweine und im Brauhaus Pferde; die Sakristei diente als Remise. Im Dezember 1816 verfasste Schinkel ein Schreiben an die *General-Verwaltung des königlichen Finanzministeriums*, um auf »die bedeutenden Überreste alter Klostergebäude« als Muster »altdeutscher Baukunst« aufmerksam zu machen. »Alle sind zu ökonomischen Zwecken eingerichtet worden«, beklagte der Baumeister. So sei »die schöne große Kirche, welche leider ihr Gewölbe schon verloren hat, vor mehreren Jahren mit einem neuen Dach versehen und zur Scheune und zum Holzgelass eingerichtet« worden. Daher müsse die königliche Regierung veranlassen, »dass dem Amtsmann zu Chorin die Erhaltung aller alten zum Kloster gehörigen Gebäude zur Pflicht gemacht werde«.

Mit seinem eindringlichen Appell wurde Schinkel von Amts wegen zum Retter von Kloster Chorin. Aber ihm ging es um mehr. Am Ende seines Schreibens forderte er das Engagement der Baumeister in allen preußischen Provinzen, »damit wenigstens willkürliches Einreißen und Verbauen dieser Alterthümer vermieden und dem Lande der schöne Schmuck solcher Denkmäler erhalten werde«.[32] Zuvor hatte sich Schinkel auf einer Bildungsreise in den Jahren 1803 bis 1805 von der Wertschätzung und Erhaltung historischer Bauwerke in Italien überzeugen können und entdeckte offenbar in Chorin den Nachholbedarf in seiner preußischen Heimat.

Steinbruch und Stall

Zu diesem Zeitpunkt hatte das ehemalige Zisterzienserkloster bereits eine jahrhundertelange Leidensgeschichte hinter sich. Nach dem Übertritt des brandenburgischen Kurfürsten zum Protestantismus wurde es 1542 aufgelöst. Der Besitz ging an den Landesherrn über, der das Areal verpachtete. Fortan wurde das Kloster als Steinbruch und Stall genutzt – und durch Anbauten für den Landwirtschaftsbetrieb schrittweise zerstört. Schinkel wollte dem ein Ende setzen. Um seinem Appell mehr Gewicht zu verleihen, holte er alle Mitglieder der preußischen Oberbaudeputation ins Rettungsboot; sie sollten sein Schreiben namentlich unterzeichnen. Vermutlich wurde von ihnen angemahnt, die Forderung etwas diplomatischer zu formulieren. Denn in dem ausgefertigten Schreiben vom Januar 1817 wurde verlangt, dem Amtmann zu Chorin die Pflicht zur Erhaltung des Klosters zu »empfehlen«.[33] Das Gesuch hatte Erfolg: In ihrer Antwort legte die königliche Regierung zwei Monate später ausdrücklich fest, die Erhaltung Chorins zur »besonderen Pflicht« zu machen.[34] Schinkels Schreiben bewirkte, so die Kunsthistorikerin und Klosterchefin Franziska Siedler, »die erste staatliche Regelung zur Denkmalpflege in Preußen überhaupt«.[35] Im Kloster-Brauhaus, das 2016 erneut saniert wurde, ist dem Retter Chorins eine kleine Ausstellung gewidmet. Futtertröge, Wandringe für das Vieh und Tiergeräusche vom Band sollen an die zweckentfremdete Nutzung bei Schinkels ersten Besuchen erinnern. Präsentiert werden Reproduktionen seiner Klosterzeichnungen, die den Zustand der Gebäude dokumentieren und teilweise als Druckvorlagen für eine Veröffentlichung dienten. Sie animierten auch andere Architekten wie Ludwig Persius, der 1842 im Auftrag des Königs eine Dienstreise nach Chorin unternahm. Beliebtes Motiv war die berühmte Westfassade, die in vielen Zeichnungen allerdings idealisiert dargestellt wird.

Backsteinpracht: Westfassade von Kloster Chorin, 2022

Obwohl die Klosterruine den Status eines »Denkmals altnationaler Geschichte« erhielt, kam die notwendige Instandsetzung nur langsam in Gang. Immer wieder haperte es an der Finanzierung. Und ein Ende der Tierhaltung wurde nur mit staatlicher Gewalt erreicht. Nachdem der Pächter Wilhelm Nobbe der Aufforderung, den Schweinestall in der Klosterkirche aufzulösen, nicht nachgekommen war, rückte im August 1817 die Polizei an und setzte die Forderung durch.[36]

Erst 1831 endete Nobbes Pachtvertrag. Der neue Pächter Peter Hinrich Meyer ließ die Stallungen entfernen und setzte sich für den Schutz der Bausubstanz ein. Eine Aufwertung erfuhr das Kloster, nachdem die Regierung im selben Jahr Peter Joseph Lenné beauftragt hatte, das historische Ensemble in einen Landschaftspark einzubetten.

Mit diesen Plänen, sagt Franziska Siedler, sei der berühmte Gartendirektor »Schinkels Ideal einer gotischen Ruine in der Landschaft« noch näher gekommen. Eine vollständige Umsetzung scheiterte aber auch hier an der mangelnden Bereitschaft, das Projekt ausreichend zu finanzieren.[37]

Schinkels Erben

Nach Schinkels Tod 1841 geriet Chorin nicht in Vergessenheit. Der Architekt Ferdinand von Quast, seit 1843 erster »Konservator der Denkmäler in Preußen«, machte das Kloster erneut zur Chefsache. Er veranlasste beispielsweise die Sanierung des Dachstuhls über dem Westflügel und sicherte damit das Gewölbe im Fürstensaal. Auch über Quast, dessen Kunstsinn Fontane im ersten *Wanderungen*-Band erwähnt[38], erfährt man im *Chorin*-Kapitel nichts.

Kurz nachdem das Kapitel erstmals in der zweiten Auflage des *Havelland*-Bandes 1880 publiziert worden war, nahm die Rettung des Klosters noch einmal Fahrt auf. Kunsthistoriker und Denkmalpfleger initiierten mit Unterstützung der königlichen Familie von 1883 bis 1892 eine erste große Sanierungskampagne. Die wichtigste Maßnahme war die Instandsetzung der Dächer.[39] Ungeachtet dessen hatte sich längst gezeigt, dass sich die Restaurierung von Kloster Chorin zu einem Jahrhundertprojekt ausgeweitet hatte, das im 20. Jahrhundert fortgesetzt wurde.

Die Ingenieurin Stefanie Wagner, die mit ihren Forschungen jahrelang die Sanierungsarbeiten begleitet hat, berichtet auch über die Bemühungen in der DDR, Kloster Chorin zu erhalten. Inzwischen mussten sich die sozialistischen Denkmalschützer mit einem anderen Phänomen auseinandersetzen. Um »der Gefahr einer Umwertung der Kloster- und Gartenanlage ausschließlich zu einem beliebten Ausflugsziel und zur Kulisse für verschiedenste Konzerte und Veranstaltungen« entgegenzusteuern, legte das Institut für Denkmalpflege der DDR noch im Wendejahr 1989 eine »Rahmenzielstellung für die Pflege, Erhaltung und gesellschaftliche Erschließung des Denkmalensembles Kloster Chorin« vor.[40]

Zu den »Gefahren« zählte auch ein einmaliger Genuss: der Choriner Musiksommer – das älteste Klassikfestival in Ostdeutschland. Das erste Sommerkonzert mit circa 250 Gästen fand 1964 statt; drei Jahre später hatte sich die Besucherzahl bereits verdoppelt.

Die Restaurierung des Klosters dauert bis in die Gegenwart an. Erst 2009 wurde die Sanierung des Infirmatoriums, der ehemaligen Krankenstation des Klosters, abgeschlossen. Zum Jubiläum dient es als Raum für die Sonderausstellung *750 Jahre Sehnsuchtsort*.

Auf Messers Schneide?
Chorins Zukunft

Chorin hat sich gerächt: Für das Kloster besitzt Fontane keine Relevanz, weder im Marketing noch in der Ausstellung über die Geschichte des Ortes. Schaut man genau hin, entdeckt man ihn dann doch. Zumindest am Rande. So taucht er ausgerechnet im Kontext der Geschichte über den Chorin-Tourismus auf. Eine Ausstellungstafel informiert, dass das Kloster nach 1885 – also fünf Jahre nach Erscheinen des *Chorin*-Aufsatzes in den *Wanderungen* – »zunehmend zum Ausflugsziel« für Einzelpersonen, Familien und Gruppen geworden sei. Als Beispiel dient der Besuch des 1884 gegründeten »Touristenklubs für die Mark Brandenburg«, »zu deren Ehrenmitgliedern auch Theodor Fontane gehörte«. Im Gegensatz zu ihrem bekannten Ehrenmitglied zeigten sich die mitgereisten Klubmitglieder nach ihrem Besuch der Klosteranlage begeistert: »Unser Auge fesselte zuerst der herrliche Chor der gotischen Kirche, der Glanzpunkt des märkischen Ziegelbaus«.[41] Aber der Klub war auch vierzig Jahre nach Fontane dort.

In der Jubiläumsausstellung *750 Jahre Sehnsuchtsort*, die sich der »Wahrnehmung des ehemaligen Klosters aus Sicht der Fotografen, Maler, Theater- sowie Filmemacher und Gäste« widmet[42], ist mit Fontane nicht zu rechnen. Schließlich ist er kein Vertreter der darstellenden Kunst. Aber in der Medienstation findet sich sein berühmt-berüchtigtes Zitat über die fehlende Poesie Chorins aus den *Wanderungen* in voller Länge. Fast doppelt so lang fällt die etwas bemühte »Gegendarstellung« aus: »Heute zeigt sich das, was Fontane einst bemängelte, als großer architektonischer Gewinn. Denn Karl Friedrich Schinkels Bemühungen um Chorin im Sinne eines nationalen Denkmals brachten zunehmende Einschränkungen für die weitere Vernutzung und Ruinierung der Anlage mit sich.«[43] Unfreiwillig gehört Fontane damit zu Chorins Rettern.

Auch als Türöffner, wie in den anderen Havelland-Orten, bringt uns Fontane in Chorin kein Glück. Das alte Kloster verfügt zwar über eine junge, engagierte Klosterchefin, aber unsere Anfrage bleibt unbeantwortet. Die promovierte Kunsthistorikerin Franziska Siedler leitet seit 2010 den Eigenbetrieb Kloster Chorin. Als wir uns vor Ort die Ausstellung ansehen, nutzen wir die Gelegenheit, im Klosterladen, dem Museumsshop, nachzufragen. Der Blick der Mitarbeiterin geht nach oben. Von der Kasse aus lässt sich sehen, ob im ersten Stock Licht brennt. Es ist zappenduster. Wann wieder Licht werde? Achselzucken.

Rote Zahlen und ergebnislose Verhandlungen

Außen am Klosterladen sind die großen farbigen Banner an den alten grauen Mauern nicht zu übersehen. Sie künden von einem ambitionierten Jubiläumsprogramm. Gefeiert wird zwei Jahre lang, 2022 und 2023. Neben zahlreichen Veranstaltungen folgen der ersten Sonderausstellung noch drei weitere, unter anderem 2023 zu »Max Taut in Chorin«. Doch mitten in der Jubiläumseuphorie verdunkeln schlechte Nachrichten den Choriner Klosterhimmel und brauen sich zu einem Gewitter zusammen. Für Negativschlagzeilen sorgt zunächst der aktuelle Geschäftsbericht, aus dem im Sommer 2022 in den Medien zitiert wird. Die Schlüsselwörter heißen »Besucheraufkommen« und »pandemiebedingt«; bringt man sie zusammen, ergibt sich erwartungsgemäß kein Plus. Weil außerdem die Pachteinnahmen sanken und die Personalkosten stiegen, wurde für die erste Jahreshälfte 2022 ein Verlust in Höhe von knapp 60.000 Euro ausgewiesen. Die Prognosen für die zweite Jahreshälfte seien eigentlich positiv, doch nun stehe die Energiekrise bevor. Dass das Geschäftsjahr 2021 positiv abgeschlossen werden konnte, war nur der Zahlung eines Verlustausgleichs in Höhe von 90.000 Euro und der Corona-Kulturhilfe des Landes in Höhe von 60.000 zu verdanken.[44]

Das finanzielle Problem ist zugleich ein strukturelles – und wirft kein gutes Licht auf die Kulturförderung Brandenburgs. Klostergelände und -gebäude gehören dem Land Brandenburg. Zuständig für die kulturelle Nutzung ist jedoch die Gemeinde (Amt Britz-Chorin-Oderberg), die mit dem Finanzministerium einen Besitzüberlassungsvertrag abgeschlossen hat. Danach ist der kommunale Eigenbetrieb für alles allein verantwortlich: von der Parkplatzbewirtschaftung über den Besucherservice bis zu den Verpachtungsverträgen für externe Nutzer. Im Gegensatz zu anderen märkischen Kulturhotspots wie die Kammeroper Rheinsberg gibt es keine dauerhaften Zuschüsse vom Kreis oder vom Land.

Bereits im Frühjahr 2021 wurde der Amtsdirektor beauftragt, mit dem Land Brandenburg Verhandlungen aufzunehmen, weil sich schon damals abzeichnete, dass das kleine Amt den Klosterbetrieb auf Dauer ohne Hilfe vom großen Land nicht aufrechterhalten können würde. So richtig voran kam man nicht. Denn die brandenburgische Landesregierung möchte offenbar auch eine weitere Frage geklärt wissen. Es ist die Gretchenfrage: Wie viel Kultur verträgt ein Denkmal? Zwar »hat der Denkmalschutz für alle Aktivitäten oberste Priorität« und die Räume »können nur unter hohen Auflagen gebucht werden«[45], aber in den letzten Jahren sei es immer wieder zu Schäden gekommen; ein Klaviertransport rammte einen Pfeiler, ein Caterer touchierte eine Wand. Und generell stehe der Vorwurf im Raum, dass bei einer Reihe von Veranstaltungen weit mehr Besucher eingelassen wurden, als zuvor vereinbart – und dass diese wenig Rücksicht auf die empfindlich porösen Backsteine nehmen.[46] Im Kulturministerium wollte man daher schon 2021 ein Monitoring in Auftrag geben, das die Frage klären soll, welche Auswirkungen welche Veranstaltung auf das Denkmal hat. Zweifel an einer weiteren Nutzung für kulturelle Zwecke wurden bislang nicht laut.[47] Ein vom Intendanten des Choriner Musiksommers angeregter »Runder Tisch mit allen Beteiligten«[48] ist bisher aber nicht zustande gekommen.

Weil auch die Verhandlungen zwischen Land und Gemeinde ergebnislos verlaufen waren, sah sich das Amt Chorin im Spätsommer 2022 gezwungen, zum äußersten Mittel zu greifen. Man warf dem Land vor, nicht »konstruktiv an der Problemlösung mitzuwirken«. Eine Kündigung des Besitzüberlassungsvertrages durch die Gemeinde Chorin sei daher »erforderlich und angemessen«.[49] Wenige Monate zuvor hatte der brandenburgische Ministerpräsident noch die Schirmherrschaft für das Klosterjubiläum übernommen und in seiner Grußbotschaft allen gedankt, die sich um »die Bewahrung dieses historischen und kulturellen Kleinods verdient machen«. Der Ort strahle »als Aushängeschild der Region weit über Chorin« hinaus.[50]

Auch unsere Verhandlungen mit der Klosterchefin über einen Gesprächstermin geraten immer wieder ins Stocken. Erst nach mehrmaligen Versuchen gelingt es uns, Franziska Siedler telefonisch zu erreichen. Freude auf unserer Seite, Missstimmung am anderen Ende der Leitung. Was vermutlich auch unseren Jubiläumsartikeln in der *Berliner Zeitung* und in der *Märkischen Oderzeitung* über Chorin und Fontane geschuldet ist. Über den Titel »Schweinerei im Kloster«[51] ist die Leiterin hörbar nicht amüsiert. Immerhin bekommen wir endlich einen Termin. Der wird kurz darauf von einer Mitarbeiterin aus Krankheitsgründen wieder abgesagt.

Chorin ohne Musiksommer?

Im Herbst 2022 eskaliert der Konflikt. Den Gemeindevertretern platzt der Kragen. Als die Brandenburgische Landesregierung einen Etatentwurf für die kommenden beiden Jahre in Höhe von 31 Milliarden Euro verabschiedet und für die Bewirtschaftung der landeseigenen Liegenschaft Kloster Chorin keine Aufstockung vorgesehen ist, entschließt sich die Gemeinde Ende September, den Besitzüberlassungsvertrag mit dem Land Brandenburg zum 31. Dezember 2022 zu kündigen.[52] Das zieht die Kündigung der Mitarbeiter nach sich. Vor Ort hören wir einige Wochen später, dass die Kündigungsschreiben angekommen seien.

Gekündigt wurden auch alle Verträge zur Nutzung des Klosters. Hierzu zählt der renommierte Choriner Musiksommer. In der Beschlussvorlage heißt es dazu aus finanzpolitischer Sicht, dass man mit den normalen Eintrittstickets mehr Einnahmen erziele als mit Karten für Veranstaltungen.[53] In den Medien wird Amtsdirektor Jörg Matthes zitiert, der betont, die Tür für das Brandenburger Finanzministerium sei nicht zugeschlagen. Die lange Kündigungsfrist könne genutzt werden, um endlich zu einer Lösung des Finanzproblems zu kommen.[54]

Unser »Problem« hingegen hat sich gelöst. Wir haben endlich einen Termin mit der Klosterchefin. An einem Samstag im November fahren wir erneut nach Chorin. Herrliches Ausflugswetter, im Kloster aber nur wenige Besucher. Als wir uns im Museumsshop an der Kasse anmelden wollen, schaut die Mitarbeiterin wieder ratlos in den ersten Stock. Alles dunkel. Freundlicherweise stellt sie eine Telefonverbindung mit Franziska Siedler her. Ungerührt erklärt uns die Leiterin, der Termin wäre vor zwei Tagen gewesen; sie hätte sich gewundert, dass wir nicht gekommen seien. Obwohl der Mailverkehr uns recht gibt, folgt keine Entschuldigung. Erneut setzen wir ein Schreiben auf und fragen zumindest ein Telefoninterview an. Als das endlich zustande kommt, antwortet Siedler routiniert auf alle Fragen; zu dem Finanzkonflikt ihres Klosterbetriebs äußert sie sich nicht. Sondern fragt zurück, was das mit Fontane zu tun habe.[55] Wenige Tage später wurde auch der Klosterchefin fristlos gekündigt.

Im Dezember 2022 weist das Choriner Finanzierungsproblem endgültig Facetten eines Boulevard-Theaters auf: ein engagiertes Ensemble, überraschende Wendungen und Situationskomik. Alle Kündigungen der Mitarbeiter und Mitarbeiterinnen, einschließlich der Klosterchefin, wurden wieder zurückgenommen. Geklärt ist damit aber noch nichts. Der Amtsdirektor sagt, es gäbe »konstruktive Gespräche, die mit hoher Fachlichkeit geführt werden«. Und die Brandenburger Finanzministerin hat den Ernst der Lage erkannt: Man sei bestrebt, »eine Perspektive zur Betreibung der Klosteranlage auch über das Jahr 2023 hinaus zu entwickeln. Denn ohne Kloster Chorin wäre Brandenburg ein ärmeres Land.«[56] Fortsetzung folgt, Ende offen.

Jenseits der Havel

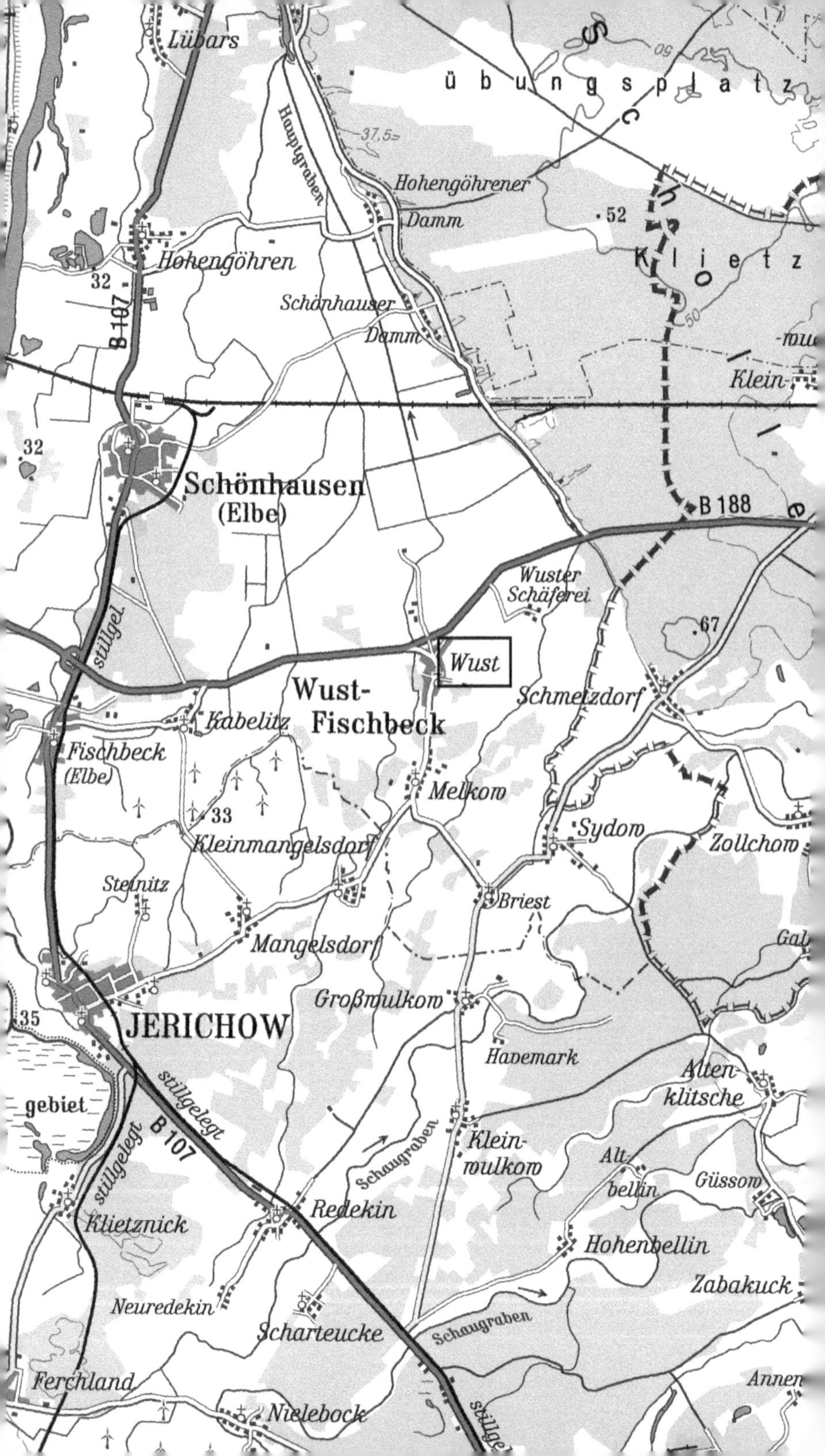

Lübars
übungsplatz
Hauptgraben
37,5
Hohengöhrener
Damm
52
Kietz
Hohengöhren
32
B 107
Schönhauser
Damm
Klein-
32
Schönhausen
(Elbe)
B 188
Wuster
Schäferei
67
Wust
Wust-
Fischbeck
Schmetzdorf
stillgel.
Kabelitz
Fischbeck
(Elbe)
Melkow
33
Sydow
Kleinmangelsdorf
Zollchow
Steinitz
Briest
Mangelsdorf
Großmulkow
35
JERICHOW
Havemark
Alten-
klitsche
gebiet
stillgelegt
B 107
Schaugraben
Klein-
mulkow
Alt-
bellin
Güssow
stillgelegt
Klietznick
Redekin
Hohenbellin
Zabakuck
Neuredekin
Scharteucke
Schaugraben
Ferchland
Annen
Nielebock

Bunte Bilder in raschem Lauf
Steigen wechselnd vor mir auf:
Wust, der alte Katten-Sitz,
Im Sarge der Freund von Kronprinz Fritz.
Aus Fontanes Dankgedicht an Marie von Katte, 1867

WUST

»Sie wollen zu Katte?«, fragt der Mann und beugt sich zu uns vor. »Dann müssen Sie nach Küstrin, nicht nach Wust fahren.«

»Katte wurde in Küstrin hingerichtet und in Wust beigesetzt«, antworten wir und versuchen richtigzustellen, was für den Mann falsch bleibt.

»Ich weiß, dass er in Küstrin geköpft wurde, weil er dem Kronprinzen zur Flucht vor dem tyrannischen Soldatenkönig verhelfen wollte«, grantelt er. »Aber in Wust liegt ein anderer.«

»Wer sagt das?«

»Ein Wissenschaftler!« Der Mann hebt den Zeigefinger, als wolle er das Gesagte beschwören.

Für einen Moment sind wir irritiert und sprachlos. Auch weil nicht klar ist, was schlimmer wäre: diese Behauptung oder dass wir darüber nichts wissen.

Wir sind auf dem Weg nach Wust und machen gerade eine Pause in der *Alten Brennerei* in Liepe, einem kleinen Ort zwischen Rathenow und Tangermünde. Das Restaurant, laut Werbung »ein Teil des Gesundheitshauses Metatron«, haben wir zufällig entdeckt. Metatron ist einer der zwölf Erzengel, der heute in der Esoterik als Ratgeber und Wegweiser verehrt wird. Die Gaststätte ist auch aus anderen Gründen untypisch für Brandenburg. Im hauseigenen Ofen wird der Pizzateig nach einem alten italienischen Familienrezept selbst gebacken. Die Pizza schmeckt fantastisch. Aber nun hat uns der Tischnachbar mit seiner schlechten Nachricht die gute Stimmung verhagelt. Zuvor hatte er uns am Autokennzeichen als »Nicht von hier!?« identifiziert und dann, als wir die Landkarte ausbreiteten, freundlich »Na, wohin des Weges!?« gefragt. Nun versucht er uns zu beruhigen: »Aber ihr seid ja nicht auf Kattes, sondern auf Fontanes Spuren.«

»Das lässt sich leider nicht trennen. In Wust ging es Fontane um Katte. Außerdem stand er am geöffneten Sarg und hat den Leichnam gesehen.«

»Das war schon damals der falsche. Aber woher sollte der olle Fontane das auch wissen.« Der Mann steht auf und geht an den Tresen, um seine Rechnung zu begleichen. Bevor er das Restaurant verlässt, kommt er noch einmal an unseren Tisch. »Der Wissenschaftler ist übrigens ein Schädelforscher. Ihr könnt ja mal googeln!«

Als der Mann weg ist, versichern wir uns gegenseitig, dass wir uns nicht verunsichern lassen. Nicht hier bei Metatron in Liepe. Und schon gar nicht bei Katte in Wust. Fontane wurde bei seinen Reisen von einem ortskundigen Experten begleitet. Wir lernen bei einem havelländischen Italiener einen Verschwörungstheoretiker kennen.

Die Verunsicherung nimmt allerdings zu, weil wir natürlich doch googeln und den Schädelforscher »finden«. Aber jetzt wollen wir erst einmal zum Schauplatz nach Wust, dem ehemaligen Stammsitz derer von Katte.

Die letzte Szene der »Katte-Tragödie«

Rund 25 Kilometer hinter Liepe verlassen wir Brandenburg und bleiben dennoch auf Fontane-Terrain. Unser Wust – nicht zu verwechseln mit Wust bei Brandenburg an der Havel – hat, geografisch gesehen, eigentlich nichts im *Havelland*-Band verloren. Das Dorf gehört zum Landkreis Stendal in Sachsen-Anhalt und liegt an der »Straße der Romantik«. Elbe und Tangermünde sind näher als Havel und Rathenow. Auch zu Fontanes Zeiten lag Wust jenseits der Havel – im Landkreis Jerichow II, in der preußischen Provinz Sachsen.

Seine Aufnahme in die *Wanderungen* hat Wust nur Katte zu verdanken. Das Kapitel erhielt einen Zusatz, der diese Wahl rechtfertigen soll: *Wust. Das Geburtsdorf des Hans Hermann von Katte.* Die anderen Kapitel kommen ohne Untertitel aus. Katte ist zwar nicht in Wust geboren, aber er wurde hier bestattet. Das Dorf bildet neben Köpenick (*Spreeland*)[1], wo 1730 das Kriegsgericht im Fall Katte getagt hatte, und

Küstrin (*Das Oderland*)[2], wo Katte am 6. November 1730 hingerichtet worden war, den dritten historischen Schauplatz der *Katte-Tragödie* in Fontanes *Wanderungen*. Mehrfach wurde der Stoff, von dem Fontane zeitlebens gefesselt war, überarbeitet – und erfährt am Ende einen bemerkenswerten Perspektivwechsel. Während Fontane anfangs den Kronprinzen und seinen Konflikt mit dem Vater ins Zentrum stellte[3], schilderte er die Geschichte nach einer Überarbeitung aus der Sicht des Freundes.[4] Nicht Friedrich sei *der eigentliche Mittelpunkt dieser Tragödie*, schreibt Fontane in *Das Oderland*, sondern *Katte. Er ist der Held, und er bezahlt die Schuld.*[5] Der Kronprinzen-Konflikt wird zur *Katte-Tragödie*, die auch die gebrochene Seele des Vaters einschließt. Die *letzte Szene der Tragödie, die Beisetzung*, führte Fontane im Sommer 1867 nach Wust. Direkt in die Katte-Gruft.

Kaum eine »Wanderung« ist so gut dokumentiert wie der Ausflug in das Katte-Dorf. »Heute Nachmittag fahren wir nach Wust, um Frau v. Katte zu besuchen und Gruft und Archiv zu durchforschen«, schrieb Fontane am 16. August 1867 an seine Frau Emilie und ergänzte, »geben mir alle guten Reisegötter eine gute Ausbeute.«[6] *Ein heller Augusttag führte* ihn, heißt es in den *Wanderungen*, dann nach Wust. Erhellend sind vor allem die 34 Notizbuchseiten, die zeigen, wie der reale Aufenthalt in den *Wanderungen* ästhetisiert wird. Und sie verdeutlichen, wie Fontane seinen erzählten Text auf ein Thema fokussiert: Katte.

Auch wir folgen in Wust der *letzten Szene* der Tragödie, die offenbar noch nicht abgeschlossen ist – wenn es stimmt, was über Kattes Leichnam kolportiert wird. Ohnehin kommt man in Wust an Katte nicht vorbei. Weil sein tragischer Tod damals wie heute Menschen berührt, pilgern jedes Jahr Tausende, oft auch mit Fontanes *Katte-Tragödie* unterm Arm, zu diesem authentischen Geschichtsort, in dem vieles aus der Katte-Zeit noch zu sehen ist. Wie Fontane besuchen wir das *Herrenhaus*, die *Kirche* und die *Gruft*. An einem Tag, der aus der Katte-Rezeption nicht mehr wegzudenken ist.

Aber wir wollen den Blick auch weiten – um Menschen, die sich dem historischen Erbe des Ortes verpflichtet fühlen: eine Pfarrersfamilie, der die Rettung der Kirche und der Katte-Gruft zu verdanken ist, eine Gruppe von Enthusiasten, die vor Ort die Tradition auf kreative Weise wachhalten und sich unter der zunächst merkwürdig klingenden

Abkürzung »GuM«[7] vereint haben, und eine Nachfahrin Kattes, die sich nicht nur mit dessen Geschichte identifiziert, sondern mit einer originellen Idee dem traditionsreichen Ort ein modernes Gewand verpasst hat.

Eine wundersame Rettung
In der Kirche

Als wir Wust erreichen, kommt endlich die Sonne durch.[8] Sie müht sich an diesem Novembernachmittag angestrengt, durch die federleichte Wolkendecke zu blinzeln, und gibt dem markanten Kirchturm so einen gelblichen Anstrich. Der gewürfelte Fachwerkturm mit schwarzer Schweifhaube und offener Laterne ist die Attraktion in dem baulich eher ungeordneten Dorfkern. Die spätromanische Backsteinsaalkirche erhielt ihn erst 1712, fünfhundert Jahre nach ihrer Weihe. Vermutlich war der ursprüngliche Turm im Dreißigjährigen Krieg zerstört worden.[9] Der neue ist seitdem ein Blickfang. Fontane hat ihn im Notizbuch gezeichnet.[10]

Vor dem Eingang der Kirche steht schon eine kleine Menschentraube. Die Leute sind nicht hier, um einen Gottesdienst zu feiern, sondern einer besonderen Lesung zu lauschen. Alle sind dick eingemummelt; die Energiekrise scheint auch in Wust angekommen zu sein. Sicherheitshalber nehmen wir eine kleine Decke aus dem Auto mit. Fontane war im Sommer hier. Sein Rundgang führte ihn – anders als in den *Wanderungen* geschildert – nicht zuerst ins Herrenhaus, sondern – wie es die Reihenfolge der Notizbuchseiten belegt – in die Kirche.[11]

Wenn in Wust gelesen oder referiert wird, dann ist das Thema gesetzt. Heute sowieso. Es ist Katte-Gedenktag, der jedes Jahr anlässlich der Hinrichtung Hans Hermann von Kattes am 6. November organisiert wird.[12] Er verläuft nach einem festen Ritual: erst Vortrag in der Wuster Kirche, dann Andacht in der Katte-Gruft und zum Abschluss Kaffeetrinken im Nachbardorf Briest. Vor der Kirche begrüßt uns lachend mit Handschlag Hans Schulz. Der GuM-Vorsitzende hat uns vor einem halben Jahr sachkundig durch die Kirche geführt. Heute agiert er im Hintergrund. Angekündigt ist Maria von Katte, die einen Text über, na klar, Katte lesen wird. Ohne dass wir fragen müssen, infor-

Blickfang in Wust:
Der gewürfelte Fachwerkturm
der Dorfkirche, 2022

miert uns Schulz über eine tagesrelevante Entscheidung: »Wir haben die Heizung angeschmissen.«

In der Kirche ist alles vorbereitet. Am Eingang steht ein Mischpult, das den Ton regeln wird, im Gang eine Kamera, um die Lesung aufzuzeichnen, und vor dem Altar sind ein Mikrofon und ein Rednerpult aufgebaut. Auch die Lokalpresse ist gekommen. Die ersten Besucher haben sich schon in die Kirchenbänke gezwängt. Unter den Bänken befinden sich schwarze, jahrzehntealte Heizkörper, die tatsächlich warme Luft ausstoßen und einen muffigen Geruch verbreiten. Aber alles verfliegt, wenn man nach oben schaut, in den weiten Kirchenhimmel.

Bestaunen lässt sich eine Kassettendecke im Stil des Frühbarocks. Hans von Katte (1633–1684), der Großvater des geköpften Hans Hermann, ließ die Decke bemalen, vermutlich unter dem Einfluss der flämischen Malerei. Fontane hat sie im Notizbuch beschrieben: »Holzdecke mit 92 Amoren-Engeln. 12 davon umschließen in der Mitte ein Bild die Dreieinigkeit darstellend. Gott Vater als alter Mann mit weißem Bart.«[13] Gottes Blick ins Irdische wirkt gütig und strahlt Sicherheit aus. Um ihn herum wimmelt es nur so von Engeln. In der Wuster Kirche ist alles, was man im November braucht, unter einem Dach vereint: wohltuende Wärme von unten und frohe Botschaften von oben.

Dem Verfall preisgegeben

Dass dieses Kunstwerk heute noch bewundert werden kann, ist einer wundersamen Rettung der Wuster Kirche zu verdanken, die vierzig Jahre zurückliegt. An der Kirchenwand ist sie für Besucher auf einer Tafel dokumentiert mit der Überschrift: »Am Anfang stand der Untergang …« In atheistischen Zeiten entschlossen sich Menschen ohne Parteiauftrag, das verfallene Gotteshaus zu bewahren. Die Initiative geht zurück auf eine Pfarrersfamilie, die in Wust weiterlebt, obwohl das ungewöhnliche Quartett (sowohl die Eltern als auch die beiden Söhne) inzwischen verstorben ist. Als wir im Frühjahr durch die Kirche geführt wurden, fiel der Name Stephan bereits im zweiten Satz.[14] Motor für die Rettung war Pfarrer Karlheinz Stephan (1932–2020), der 1970 die Gemeinde Wust neben vier weiteren übernommen hatte. Seitdem scheint er über allem und allen zu schweben. Nicht nur in Wust. Mit seinem Schaffen prägte er, so hieß es bei der Gedenkveranstaltung zum 90. Geburtstag 2022, die Region und machte sie »europaweit bekannt«.[15] Hervorgehoben wurde vor allem sein starkes Temperament, was auch Maria von Katte bestätigt, die sich an leidenschaftliche und kräftezehrende Diskussionen mit dem »Meister« erinnert. Sie lobt die »unkomplizierte« Gastfreundschaft des Pfarrhauses, das »eine seltene Anziehungskraft [besaß]«.[16]

In allen Grußbotschaften wurde das Engagement für die Restaurierung »seiner« Kirchen hervorgehoben, insbesondere für die Kirche und die Katte-Gruft in Wust. Sie waren, schreibt Holger Stephan (1959–1997), »dem Verfall preisgegeben«. Auf einem Passbild, das für die Dokumentationstafel in der Kirche vergrößert wurde, ist ein junger Mann mit Lockenkopf und Schnauzer und ernstem Blick zu sehen. Der Pfarrerssohn hat in einem Gedächtnisprotokoll den Zustand der Kirche Anfang der 1970er Jahre detailliert beschrieben. Der Turm neigte sich »gefährlich zur Straße«, weil der Abfangbalken »stark angefault [war]«. Innen waren die Wände teilweise »schwarz vom Schimmel«, da durch das löchrige Kirchendach ungehindert Regenwasser eindrang. Im Chorraum befand sich kaum noch Putz an Decke und Wänden. Von der »stark verschmutzten« Kassettendecke waren bereits acht Kassetten dem Regenwasser zum Opfer gefallen. Die ehemalige Katte-Loge konnte »nicht ohne Gefahr betreten« werden, weil der Fußboden »mehr als brüchig war«.

Auch in der Katte-Gruft fehlte überall der Putz. Die »verrotteten Fenster« hätten »zahlreiche Einbrüche« begünstigt. »Särge standen offen und Gebeine lagen umher.«[17] Auf alten Fotos, die während einer Wanderung auf Fontanes Spuren im Frühjahr 1966 entstanden sind, ist darüber hinaus zu erkennen, dass die Tür nicht verschlossen war; die damaligen Wanderer halten Reliquien aus der Gruft in die Kamera.[18]

Zum Leben zu wenig, zum Sterben auch

Nachdem der Gemeindekirchenrat 1971 Kostenvorschläge eingeholt hatte, schien klar, dass die Kirche nicht zu retten war. Für die Restaurierung wurden 130.000 Mark veranschlagt; demgegenüber standen 8.000 Mark aus der Kirchenkasse. Da zum Gottesdienst ohnehin nur durchschnittlich drei Seelen erschienen und die Christenlehre nur von vier Kindern besucht wurde, beschloss der Gemeindekirchenrat 1973, die Kirche abzureißen. Aber auch die Abrisskosten von 125.000 Mark waren zu hoch. Zum Leben zu wenig, zum Sterben auch. Es musste jedoch schnellstmöglich gehandelt werden, weil die Kirche eine Gefahrenquelle darstellte und die Gemeinde für das Gebäude verantwortlich war. Um wenigstens den Turm zu sichern, verschuldete sich die Kirchengemeinde mit 10.000 Mark. »Dennoch wurde das der Anfang«, schreibt Holger Stephan; es wurde »der Auslöser einer großartigen Rettungsaktion für eine kleine Dorfkirche und ihre Gruft!«[19]

Ausgerechnet die katholische Gemeinde machte den Anfang. Sie sorgte dafür, dass der Fußboden in der Katte-Loge aufgearbeitet wurde und die Kirche eine Bankheizung erhielt. So funktioniert Ökumene – evangelische Kirchenbänke werden mit katholischen Heizkörpern versorgt. Und wir profitieren noch heute davon. Außerdem entsandte die Denkmalpflege der DDR einen Restaurator, der vor allem die wertvolle Kassettendecke erneuern sollte. Den Löwenanteil der Arbeit stemmte jedoch Holger Stephan, der sich erinnerte, seinem Vater irgendwann gesagt zu haben: »Lass uns das doch machen!« Uns – das waren Sohn Stephan, der Installateur, Gerdmund Werth, der Maurer, und Gerald

Schüttler, der Schlosser, die 1978 – zunächst für 350 Mark monatlich – mit den Instandhaltungsarbeiten begannen.[20]

Der GuM-Vorsitzende Hans Schulz erzählt, der handwerklich begabte Holger habe damals »einfach nicht lockergelassen«; er konnte die Kirche »nicht verfallen sehen«. Nach dem Startschuss flossen nun auch Spendengelder, von »Menschen aller Altersstufen« und »unterschiedlicher Weltanschauungen«; von der Gemeinde Wust, von der LPG, vom Landkreis Havelberg. Hilfe kam sogar aus dem »nichtsozialistischen Ausland«. So wurden die Altarleuchter und Vasen, der Läufer sowie das Blattgold für die Restaurierung von Altar und Kanzel aus der Bundesrepublik und Holland gespendet. Nach fünf Jahren, im Sommer 1981, feierte die Gemeinde mit 1.400 Gästen die Wiedereinweihung der Kirche.[21]

Weil die Restaurierungsarbeiten aber noch längst nicht abgeschlossen waren und Holger Stephan 1981 sein Arbeitsverhältnis lösen musste, sprang sein Bruder Martin ein, der bis 1986 unter anderem die Außenfassade der Kirche verputzte.[22] Inzwischen erschienen zu den Gottesdiensten wieder um die vierzig Gemeindemitglieder.[23] »Ja, die Kirche war gerettet«, sagt Hans Schulz, der erst Anfang der 1990er Jahre ehrenamtlich in der Gemeinde zu arbeiten begann. Er ergänzt, was nicht nur ihm wichtig ist. »Gerettet aus eigener Kraft.«

Nach der Restaurierung von Kirche und Gruft stiegen die Besucherzahlen sprunghaft an. Mitte der 1980er Jahre kamen jährlich bereits über 2.000 Besucher in das kleine Wust. Pfarrer Stephan, der die Interessierten anfangs selbst führte, wurde nun von Ehrenamtlichen unterstützt. Nach der Wende gründete er 1991 zunächst den Kirchenführerkreis, ein Jahr später den Geschichtskreis der Kirchengemeinden Wust–Wulkow, der nicht nur ein Besichtigungskonzept für Wust und vier weitere Kirchen erarbeitete[24], sondern auch Forschungen betrieb und Publikationen herausgab. 1998 vereinigte sich der Geschichtskreis mit der von Stephans Frau Hannelore initiierten Marionettenbühne, die 1986 in die Kirche des Nachbarorts Briest eingezogen war. So entstand GuM: Geschichtskreis und Marionettenbühne im Kirchspiel Wulkow–Wust.

In über zehntausend ehrenamtlichen Arbeitsstunden bauten die Spieler des Marionettentheaters eine stationäre Bühne ein und richteten die Kirche schrittweise für bis zu siebzig Zuschauer her.[25] Bis heute erfreuen die Akteure nicht nur Kinder mit ihren Aufführungen wie *Frau Holle* oder *Die Bremer Stadtmusikanten*. Wenn man sich anmeldet und etwas spendet, darf man – wie wir – auch hinter die Kulissen schauen und die liebevoll hergestellten Puppen aus nächster Nähe bewundern.[26]

»The Spirit of Wust« Im alten Herrenhaus

Zurück zum Katte-Gedenktag. Der GuM-Vorsitzende Hans Schulz hat am Kircheneingang inzwischen die heutige Referentin in Empfang genommen. Maria von Katte ist in Wust keine Unbekannte. Die zierliche Frau im kurzen schwarzen Mantel läuft langsam durch den Mittelgang und begrüßt, freundlich nach rechts und links nickend, nahezu jeden, der in den Kirchenbänken Platz genommen hat. Auch uns nickt sie erfreut zu, denn wir sind ihr bereits bei unserem zweiten Besuch in Wust begegnet. Wir waren für zwei Stunden verabredet, am Ende wurde es ein halber Tag. Maria von Katte kam zum Interview extra aus Niedersachsen angereist, wo sie seit Jahrzehnten wohnt. Aber schnell wird klar, Vahlberg im Landkreis Wolfenbüttel blieb immer eine Wahlheimat.

Denn geboren ist sie im »Kattenwinkel«; nicht in Wust, sondern im Nachbarort Zollchow. Hier beginnt 1380 mit Heinrich Katt die genealogische Stammlinie der Familie.[27] Zur Familiengeschichte weiß die promovierte Germanistin nicht nur Fakten, sondern auch Sagen zu berichten. Als der ostfränkische König Heinrich I. 928/29 Krieg gegen die slawischen Heveller führte, habe sich in seinem Heer ein sächsischer Ritter mit einer Katze im Schild befunden, der als Erster die Festungswälle der Heveller-Burg Brandenburg überwand und dabei auch einen slawischen Fürsten gefangen nahm. Einer der Kampfgefährten soll daraufhin gesagt haben: »Katt fanget bannig swate Muse.« [»Der Kater fängt viele schwarze Mäuse.«] Seitdem trägt das Wappentier der Kattes eine schwarze Maus im Fang.

Dem aufstrebenden Adelshaus gehörten bald zahlreiche Güter im Elb-Havel-Winkel, der auch »Kattenwinkel« genannt wurde. Ein historischer Landstrich, der sich, von Jerichow ausgehend, bis nach Havelberg und von dort in die Region des Havellandes bis nach Rathenow zieht, also im Dreieck der Großstädte Berlin, Hamburg und Magdeburg liegt. »Es muss die Frage erlaubt sein«, sagt Maria von Katte augenzwinkernd, »warum dieser urbrandenburgische Landstrich noch immer zu Sachsen-Anhalt gehört.« Ihren Geburtsort kann sie nicht gemeint haben; Zollchow liegt in Brandenburg.

Maria von Katte kam 1941, mitten im Zweiten Weltkrieg, zur Welt und floh als Dreijährige mit ihrer Familie vor der Roten Armee zunächst in den Harz, später in den Westen. Die Sowjets enteigneten 1945 ihren Vater Martin von Katte (1896–1988), den letzten Gutsbesitzer in Zollchow, und ließen drei Jahre später das Schloss abreißen.[28] Maria von Katte hat nach dem Abitur zunächst Geschichte, dann Germanistik und Anglistik studiert, war in den 1960er Jahren sechs Jahre in Oxford und bis zu ihrer Pensionierung an der renommierten Wolfenbütteler Herzog-August-Bibliothek tätig – wie einst Gotthold Ephraim Lessing. Den *Katalog der Wolfenbütteler Luther-Drucke 1513 bis 1546* hat sie erstellt.[29] Während ihr Vater Zollchow nie wieder betreten hat, kam sie 1980, 35 Jahre nach der Flucht, erstmals zu Besuch in die Heimat zurück. »Nein, an Wust habe ich keine Erinnerung«, antwortet sie auf unsere Frage, »weil ich als Kind hier nie war.« Hier – das ist das Herrenhaus der Kattes, das wir zusammen mit Maria von Katte an einem sonnigen Frühjahrstag besuchen.[30]

Fontane bei Frau von Katte

Das Herrenhaus liegt schräg gegenüber der Kirche und wird auf historischen Postkarten als »Schloss« bezeichnet – eine typische märkische Übertreibung. An Schlichtheit übertrifft es noch Schloss Paretz. Nachdem der erste Katte-Sitz im Dreißigjährigen Krieg niedergebrannt war, ließ Hans von Katte, der Großvater des hingerichteten Hans Hermann, einen sockellosen zweigeschossigen Barockbau errichten, den Hans Heinrich von Katte (1681–1741, Vater von Hans Hermann) 1726/27 durch eingeschossige Anbauten sowie zwei Seitenflügel in Richtung Kirche erweitern ließ.[31]

Fontane äußert sich in den *Wanderungen* über das Herrenhaus überraschend nichtssagend, betont stattdessen, er habe *das alte, nun wieder-*

Der Stammsitz derer von Katte: Herrenhaus in Wust, Lithografie, 1875/77

hergestellte Herrenhaus als *Gast* betreten. Empfangen wurde er allerdings nicht vom Hausherrn, sondern von dessen Frau, Marie von Katte, die ihm – wie Fontane es erhofft hatte – eine »gute Ausbeute«[32] bescherte. Vermutlich beließ er die Bemerkung »Das Wohnhaus ist einfach« deshalb im Notizbuch.[33] Wie die Kirche hat Fontane das Herrenhaus im Notizbuch skizziert[34] und etwas ausführlicher beschrieben als später im gedruckten Text. Dass er mehr Zimmer gesehen hat als den *große[n] Empfangssaal*, belegt beispielsweise die Notiz: »Die Zimmer sind hoch geräumig, stattlicher als die Gesamterscheinung des Bau's erwarten läßt.«[35]

Fontanes Aufzeichnungen im Herrenhaus belegen, dass er Stammbäume, Familienpapiere und Briefe einsehen durfte. Darunter mindestens einen unveröffentlichten Brief von 1730, den er im Notizbuch abgeschrieben hat.[36] Das gleichmäßige und saubere Schriftbild zeigt zudem, dass er im Herrenhaus ausreichend Zeit für seine Notizen hatte. Das *meiste von dem*, was Fontane der Leserschaft über Wust und die Kattes *mitteilen konnte*, verdankte er *Frau von Katte*, deren *unermüd-*

lichen Eifer für das Heraussuchen, Sammeln und Ordnen der Papiere er in den *Wanderungen* ausdrücklich würdigt. Auch sonst muss die Chemie zwischen Gast und Gastgeberin gestimmt haben. Marie von Katte (1822–1908)[37] bekam nach Fontanes Besuch ein Dankgedicht zugesandt, dessen Entwurf sich im Notizbuch[38] befindet:

Bunte Bilder in raschem Lauf
Steigen wechselnd vor mir auf:
Wust, der alte Katten-Sitz,
Im Sarge der Freund von Kronprinz Fritz.
Roter Abendschimmer umfloß
Die alte Linde vorm Bismarckschloß.

Und Mond und Wolken sah ich ziehn
Über Turm und Pappeln von Redekin –
Wünsche, die lang ich im Herzen getragen,
Wurden erfüllt in diesen drei Tagen,
Und ein dankbar Angedenken
Werd ich den Damen des Hauses schenken.[39]

Gut zehn Jahre später wird sich Fontane noch einmal »in Erinnerung bringen« und die »gnädigste Frau« für die Arbeit »an einem Katte-Aufsatz« bitten, ihm »noch ein Buch oder eine Buchstelle« zu nennen, »worin eine Beschreibung seiner äußeren Erscheinung versucht wird«. Außerdem interessiere ihn, ob »sonst noch Katte-Reliquien« existierten?[40] Ob Marie von Katte ihm geantwortet hat, ist nicht bekannt.

Niedergang und Aufbruch – oder umgekehrt?

Nach dem Zweiten Weltkrieg wurde das Herrenhaus im Gegensatz zu Marias Geburtshaus in Zollchow von der Sowjetischen Militäradministration nicht abgerissen, sondern als Schule genutzt. Nur die Seitenflügel wurden 1947/48 abgetragen und dienten als Material für »Neubauernhäuser«.[41] Wer glaubt, nur »die Roten« hätten nach der Devise »Junkerland in Bauernhand« alte Kulturgüter als Steinbruch für die neue Zeit genutzt, der sollte über den – auch in der Literatur belegten – »Niedergang« der Kattes Mitte des 18. Jahrhunderts[42] in

Fontanes *Wust*-Kapitel nachlesen. Erwähnt wird Ferdinand von Katte, der *»Stiefel-Katte«*, welcher der *Verschwendungssucht der Eltern* und der *Spielsucht des Bruders* mit seiner *Stiefelsucht* die Krone aufsetzte. Zu den Verwüstungen zählte zum Beispiel das Zerschlagen der Statuen im Park, die *auf Jahrzehnte hin den Steinbruch für alle Fundamentbauten im Dorf* bildeten.

Dass die Rote Armee das Herrenhaus in Wust nicht abreißen ließ, ist vermutlich der Initiative des damaligen Bürgermeisters Albert Conrad und des Lehrers Hans Sturtzel zu verdanken, die beide 1948 einen Antrag stellten, die Schule in dem enteigneten und nun leerstehenden Herrenhaus unterzubringen.[43] 1950 zog die erste Klasse aus Wust ein, in den folgenden Jahren folgten Kinder aus den Nachbardörfern Melkow, Sydow und Mangelsdorf. Bis zu dreihundert Schülerinnen und Schüler wurden nun in der Polytechnischen Oberschule im ehemaligen Herrenhaus unterrichtet, die ab 1977 den Namen des ersten DDR-Präsidenten Wilhelm Pieck trug.[44]

Wir betreten das sanierte Gebäude von der Parkseite und gelangen ins Vestibül, das sich wie eine *Sala terrena* zur Hof- und Parkseite öffnet. Von der einstigen Pracht geblieben sind zum einen die vier dorischen Holzsäulen auf hohen Plinthen, die vermutlich erst 1735 eingefügt wurden[45] und mit ihrem modernen grün-goldenen Anstrich wie die Dekoration für eine Ballettaufführung wirken. Und zum anderen die Treppenanlage aus Eichenholz, die im ersten Stock mit einer Galerie abgeschlossen wird.[46]

Maria von Katte führt uns in den ehemaligen Gartensaal. Ob das der *große Empfangssaal* war, den Fontane in den *Wanderungen* aufgrund der Bilder *aus der historischen Zeit von Wust* als *das interessanteste Zimmer des Hauses* bezeichnete, erklärt sie, »kann nur vermutet werden«. Es dient als Speiseraum mit etwa dreißig Plätzen. Wir wundern uns, dass die Luke für die Essensausgabe geschlossen ist und die grünen Plastikstühle auf die Tische gestellt sind. Und erfahren, dass die Schule seit 2018 geschlossen ist. Bereits 1993 war die Mittelstufe ab Klasse 5 ins benachbarte Schönhausen umgezogen. Als wir über die alte Treppe in den ersten Stock gelangen, sehen wir Räume, die wie gerade verlassen wirken. In den Klassenzimmern ist noch das komplette Schulmobiliar vorhanden und in den Lehrervorbereitungsräumen liegen stapelweise

Bücher, Karten und Papiere herum, auf einem Tisch noch ein riesiges Plastikgebiss für den Biologieunterricht. Verlassen und vergessen.

Englisch in Wust

Dass es mit dem Schulbetrieb weitergeht, ist ausgerechnet der Tochter eines enteigneten Gutsbesitzers zu verdanken. Maria von Katte war nach dem Mauerfall »sofort« klar, dass sie sich in der alten Heimat engagieren würde. Eine Zeitung berichtete, die Einheimischen hätten befürchtet, die Adlige erhebe Anspruch auf die alten Besitztümer ihrer Vorfahren.[47] Maria von Katte ging es aber nicht um Rückgabe, sondern um einen Neuanfang, der Tradition und Moderne verbindet. Sie organisierte in Wust 1991 die erste Sommerschule für englische Sprache, Literatur, Theater und Musik in Zusammenarbeit mit der Gemeinde, der Schule und der Kirchengemeinde sowie englischen und amerikanischen Universitäten.

Die Initiative kommt vor allem jenen zugute, die sich einen Sprachaufenthalt im Ausland nicht leisten können. Gleich im ersten Sommer meldeten sich fast vierhundert Schüler an. Jedes Jahr wird ein T-Shirt gestaltet – mit Slogans wie »The Spirit of Wust« oder »Wustaholic«. Die Dozenten, die unter anderem, auch dank der Kontakte Maria von Kattes, aus Oxford anreisen, werden bei Gastfamilien untergebracht oder schlafen in Zelten auf dem Sportplatz. »Für vier Wochen bringen sie die große Welt in das kleine Dorf.«[48] Zur Zentrale der *Summer School Wust*, die bis 2006 von Maria von Katte geleitet wurde, avancierte inzwischen der mit EU-Mitteln restaurierte ehemalige Kornspeicher des Guts.

Nach der zweijährigen Zwangspause infolge der Corona-Pandemie ging es 2022 mit 70 Schülern und 14 Dozenten weiter. Kostendeckend war das nicht. Wenn die inzwischen dreißig Jahre junge Sommerschule weiter existieren möchte, müssen wieder 300 Teilnehmer anreisen und neue Wege gefunden werden, Sponsoren und Spenden zu gewinnen. Zum traditionellen Begleitprogramm war diesmal ein Militärhistoriker eingeladen, der über die Geschichte der Kriege referierte. Unter den Zuhörern war auch eine ukrainische Familie, die vor dem russischen Angriff aus ihrer Heimat geflohen war und die mit Maria von Katte in ihrem Haus in Niedersachsen zusammenlebt. Flucht scheint eine Konstante in der Menschheitsgeschichte zu bleiben.

Der Tragödie letzter Akt
In der Gruft

Zurück zum Katte-Tag. In der Wuster Kirche beginnt pünktlich um 15 Uhr die Lesung mit Maria von Katte. Sie hat das Rednerpult zur Seite stellen und die Begrüßung lächelnd über sich ergehen lassen; sie hat sich freundlich für die Einladung bedankt, »hier am Gedenktag für Hans Hermann zu sprechen«, und bittet bereits im ersten Satz um Verständnis, »mit wenigen Stichworten zum jungen Hans Hermann gleich ins Thema« einzusteigen.[49] Ihr Thema ist Kattes Schulzeit und ihre Quelle der Entwurf einer Biografie, die Martin von Katte »unvollendet hinterlassen hat«. Sie nennt ihn »Autor« und erwähnt nicht, dass er ihr Vater ist.

Im Mittelpunkt der Ausführungen stehen Kattes Schuljahre (1717–1721) am Königlichen Pädagogium zu Halle, das von dem Pädagogen und Theologen August Hermann Francke gegründet und geleitet wurde. Dass der 13-Jährige in die damals schon berühmte Bildungsanstalt geschickt wurde, ist vermutlich auch dem Einfluss des pietistischen Großvaters, Graf Alexander Hermann von Wartensleben, geschuldet.[50] Für die Darstellung der Jugendjahre hätte der Autor, so Maria von Katte in ihrer Einführung, »seiner Neigung entsprechend [...] einen plastischen Erzählstil gewählt«. Und tatsächlich glaubt man in dem Kapitel über die Schulzeit, das die 80-Jährige stehend und rhetorisch versiert vorzutragen versteht, »Hans Hermann und seine Freunde zu sehen und sprechen zu hören«.[51] Ohnehin ist die Akustik bestens und die Zuhörer in den Kirchenbänken sind mucksmäuschenstill. Geschmunzelt wird, wenn aus den Beurteilungen der Lehrer zitiert wird. »Katt incliniret [neigt] eher zur Poeterey und Träumerey«; »Katt ist in allen seinen Dingen nicht genugsam erwecket, daher es auch nicht den rechten Fortgang hat.«[52]

Eine »abschließende Bearbeitung« der Biografie, die Martin von Katte »in den Jahren um 1930« zu schreiben begann, sei nach dem Krieg nicht möglich gewesen, weil »die meisten der von ihm verwendeten Quellen, vor allem Briefe, Berichte und Tagebücher in verschiedenen Familienarchiven, das Wuster Archiv eingeschlossen«, 1945 verloren gegangen seien.[53]

Wie im Roman

Ungeachtet der dünnen Quellenlage lässt sich belegen, dass Hans Hermann von Katte 1704 – anders als Fontane und viele andere vermuteten – nicht in Wust geboren wurde, sondern im Berliner Domizil seines Großvaters Reichsgraf und Generalfeldmarschall Alexander Hermann von Wartensleben, der als Berliner Gouverneur damals das »Hohe Haus« (Gouverneurspalais) in der Klosterstraße bewohnte.[54] Die Kindheit war vom frühen Tod der Mutter überschattet, die 1706 in Wust bestattet wurde.[55] Wann genau der Junge nach Wust kam und ob er dort nur in den Sommermonaten weilte, bleibt ungewiss.[56]

Fontane wählte die dörfliche Beschaulichkeit als Kulisse für seinen Einstieg in das *Wust*-Kapitel. Es beginnt wie ein Roman und ist als epische Vorausdeutung angelegt. Der Erzähler führt die Protagonisten, Hans Hermann und seinen Vater, an einem *klare[n] Septembertag* im Jahr 1707 vom Herrenhaus erst in die Kirche und anschließend *in die neue Gruft* – wo *die liebe Mama schläft*. Obwohl der Sohn zweimal sagt: *»Ich mag nicht«*, lässt sich der *Papa* auf keine Diskussion ein, nimmt *den Jungen bei der Hand, der sich nun willig führen ließ*. Dass die Angst des Kleinen nicht unberechtigt war, wird spätestens in der Gruft deutlich. *In dem frisch geweißten Raume stand ein einziger Steinsarg, ein Marmorsarkophag, kunstvoll und reich gearbeitet, dessen prächtige Schönheit in diesem schmucklosen Raume einen seltsamen Eindruck machte. Der Oberst nahm seinen Knaben an die Hand und trat an den Sarg heran. Er blickte lange auf denselben. Dann beugte er sich zu dem Kinde nieder und küsste es auf die Stirn. Das Kind sah sich ängstlich um, drängte sich an den Vater und sagte: »Komm, ich mag hier nicht sein.«* Als sie die Gruft verlassen und auf das Herrenhaus zulaufen, ist alles still, *wie ausgestorben*.

Hans Hermann von Katte kehrt bei Fontane erst dreiundzwanzig Jahre später, im November 1730, nach Wust zurück. Als Toter. *Ein bleierner Novemberhimmel hing über Dorf und Landschaft*, als *ein schmaler Leiterwagen* mit einem *lange[n] Sarg, schwarz gestrichen, schmucklos, ohne Hapsen und Beschlag*, in Wust eintraf. Man trug den Sarg in die Gruft und war sich unschlüssig, wo er abgestellt werden sollte. Neben seiner Mutter? *»Stellt em in de Eck«*, lässt Fontane den alten Küster sagen. Dann schlossen sich die *Torflügel* der Gruft wieder. *So wurde* der erst 26-jährige *Hans Hermann von Katte beigesetzt. Ohne Sang und Klang.*

Keine Gnade

Die Tragödie nahm ihren Lauf, als Katte »widerwillig […] auf väterliches Geheiß« 1726 in das preußische Gardekürassier-Regiment Gens d'armes[57] – eine dem König direkt unterstellte Eliteeinheit – aufgenommen wurde und 1729 in das nähere Umfeld des acht Jahre jüngeren Kronprinzen geriet, der vor allem Kattes Weltgewandtheit bewundert haben soll.[58] Die beiden verband die Liebe zur Musik und zur Literatur, die sie – im Gegensatz zu ihren Vätern – mehr begeisterte als das Militär. Verhängnisvoll wurde Kattes Beziehung zum Kronprinzen, über deren Intensität seit Jahrhunderten viel spekuliert wird, als Friedrich entschied, vor seinem tyrannischen Vater, Soldatenkönig Friedrich Wilhelm I., ins Ausland zu fliehen. Der anfangs skeptische Katte unterstützte seinen Freund. Allerdings misslang der dilettantisch vorbereitete Plan. Am frühen Morgen des 5. August 1730 wurde der Kronprinz in Steinsfurt an der Flucht gehindert, später unter Arrest gestellt und auf die Festung Küstrin gebracht.[59] Katte, der in Berlin geblieben war, wurde am 16. August aufgrund eines kompromittierenden Briefes als Mitwisser entlarvt und auf der Wache seines Regiments am Gendarmenmarkt arretiert.[60]

Den jungen Männern wurde der Prozess gemacht. Am 25. Oktober 1730 trat in Köpenick das Kriegsgericht zusammen, das nun über Kopf und Krone entscheiden sollte. Vorgeworfen wurde ihnen Majestätsbeleidigung und »Fahnenflucht-Verabredung«; auf beide Vergehen stand nach Reichs- und preußischem Gesetz die Todesstrafe. Eine Woche lang rangen 16 Offiziere im Wappensaal um ein juristisch korrektes und politisch vernünftiges Urteil. Am Ende erklärten sie, dass ihnen über die »Persona sacra« Friedrich keine Entscheidung zustände. Für Katte verhängten sie mit knapper Mehrheit eine lebenslange Haft.[61] Während der König die Erklärung bezüglich Friedrichs stillschweigend akzeptierte, forderte er in der Causa Katte ein »and[er]es« Urteil.[62] Weil die Köpenicker Richter sich jedoch nicht beirren ließen, verschärfte Friedrich Wilhelm I. qua Amt das Urteil selbst und ordnete an, Katte solle »mit dem Schwert vom Leben zum Tode gebracht werden«.[63]

Während der König auf ein Gnadengesuch Hans Hermanns nicht reagierte, antwortete er am 3. November, drei Tage vor der Hinrichtung, auf die zwei Gesuche des Großvaters, Generalfeldmarschall Graf

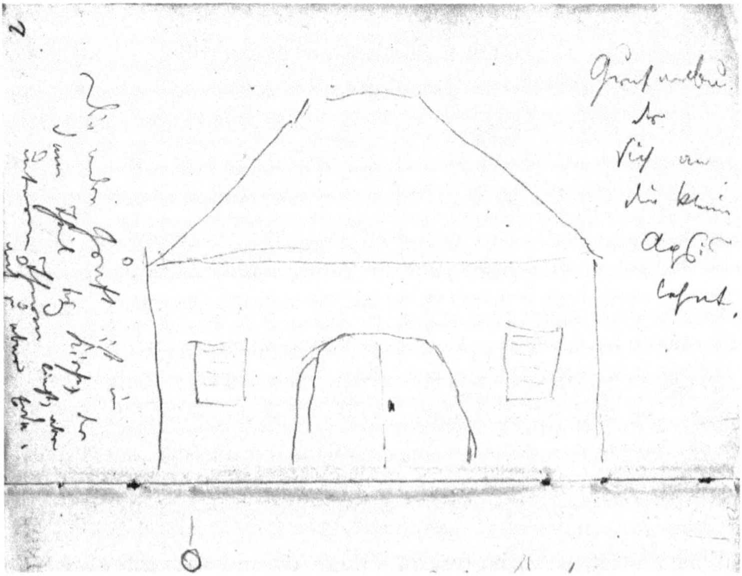

Sarg bei Sarg: Katte-Gruft in Wust (»Ost-Gruft«), Fontanes Skizze von 1867, Notizbuch A18, Bl. 2r

von Wartensleben. Dieser müsse wissen, schrieb der König, »dass es besser [sei], dass ein Schuldiger nach der Gerechtigkeit sterbe, als dass die Welt oder das Reich zugrunde gehe«. Katte hätte es verdient, »dass er mit glühenden Zangen zerrissen würde«, doch er habe unter Berücksichtigung des Generalfeldmarschalls »die Strafe soweit gemildert, dass ihm zum Exempel und Warnung anderer der Kopf abgeschlagen werden soll«.[64] Am 6. November 1730 wurde Hans Hermann in Küstrin enthauptet. Dass der Kronprinz die Hinrichtung seines Freundes mitansehen musste, gehört wohl zu den vielen Friedrich-Legenden.[65]

König Friedrich Wilhelm I. hatte in seiner Direktive zum Ablauf der Exekution auch angewiesen, wie mit dem Leichnam des Delinquenten zu verfahren sei. Der Körper sollte nach der Enthauptung noch sieben Stunden auf dem Richtplatz »liegen bleiben«, dann solle man Bürger beauftragen, »die den Cörper in einen Sarg legen, und vor das Thor auf den Armen-Kirchhoff in der Stille einsencken«.[66] Laut Berichten von Zeitzeugen wurde dieser Direktive Folge geleistet.[67] Doch

Fast unverändert: Katte-Gruft in Wust, 2022

der Leichnam verblieb nicht lange in Küstrin. Dem Gesuch des sich im »trostlosen Zustandte« befindlichen Vaters vom 14. November, »den Cörper meines Sohnes nach meinem Guthe in aller Stille zu bringen«[68], gab Friedrich Wilhelm vier Tage später mit zwei Worten statt: »Guht, Compliment«.[69] Wahrscheinlich schon Ende November wurde der Sarg nach Wust überführt[70] und in der Familiengruft dort abgestellt, wo er heute noch steht: ohne Podest in der dunkelsten Ecke.

Fontane in der Gruft

Fontane hat den 1706/07 errichteten barocken »›Gruf[t]anbau‹, der sich an die kleine Apsis lehnt«, während seines Aufenthalts im Sommer 1867 von außen skizziert.[71] Damals ruhte dort »ausschließlich die Familie des Feldmarschalls, er selbst, seine zwei Frauen und seine 3 Söhne«, darunter »Hans Hermann[,] der Enthauptete«.[72]

Seinen Eintritt in die Gruft hat Fontane in den *Wanderungen* poetisiert. *Sarg bei Sarg, der Raum gefüllt bis auf den letzten Platz. Dazu ein völ-*

liges Dunkel; die weiße Tünche längst einem tiefen Grau gewichen. Wir öffneten beide Torflügel, um etwas Helle zu schaffen, und der eindringende Luftzug setzte die Spinnweben am Portal in Bewegung. Aber dies Licht von außen war zu schwach, es drang nur zwei Schritt weit in die dunkle Behausung ein und dahinter blieb alles Nacht. Es wurde ein Diener gerufen, der *mit einem doppelarmigen, silbernen Leuchter in der Hand* Licht in die Gruft brachte. *Es war ein Bild, das ich mein Lebtag nicht vergessen werde. Die Kerzen warfen helle Streifen durch das Dunkel und von der Decke herab wehte es in langen, grauen Fahnen. Stein- und Eichensärge ringsum. […] Aber wo stand Hans Hermann?*

Fontane wusste, wo der Sarg des Enthaupteten stand, denn im Notizbuch wird der Gruft-Besuch nüchtern protokolliert. Das gleichmäßige Schriftbild und die weitgehend in Sätzen formulierten Eindrücke weisen jedoch darauf hin, dass die Aufzeichnungen nicht in der Gruft notiert wurden. Vermutlich war es aufgrund der ungünstigen Lichtverhältnisse schwierig, dort Notizen und Skizzen anzufertigen – oder Fontane hielt es für pietätlos. Da den Aufzeichnungen über die Gruft die Abschrift eines Briefes folgt, ist davon auszugehen, dass sie noch im Herrenhaus entstanden sind. Weil dieser Text ohne zeitliche Distanz noch während des Aufenthalts in Wust geschrieben wurde, zitieren wir Fontanes Gruft-Erlebnis aus dem Notizbuch:

»Sie liegen alle in prächtigen Särgen, mit Ausnahme Hans Hermanns. Wenn man eintritt, in der Ecke links, so daß von dem einfallenden Tageslicht nur ein Schimmer hierher fällt[,] steht ein einfacher, langer Holzsarg. Er scheint gestrichen gewesen zu sein, aber die Farbe ist theils abgegriffen, theils abgesprungen. Wenn man den Deckel abgenommen hat, so steht in dem äußren Sarg ein zweiter, eine bloße zugeschrägte Kiste mit einem flachen Deckel. Hat man auch diesen zweiten Deckel aufgehoben, so erblickt man alles, was von irdischen Ueberresten von dem unglücklichen Katte übrig ist. Ein hellblauer Seidenmantel umhüllt den Körper; da wo dieser Mantel aufhört, liegt ein Schädel, neben ihm eine blaue, kunstvoll zusammengesteckte, mit Spitzenüberresten ausgeschmückte Schleife, die früher das schöne blonde Haar des Todten zusammenhielt. Noch vor 20 Jahren in dem ersten Viertel dieses Jahrhunderts war der Schädel wohlerhalten, er hatte noch die Kopfhaut und an dieser das gelockte Haar, seitdem aber ist der Verfall eingetreten […].«[73]

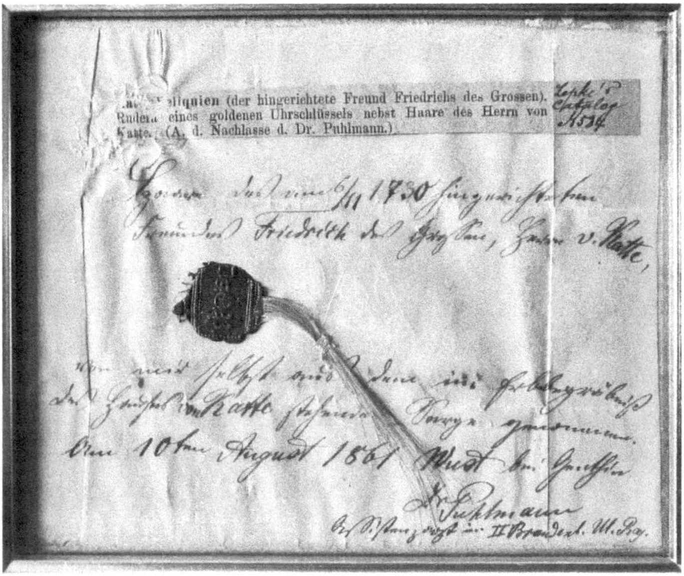

Reliquie im Rahmen: Haare von Hans Hermann von Katte

Es war nicht nur der Verfall, den Fontane registrierte. Vor Ort erfuhr er, wie die »Curiositätenkrämerei« zu einer Entweihung der letzten Ruhestätte geführt hatte. Ein Engländer nahm »den Halswirbel mit, den das Henkersschwert durchschnitten hatte. Andre nahmen nach und nach alle Zähne als Erinnerungsstücke mit [...]. Ein letzter Rest seines Haares wird von dem gegenwärtigen Besitzer [gemeint ist nicht der Gutsbesitzer von Wust] aufbewahrt«.[74] Der *Rest Kattschen Haares*, präzisiert er im gedruckten Text, werde *in einer Kapsel vorsorglich verwahrt.* Wir haben Maria von Katte gefragt, ob sie etwas über den Verbleib dieser Kapsel wüsste. Ja, antwortete sie trocken, sie stehe bei ihr eingerahmt in der Schrankwand. Die Beschriftung gibt Auskunft über die Genese der Reliquie: Am 10. August 1861, also sechs Jahre vor Fontanes Besuch, hatte der Militärarzt und Kultursammler Friedrich Wilhelm Puhlmann (1797–1882), wie er handschriftlich neben der mit Siegellack befestigten Haarsträhne vermerkt, »Haare des am 6/11 1730 hingerichteten Freundes Friedrichs des Großen, Herrn v. Katte, von mir selbst aus dem im Erbbegräbnis des Hauses von Katte stehenden Sarges genommen.« Nach Puhlmanns Tod wurde die Haarsträhne dem Rudolph Lepkes Kunst-Auktionshaus übergeben, im Katalog unter dem Los »H584« verzeichnet und von Friedrich Wilhelm Alexander von Katte (1813–1894), Marias Urgroßvater, ersteigert.[75]

Fontane hat auch sein Verlassen der Gruft festgehalten. Allerdings ist der Weg zum Park literarisch gestaltet. Die Aufzeichnungen zeigen zudem, wie die Beschreibung des Parks der Konzeption des *Wust*-Kapitels angepasst wurde. Jetzt sind es nicht Hans Hermann und sein Vater, sondern es ist der Wanderer selbst, der sich unvermittelt an einem erdrückend stillen Schauplatz der Vergänglichkeit bewegt. »Wir schlossen den Sarg wieder und traten in das Licht zurück. Stumm schritten wir neben einander her, über den Kirchhof fort, auf den Park zu. Seine stille Schönheit sollte die Eindrücke verwischen. Es sollte nicht recht glücken. Da lagen die umgestürzten Statuen. Auch hier die Bilder der Vergänglichkeit.«[76] Dieser Ausklang unterscheidet sich nur in Nuancen vom Ende des *Wust*-Kapitels in den *Wanderungen*: *Da lagen die umgestürzten Statuen, zerbrochen, zerschlagen, halb überwachsen von grünem Gesträuch. Auch hier die Bilder der Vergänglichkeit.*

Sarg bei Sarg

Zum Ritual des Katte-Gedenktages gehört eine kurze Andacht in der Gruft, die sich unmittelbar an den Vortrag in der Kirche anschließt. Weil heute Maria von Katte die Referentin ist, sind auch Mitglieder der Katte-Familie nach Wust gekommen. Sie und einige wenige Besucher folgen einem GuM-Mitglied, das den Schlüssel zur Gruft besitzt. Maria von Katte bleibt in der Kirche zurück. Wir schließen uns der Gruppe an, laufen um die Kirche herum zu dem schlichten Ziegelsteinanbau hinter der Apsis. Die Sonne ist inzwischen hinter einer dicken Wolkenwand verschwunden. Es dämmert schon.

Der kleine Platz vor der Gruft ist von einem schwarzen, kunstvoll geschmiedeten Gartenzaun umgeben. In diesem Vorgarten der Vergänglichkeit wachsen zwei wild verästelte Eichen, deren Kronen dem Kirchturm Konkurrenz zu machen scheinen. Über dem Eingangstor prangt die schon etwas verblasste, aber noch gut lesbare Inschrift »Ruhestätte derer von Katte«. Aus der rechten geöffneten Torhälfte dringt der Lichtschein flackernder Kerzen. Im Hintergrund steht *Sarg bei Sarg*.

Es wirkt ein wenig gespenstisch. Nicht alle Teilnehmer der Andacht finden in der Gruft Platz. Im Vorgarten sprechen sie murmelnd das in der Gruft stockend vorgetragene *Vaterunser* mit.

Nachdem die Gruppe schweigend die Gruft verlassen hat, betreten wir den Raum. Die GuM-Vertreterin steht noch immer andächtig zwischen den Särgen. Wie bei Fontane spendet ein silberner Kerzenleuchter Licht. Die zehn Särge sind aus Marmor, Sandstein, Metall und Holz gearbeitet. Der prunkvollste ist der Marmorsarg des Vaters, Generalfeldmarschall Hans Heinrich von Katte, der 1741 – elf Jahre nach der Hinrichtung seines Sohnes – zu Beginn des Ersten Schlesischen Krieges in Reckahn einem Schlaganfall erlag.[77] Er war erst sechzig Jahre alt, musste aber nicht mehr eine weitere Familientragödie miterleben. Seine Söhne aus zweiter Ehe duellierten sich 1748, kamen beide ums Leben und wurden in der Gruft neben ihrem Vater und dem geköpften Hans Hermann bestattet. Nicht geklärt ist, ob der Grund für den tödlichen Konflikt die Liebe zu einer Frau oder der Streit um das Erbe war.[78]

Auf dem Sarg des einen Halbbruders steht der Leuchter[79], damit das Licht auf den Sarg dahinter fallen kann – auf den von Hans Hermann. Als wir uns der vom Kerzenschein beleuchteten Ecke nähern, zucken wir im ersten Moment zurück, weil der Sarg geöffnet ist. Erinnern uns dann aber an Fontane, der ja beschrieben hat, dass *in dem äußeren Sarge* noch *ein zweiter, der eigentliche,* stand. Tatsächlich ist es *eine bloß zugeschrägte Kiste mit einem flachen Deckel*, auf dem ein kleiner Kranz mit drei weißen Rosen und der Brief einer Verehrerin liegen. Weil wir die Ecke inspizieren, fühlen wir uns veranlasst, dem GuM-Mitglied, das uns genau beobachtet, zu erklären, dass wir wegen Fontane hier seien. »Sind viele hier wegen Fontane«, wird uns bestätigt. Und nach einer kurzen Pause ergänzt, ohne dass wir danach gefragt hätten: »Der Deckel bleibt aber zu.«

Die Öffnung der Särge

Die letzte Sargöffnung fällt in das Jahr 1987. Kurz vor dem Ende der DDR untersuchte das Institut für Gerichtliche Medizin Potsdam unter Leitung ihres Direktors Kurt Markert die sterblichen Überreste von zehn Personen aus der Katte-Familie, um ein neu entwickeltes radiologisches Zuordnungsverfahren zu prüfen.[80] Hierfür bedurfte es der

Ein hellblauer Seidenmantel umhüllt den Körper: Sterbliche Überreste nach der Öffnung des Katte-Sarges, 1987

Schädel von Personen aus mindestens drei Generationen. In Wust wurde man fündig. Im September 1987 wurden daraufhin in Absprache mit der evangelischen Kirchengemeinde in Wust die Katte-Särge geöffnet. Zur Untersuchung wurden auch die Knochen von Hans Hermann, die im Sarg »verstreut in regelloser Lage« lagen, nach Potsdam gebracht.[81] Über die Ergebnisse wurde in den DDR-Medien, vom *Neuen Deutschland* bis zur *NBI*, in ungewöhnlich großer Aufmachung berichtet, inklusive eines Fotos vom Katte-Skelett.[82] Im Zentrum der Berichterstattung stand aber weniger das neue gerichtsmedizinische Verfahren als vielmehr der »Fall Katte« und die Identifizierung der Gebeine. »Gewissermaßen als Nebenprodukt ihrer Forschungen konnten Potsdamer Gerichtsmediziner einen Zweifel der Geschichtswissenschaft ausräumen«, schrieb beispielsweise die Zeitschrift *Wochenpost* im Juli 1988. »Der sogenannte Henkerssarg Hans Hermann von Katte« in Wust enthalte »tatsächlich die Gebeine des einstigen Jugendfreundes von Friedrich II.«[83] Die Fotografin Gabriele Senft, die »im Auftrag der DDR-Fotoagentur« das Skelett dokumentierte, kann sich erinnern, wie sie in Potsdam »diesem traurigen Helden bis auf die Knochen nah«

gekommen und auf der Leiter über ihm »herumgeturnt« sei, um alles aufs Bild zu bekommen.[84] Bei der Sargöffnung in Wust war sie nicht dabei. Aber auch dort sind Fotos von den sterblichen Überresten gemacht worden. Sie befinden sich im GuM-Archiv.[85]

Zweifel an der Echtheit

Knapp dreihundert Jahre nach seinem Tod scheint Hans Hermann von Katte keine Ruhe zu finden. Denn wie uns der Mann in Liepe berichtet hatte, wird tatsächlich behauptet, im Sarg liege nicht das echte Katte-Skelett. Der Zweifler ist der 2019 verstorbene Anthropologe Herbert Ullrich, der bereits eine Reihe von Schädeln historischer Persönlichkeiten untersucht und sich mit seinen Forschungen zu den Gebeinen von Friedrich Schiller auch über Wissenschaftsgrenzen hinaus einen Namen gemacht hat. Seine These, im Katte-Sarg liege eine Frau, hat nicht nur die Wuster aufgeschreckt. Der im Sarg vorgefundene Schädel, argumentiert Ullrich, erwecke »zweifelsfrei den Eindruck eines weiblichen Schädels«. Auch bei der Beurteilung des rechten Hüftbeins müsse »die Diagnose eindeutig weiblich lauten«. Zudem stimmen weder »morphologische Details der Nase« mit den zeitgenössischen Bildnissen noch »die langen Gliedmaßenknochen« mit der überlieferten Kleinwüchsigkeit Kattes überein. Ullrich spricht hinsichtlich der in der DDR-Presse verbreiteten Erkenntnisse Markerts, Katte sei »zweifelsfrei identifiziert«, von »widersprüchlichen Befunde[n] am Schädel und Körperskelett«. Daher müssten »schwerwiegende Bedenken gegen die Echtheit des Katte-Skeletts erhoben werden«.[86] Liegen im Henkerssarg in Wahrheit die sterblichen Überreste einer Frau?

Wenn ja, wie ließe sich das erklären? Ullrich skizziert zwei Möglichkeiten. Erstens: Im Sarg befinden sich tatsächlich nicht Kattes Gebeine, sondern es ist ein falsches Skelett von Küstrin nach Wust überführt oder das Skelett später ausgetauscht worden. Oder, zweitens: Im Sarg liegt – ungeachtet der widersprüchlichen Befunde – das echte Skelett. Der weiblich determinierte Schädel und das Becken wären dann eine »genetische Störung«, die zu einer »Feminisierung des Körperbaus« geführt hat. Gewissheit ergäbe eine Chromosomenanalyse. Die Ergebnisse würden, meint Ullrich forsch, »durchaus neues Licht auf die Beziehungen zwischen Friedrich und Katte werfen«.[87]

Ullrich konnte seine These zu Lebzeiten nicht beweisen, weil er vor einem doppelten Problem stand. Einerseits liegt von der Untersuchung 1987/88 kein schriftlicher Bericht vor.[88] Erhalten sind lediglich ein »Tonbandprotokoll der Gruftuntersuchung der Familie Katte« vom 1. September 1987, Diapositive der Sarkophage, Skelett und Beigaben sowie Röntgenaufnahmen und ein Gipsabguss von dem im Sarg vorgefundenen Schädel.[89] Andererseits wurde eine erneute Untersuchung mit modernen molekularbiologischen Analyseverfahren am Skelett »von den verantwortlichen Stellen« abgelehnt.[90] Wer diese Stellen sind, schreibt Ullrich leider nicht. Stattdessen zitiert er die Behauptung eines GuM-Mitglieds, es sei »Hans Hermann von Katte[,] der im Henkerssarg in der Familiengruft zu Wust liegt«.[91]

Vielleicht

Aber auch eine erneute Untersuchung wäre nicht unproblematisch. Denn schon bei der Öffnung 1987 fehlten »zahlreiche Knochen des Skeletts, auch große« wie »die oberen Halswirbel«.[92] Mindestens ein Halswirbel war schon verschwunden, als Fontane den Sarg 1867 inspizierte.[93] Apropos Fontane. Ausgerechnet der Wanderer stützt – vielleicht eher unbewusst – die These, im Sarg liege ein falsches Skelett. Folgt man Ullrichs Erklärungsansätzen, klingt am plausibelsten, dass es bereits in Küstrin zu einer Verwechslung gekommen ist. Es existieren keinerlei Unterlagen über den Zeitpunkt und den Ablauf der Exhumierung. Auf Kattes Grab dürfte kein Kranz gelegen und erst recht kein Kreuz gestanden haben, das die Identifizierung des Grabplatzes auf dem »Armen-Kirchhof« erleichtert hätte. Es ist also durchaus denkbar, dass der falsche Sarg ausgegraben und nach Wust transportiert wurde. Vermutlich aus Versehen.

Ob schon Fontane von Zweifeln über die Identität des Leichnams gehört hatte, lässt sich nicht nachweisen. Aber es gibt in der Entstehungsgeschichte seines *Wust*-Kapitels einen Hinweis, der diese Annahme nahelegt. Sein Text wurde als Artikel – wie die meisten *Wanderungen*-Kapitel – zunächst in einer Zeitschrift veröffentlicht.[94] Der Wust-Aufsatz erschien im April 1871 in der *Vossischen Zeitung* und wurde für die zweite Auflage des *Havelland*-Bandes von 1880 an wenigen Stellen minimal überarbeitet. Eine Änderung jedoch ist bemerkenswert. Sie betrifft streng genommen nur ein Wort. Das aber könnte entscheidend sein. Konkret geht es um den Absatz, in dem Fontane die Öffnung des Katte-Sargs beschreibt. Im Erstdruck von 1871 heißt es: »In dem äußeren Sarge stand ein zweiter, der eigentliche, in den man ihn [Katte] zu Küstrin gelegt hatte [...]«.[95] Für die Buchausgabe von 1880 nahm Fontane eine Ergänzung vor, die auch in den folgenden zwei Auflagen nicht mehr zurückgenommen wurde: *In dem äußeren Sarge stand ein zweiter, der eigentliche, vielleicht der, in den man ihn zu Küstrin gelegt hatte [...].* Vielleicht war sich also auch Fontane nicht sicher.

Wir verlassen die Gruft und die Kerzen werden ausgepustet. Wir halten kurz inne, weil es drinnen jetzt dunkler ist als draußen. Durch die geöffnete Torhälfte und das kleine vergitterte Fenster dringt etwas Dämmerlicht *in die dunkle Behausung ein.* Wir sehen, wie der *Luftzug* unserer Schritte *die Spinnweben* am Fensterrahmen *in Bewegung* setzt.

Als wir vor der Kirche ankommen, sind die Besucher des Katte-Gedenktages schon in den Nachbarort Briest aufgebrochen, wo GuM in der Kirche zu Kaffee und Kuchen geladen hat. Vor dem Eingang läuft uns noch der Vorsitzende über den Weg. »Sie kommen doch mit nach Briest?«, fragt Hans Schulz. Wir nicken. Und können mit unserer Frage nach den Zweifeln über das Katte-Skelett nicht bis Briest warten. »Der Geschichtskreis war sich damals einig: Die Särge wurden ein Mal geöffnet, das reicht«, antwortet er. Und um erst gar keine Diskussion aufkommen zu lassen, ergänzt er resolut: »Der Sarg bleibt zu!«

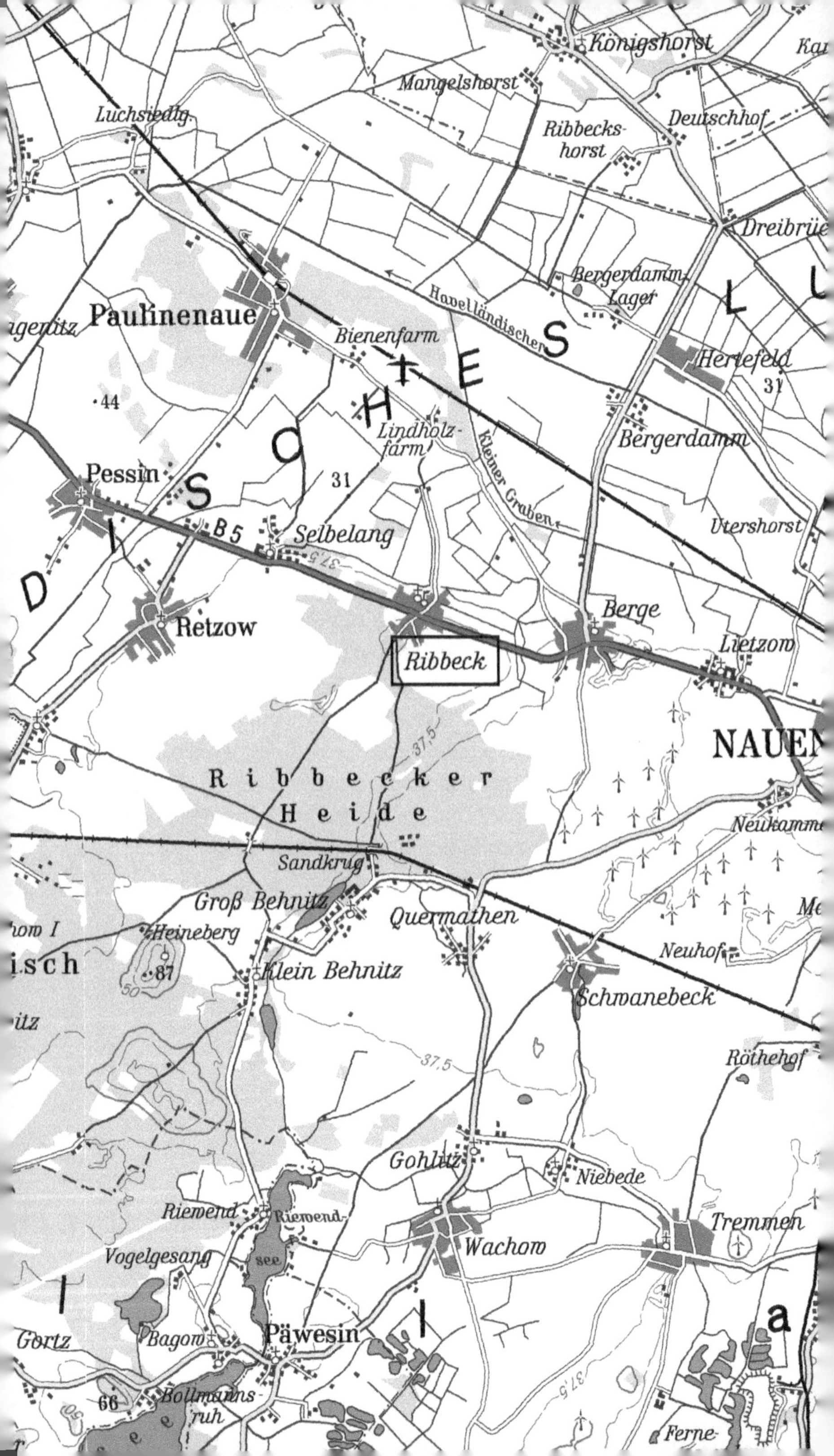
Königshorst
Mangelshorst
Luchsiedlg.
Ribbecks-
horst
Deutschhof
Dreibrüe
Bergerdamm-
Lager
Havelländischer
Paulinenaue
Bienenfarm
Hertefeld
31
44
Lindholz-
farm
Kleiner Graben
Bergerdamm
Pessin
31
B5
Selbelang
37,5
Utershorst
Berge
Retzow
Ribbeck
Lietzow
NAUEN
Ribbecker
Heide
Neukamme
Sandkrug
Groß Behnitz
Quermathen
Heineberg
87
Klein Behnitz
Neuhof
Schwanebeck
Röthehof
37,5
Gohlitz
Niebede
Riewend
Riewend-
see
Tremmen
Vogelgesang
Wachow
Gortz
Bagow
Päwesin
66
Bollmanns-
ruh
Ferne-

EPILOG

»Natürlich war Fontane in Ribbeck!« Ungeduldig unterbricht der Reiseleiter das Gemurmel der Gruppe, der er gerade die drehbare Fontane-Installation vor dem Schloss gezeigt hat. Dabei schüttelt er verständnislos den Kopf, den er unter einen schwarzen Zylinder gepresst hat. »Machen Sie mir die Leute hier nicht närrisch.« Gemeint sind nicht wir, sondern ein älterer Herr, der sich der Führung spontan angeschlossen und mit seiner laut geäußerten Feststellung, Fontane sei nie in Ribbeck gewesen, offenbar ein Sakrileg begangen hat. Die Touristen aus Hamburg, die sich auf die Spuren Fontanes begeben haben, sind dennoch irritiert. Schließlich ist bis jetzt alles nach Plan verlaufen. Sie haben eine Broschüre mit allen FONTANE.RAD-Etappen gekauft, einen Reiseleiter engagiert, der sich mit Fontane auskennt, und Apostel Petrus um schönes Wetter gebeten. Es sollte sein. Die Räder laufen wie geschmiert, die Wege sind tatsächlich ausgeschildert und der Reiseleiter zitiert Fontane-Sprüche aus dem Kopf. Nur die Sonne brennt etwas zu heftig vom wolkenlosen Himmel. Die Birnen in Ribbeck sind längst überreif.

Die Radroute erschließe »Fontanes biografische und literarische Spuren im Havelland und im Ruppiner Seenland«, heißt es in der Werbung. Der Weg führe »an jene Orte und Landschaften, die ihm für sein Hauptwerk ›Wanderungen durch die Mark Brandenburg‹ als reale Vorlage für Handlung und Personen dienten«.[1] *Effi Briest* ist überall. Die »ausgewiesene Strecke« hat es in sich: Von Oranienburg über Neuruppin und Ribbeck bis Potsdam ist sie knapp 300 Kilometer lang. Die *Wanderungen* muss man vorher nicht gelesen haben. Überall stehen

»Natürlich war er hier!«: Fontane-Kopf vor Schloss Ribbeck, 2022

Hinweistafeln, auf denen alles Wissenswerte häppchenweise zusammengefasst ist. Auf ihnen wird auch Fontanes Frau Emilie zitiert, die nachweislich nie mitgewandert ist, sondern »nur« die unleserlichen Manuskripte ihres Mannes abgeschrieben hat.

Höhepunkte der Strecke sind Orte wie Plaue und Petzow direkt an der Havel, deren Flussverlauf auf der Website als »der Amazonas der Mark« bezeichnet wird, und natürlich die Fontane-Führung in Ribbeck. Ein Ort, den nun wirklich jeder kennt. Genauer gesagt: die Ballade mit dem rhythmisch-einprägsamen Titel *Herr von Ribbeck auf Ribbeck im Havelland.*

Der Reiseleiter, der sich von den ortsansässigen Fontane-Führern abgeschaut hat, wie sich mithilfe eines Kostüms die Entstehungszeit der Ballade gestalterisch umsetzen lässt, ordnet den Text gerade in den literaturhistorischen Kontext ein: »Ohne Havelland kein Ribbeck. Ohne Ribbeck kein Fontane.« Dann setzt er an, das Gedicht zu rezitieren. Er stockt schon nach dem ersten Vers »Ein Birnbaum in seinem Garten stand«, weil der ältere Herr sich wieder einmischt. Seine Bemerkung »Die Betonung liegt auf ›stand‹« reicht aus, um den Kostümierten aus dem Konzept zu bringen. »Es musste ein neuer gepflanzt werden, weil Fontanes Birnbaum 1911 einem Sturm zum Opfer fiel«, erklärt er schnell und liefert damit gleich die nächste Steilvorlage.

»Fontanes Birnbaum?«, fragt nun eine Frau aus Blankenese, die mit ihrer Schwester die Radtour meistert. »Dazu kommen wir später«, sagt der Reiseleiter und möchte seine Rezitation fortsetzen. »Nee, nicht Fontanes Birnbaum«, beantwortet der ältere Herr die Frage und setzt noch einmal nach: »Denn Fontane war ja nicht in Ribbeck.« »Sie sind wohl Experte!?«, versucht der Leiter es jetzt mit Humor. »Nee, *ich* habe die *Wanderungen* gelesen«, antwortet der Herr und grinst. »Wo ist denn nun der Birnbaum?«, fragt die Frau aus Blankenese. Die Fontane-Führung durch Ribbeck droht aus dem Ruder zu laufen.

Dabei könnte alles so schön sein. Es ist »goldene Herbsteszeit« und Ribbeck leuchtet »weit und breit« wie die Früchte in Fontanes Birnbaum-Ballade. Das pittoreske Dorfensemble ist ein Eldorado für Fontane-Fans. Es gibt szenische Führungen wahlweise mit Schauspielern oder Marionetten, ein Fontane-Museum und jede Menge Birnen. Im Café *Alte Schule* werden kreative Birnenspezialitäten wie Torte Birne Helene angeboten und im Schloss-Museum die Besucher von einer überdimensionalen, begehbaren Birne begrüßt. Eine Tafel erklärt: »Sie ist das kulturelle Sinnbild von Schloss Ribbeck.«

Von kulturellen Sinnbildern könnte Schloss Ribbeck viel erzählen. Nachdem es 1945 enteignet worden war, zog ab 1954 ein sozialistisches Pflegeheim ein. Auf einem großen Schild vor dem Schloss wurde an die Mitarbeiter die Parole ausgegeben: »Gesundheit und Lebensfreude – unser humanistisches Ziel!« Jetzt werben die Schlossfestspiele Ribbeck auf einem bunten Plakat am Schlosszaun – mit »Ladies Night«, neben einem Schild »Frisch. Lecker. Spargel«, das man wohl vergessen hat abzunehmen.

Der Hamburger Reiseleiter hat es aufgegeben, seiner Gruppe das Gedicht vorzutragen, und sie in die Kirche geführt, damit sie *die* Ribbecker Reliquie bestaunen können: »das Original-Teil des Birnbaums«. Ein Baumstumpf, der mit einem Eisenring zusammengehalten werden muss. Im Blitzlichtgewitter strahlt der eingewachste Stumpf wie die Birnen an den Ästen seines Nachfolgers.

Auf dem 1893 angelegten Familienfriedhof der Familie von Ribbeck ist der ältere Herr nicht mehr dabei; der Reiseleiter hat seine Gruppe aber nur für kurze Zeit im Griff. Denn die Schwestern aus Blankenese möchten über die lebenden Ribbecks sprechen, von denen einer wieder im Dorf wohnen soll. Die Gruppe ruft »Ach!« und ein Teilnehmer, der bisher alles schweigend über sich hat ergehen lassen, wirft in die Runde, man könne doch den Nachfahren fragen, ob Fontane in Ribbeck war. Der Vorschlag findet in der Gruppe keine Mehrheit.

Wir müssen an Friedrich-Carl von Ribbeck denken, einen Ur-Urenkel des Fontane-Ribbecks, mit dem wir vorhin einen Interviewtermin hatten.[2] Das Bestreben seiner Familie, das 1945 enteignete Gut nach der Wiedervereinigung zurückzubekommen, ließ sich auch gerichtlich nicht durchsetzen. Nach einem Vergleich entschied sich der heute über achtzigjährige Friedrich-Carl, die alte Brennerei und den verfallenen Kutschpferdestall zurückzukaufen. Das Schloss blieb im Besitz des Landkreises. Heute sei es »schöner denn je«. Darüber freue er sich. Und er freue sich, die Heizkosten im sechsstelligen Bereich nicht zahlen zu müssen. Stattdessen produziere er »aus dem Hause von Ribbeck« edle Brände und Liköre – und Birnenessig. Irgendwann stellen wir die Frage aller Fragen: War Fontane in Ribbeck? Der adlige Nachfahre antwortet wie aus der Pistole geschossen: »Natürlich war er das!« Er verzieht keine Miene. »Und wenn einer nachfragt?« »Es fragt keiner nach«, sagt Friedrich-Carl von Ribbeck und grinst jetzt doch. Weil wir nicht reagieren, setzt er nach: »Die Leute wollen belogen werden.«

Der Reiseleiter aus Hamburg hat inzwischen auch eine Antwort gefunden. Während sich die Gruppe den Deutschen Birnengarten hinter dem Schloss angesehen hat, in dem jedes Bundesland einen Birnbaum gepflanzt hat, nutzte er die Zeit zum Googeln. Jetzt berichtet er der Gruppe, dass inzwischen die entzifferten Notizbücher Fontanes im Internet einsehbar sind. Ganz sicher werde sich dort der entscheidende Hinweis auf einen Besuch in Ribbeck finden. Selbst die beiden Schwestern aus Blankenese geben sich damit zufrieden. Die Hoffnung stirbt zuletzt.

NACHWORT

Die Havel ist ein *Unikum*. Kaum ein deutscher Fluss wechselt so oft die Richtung. Kaum ein Fluss bietet in seinem Verlauf derartig viele Seen und an seinen Ufern so viel historisches Flair. Und kaum ein Fluss schlängelt sich an der nach ihm benannten Landschaft einfach vorbei.

Einzigartig ist vor allem ihr Verlauf. Obwohl die Havel über 300 Kilometer lang ist, beträgt die direkte Entfernung zwischen Quelle und Mündung nur 94 Kilometer. Geschuldet ist das ihrer *Form*. Die Havel *beschreibt einen Halbkreis, kommt von Norden und geht schließlich wieder gen Norden*, erklärt Fontane in den *Wanderungen* und liefert einen bildhaften Vergleich: *Wer sich aus Kindertagen jener primitiven Schaukeln entsinnt, die aus einem Strick zwischen zwei Apfelbäumen bestanden, der hat die geschwungene Linie vor sich, in der sich die Havel auf unseren Karten präsentiert.*

Die Havel entspringt am östlichen Rand des Müritz-Nationalparks in Mecklenburg-Vorpommern. Nördlich der Stadt Fürstenberg/Havel erreicht sie das Land Brandenburg und durchfließt in südlicher Richtung den Kreis, der seit der brandenburgischen Kreisgebietsreform von 1993 den Namen »Oberhavel« führt und damit ihren anfänglichen Verlauf bezeichnet. Bei Oranienburg dann nähert sie sich dem eigentlichen Havelland, einer von der letzten Eiszeit geprägten Landschaft, die schon vor einem Jahrtausend nach ihr benannt wurde.

Allerdings berührt sie kaum das Gebiet, dem sie ihren Namen gab: Aus Oberhavel kommend, erreicht sie Berlin, fließt dann weiter durch Potsdam, durchquert den Schwielowsee, wendet sich nach Westen und streift im Kreis Potsdam-Mittelmark mit Werder (Havel) eine Stadt, die den Fluss zwar im Namen trägt, aber nicht zum Kreis Havelland gehört. Etwas weiter westlich liegt die Stadt Ketzin/Havel, wo sie das erste Mal für wenige Kilometer den nach ihr benannten Landkreis berührt. Anschließend durchquert die Havel erneut den Kreis Potsdam-Mittelmark, dann die Stadt Brandenburg an der Havel und deren Ortsteil Plaue, wo sie nach Norden abbiegt, ehe sie bei Bahnitz nun endlich den Kreis Havelland erreicht. Nördlich von Rhinow dreht sie nach Nordwesten ab und fließt schließlich durch das Jerichower Land in Richtung Havelberg, der Elbe entgegen.

Dass die Havel nicht vorwiegend durch das Havelland verläuft, ist zurückzuführen auf die künstlich gezogenen Verwaltungsgrenzen, die naturräumliche und historische Gegebenheiten ignorieren.

Das historische Havelland ist durch den Naturraum – den Havelbogen – begrenzt: mit der Havel im Osten, Süden und Westen sowie dem Rhinluch im Norden. Unter der slawischen Bezeichnung »Stodor« beziehungsweise als »Hehfeldi« und »Haefeldun« wurde das Gebiet im 9. Jahrhundert erstmals urkundlich erwähnt. Im 12. Jahrhundert verstand man unter »Havelland« das Siedlungsgebiet des slawischen Stammes der Heveller um ihre Hauptburg Brandenburg. Im Spätmittelalter und in der Frühen Neuzeit bildete das Havelland dann einen selbstständigen Kreis in der Mittelmark.

Das Ende dieser von der Natur geprägten Kreisgrenzen setzte im 18. Jahrhundert ein. 1770 wurde im Nordosten der nun selbstständige Kreis Glien-Löwenberg ausgegliedert; 1809 schied die Residenzstadt Potsdam aus. Das übrige Gebiet teilte man 1815 in die Kreise West- und Osthavelland. Beide erfuhren bis 1952 weitere territoriale Veränderungen, so wurden beispielsweise 1881 die Stadt Brandenburg aus dem Kreis Westhavelland und 1887 Spandau aus dem Kreis Osthavelland herausgelöst. Beide Gebiete wurden selbstständige Stadtkreise.

Eine grundlegende Reform der Verwaltungsgrenzen 1952, drei Jahre nach Gründung der DDR, hatte die Auflösung der Kreise West- und Osthavelland zur Folge. Es entstanden beispielsweise die Kreise Nauen und Rathenow, die das nördliche und zentrale Havelland umfassten. Mit dieser Reform war die Havel nach einem Jahrtausend endgültig aus der Sprache der Verwaltungsgliederung verschwunden. Erst mit der Wiedervereinigung und der Neubildung des Landes Brandenburg

Nicht in den *Wanderungen* und nicht im Havelland: Schloss Plaue, 2022

kehrten Begriff und Region in die Verwaltungsstruktur zurück, als 1993 aus den Kreisen Nauen und Rathenow der neue Landkreis Havelland gebildet wurde. Damit war das Havelland zwar als Gebietskörperschaft wiederhergestellt, aber eben mit einem Gebiet, das von der Havel nur punktuell berührt wird. Einwohner, die an dem Fluss leben, sind verwaltungsrechtlich oft keine Havelländer.

Einer davon bin ich. Obwohl die Havel mitten durch meinen Wohn- und Heimatort fließt, lebe ich offiziell nicht im Havelland. Die Stadt Plaue gehört seit 1952 zur kreisfreien Stadt Brandenburg, die 1993 den Zusatz »an der Havel« erhielt. Aber weder Brandenburg noch Plaue liegen im Kreis Havelland, der erst etwa fünfzehn Kilometer nördlich unserer Stadtgrenze beginnt.

Und doch fühle ich mich als Havelländer. Der Fluss, der unsere Region prägt, begleitet mich mein ganzes Leben. Meine Vorfahren waren Fischer und Schiffer. Das Wasser ernährte viele Generationen meiner Familie, vor allem durch Fischfang und Binsenschneiden oder durch das Führen eines Schleppdampfers. Seit ich denken kann, bin ich im und auf dem Havelgewässer unterwegs. Die Havel ist für mich Heimat, in der ich mich wohlfühle. Ein Gefühl, das keine Grenzen kennt.

Womit wir wieder bei Fontane sind. Dass sich schon der Wanderer mutig über die Kreisgrenzen hinweggesetzt hat, zeigt der Blick in das Inhaltsverzeichnis seines *Havelland*-Bandes: Interessant für Fontane waren – neben vielen havelländischen Orten – auch die Zisterzienser und ihre Klöster in Lehnin (damals Kreis Zauch-Belzig) und Chorin (Kreis Angermünde), das Schloss Oranienburg (Kreis Niederbarnim) oder der Schwielowsee mit Caputh, Petzow, Glindow oder Werder (Kreis Zauch-Belzig). Und für den *Enthauptete[n]* Hans Hermann von Katte pilgerte er sogar bis nach Wust, das damals im Kreis Jerichow II in der preußischen Provinz Sachsen lag.

Fontane orientierte sich nicht an künstlichen Verwaltungsgrenzen, sondern am natürlichen Havelbogen. Er beschreibt die ethnische, historische, wirtschaftliche, soziale und kulturelle Vielfalt, welche die Havelregion in ihrer Gesamtheit formt: In seinem Havelland-Gedicht nennt er *Burgen, Schlösser, Dome, Märchen und Sagen, Schloss [...] und Schlösschen, Lücher, Brücher, Horste, Lanken, Sumpf und Lache*, er beschreibt Dörfer und Städte, Wenden, Zisterzienser, Schweden und Brandenburger. Der Fluss ist die bindende, identitätsstiftende Klammer, die alle Gegensätze verschwimmen lässt:

Ob rote Ziegel, ob steinernes Grau,
Du verklärst es, Havel, in deinem Blau.

Udo Geiseler
Plaue an der Havel, 2022

Anhang

FONTANES ORTE IM HAVELLAND

Ort	Gemeinde / Ortsteil (heute)	Erster Besuch	Notizbuchaufzeichnung
Baumgartenbrück	Gemeinde Schwielowsee im Landkreis Potsdam-Mittelmark	13.7.1869	A15
Belvedère	Charlottenburg, Ortsteil im Berliner Bezirk Charlottenburg-Wilmersdorf	[nicht bekannt]	C3
Blankensee	Ortsteil der Stadt Trebbin im Landkreis Teltow-Fläming	Ende Juni 1869	A15
Bornstedt	Ortsteil der Stadt Potsdam	vor dem 13.7.1869	A15
Brieselang	Amtsfreie Gemeinde im Landkreis Havelland	21.,22. oder 23.5.1870	A17
Caputh	Ortsteil der Gemeinde Schwielowsee im Landkreis Potsdam-Mittelmark	vor dem 13.7.1869	A15
Etzin	Ortsteil der Stadt Ketzin/Havel im Landkreis Havelland	29. oder 30. Juni 1860	A11, A3 [um den 31.3.1861]
Fahrland	Ortsteil der Stadt Potsdam	16.8.1869	A15
Falkenrehde	Ortsteil der Stadt Ketzin/Havel im Landkreis Havelland	20.11.1869	-

Erstdruck in einem Journal	Erstveröffentlichung in den Wanderungen	Zuordnung (Teil) in der letzten Fontane-Auflage Havelland von 1896	Zuordnung (Teil) in Fontanes Havelland 2023
Der Schwielowsee und seine Umgebungen – 4. Baumgartenbrück; in: Neue Preußische [Kreuz-] Zeitung, Nr. 107, 13.5.1870	Ost-Havelland, 1. Auflage 1873	Der Schwielow und seine Umgebungen	Am Schwielowsee
Das Belvedère im Schlossgarten zu Charlottenburg; in: Vossische Zeitung, Sonntagsbeilage, Nr. 24, 16.6.1872	Ost-Havelland, 1. Auflage 1873	Spandau und Umgebung	-
Blankensee; in: Wochenblatt der Johanniter-Ordens-Balley Brandenburg, Nr. 35, 30.8.1871	Ost-Havelland, 1. Auflage 1873	[später: Spreeland, 1. Auflage 1882]	-
Havel und Haveldörfer – 4. Bornstedt; in: Über Land und Meer, Bd. 26, Nr. 51 [September 1871]	Ost-Havelland, 1. Auflage 1873	Potsdam und Umgebung	-
Der Brieselang – 1. Finkenkrug. – 2. Försterei Brieselang. – 3. Die Königseiche; in: Vossische Zeitung, Sonntagsbeilage, Nr. 23, 4.6.1871, Nr. 24, 11.6.1871, Nr. 25, 18.6.1871	Ost-Havelland, 1. Auflage 1873	Spandau und Umgebung	-
Der Schwi[e]low und seine Umgebungen – 2. Caputh; in: Neue Preußische [Kreuz-]Zeitung, Nr. 95, 24.4.1870 und Nr. 101, 1.5.1870	Ost-Havelland, 1. Auflage 1873	Der Schwielow und seine Umgebungen	-
Dorf Etzin und sein heldenmüthiger Pfarrer; in: Heinrich Pröhle (Hrsg.): Unser Vaterland. Bilder aus der Deutschen Geschichte, Cultur und Heimathkunde. Berlin, Bd. 2 (1862)	Ost-Havelland, 1. Auflage 1873	Potsdam und Umgebung	-
Pastor Moritz zu Fahrland. Ein märkisches Charakterbild. Vortrag, im Evangelischen Verein gehalten; in: Wochenblatt der Johanniter-Ordens-Balley Brandenburg, Nr. 15, 12.4.1871 und Nr. 16, 19.4.1871 und Fahrland und die Fahrlander Chronik; in: Wochenblatt der Johanniter-Ordens-Balley Brandenburg, Nr. 44, 3.11.1875, Nr. 46, 17.11.1875 und Nr. 48, 1.12.1875	Havelland, 2. Auflage 1880	Potsdam und Umgebung	-
Falkenrehde; in: Vossische Zeitung, Sonntagsbeilage, Nr. 31, 30.7.1871	Havelland, 2. Auflage 1880	Potsdam und Umgebung	-

Ort	Gemeinde / Ortsteil (heute)	Erster Besuch	Notizbuchaufzeichnung
Friedrichsfelde	Ortsteil im Berliner Bezirk Lichtenberg	24.8.1862	A13
Geltow [bis 1912: Alt Geltow und Neu Geltow]	Ortsteil der Gemeinde Schwielowsee im Landkreis Potsdam-Mittelmark	13.7.1869	A15
Glindow	Ortsteil der Stadt Werder (Havel) im Landkreis Potsdam-Mittelmark	13.7.1869	A15, C3 [17.10.1869]
Güterfelde (bis 1937: Gütergotz)	Ortsteil der Gemeinde Stahnsdorf im Landkreis Potsdam-Mittelmark	Ende Juni 1869	A15
Groß Glienicke	Ortsteil der Stadt Potsdam	[nicht bekannt]	-
Kloster Chorin	Ort Chorin im Landkreis Barnim	1.11.1863	A14 [Peelitzer Werder]
Kloster Lehnin	Gemeinde Kloster Lehnin im Landkreis Potsdam-Mittelmark	vor dem 23.10.1863	A14
Marquardt	Ortsteil der Stadt Potsdam	zwischen dem 8.8. und dem 18.8.1869	A15
Oranienburg	Stadt im Landkreis Oberhavel	29.5.1861	A3
Paretz	Ortsteil der Stadt Ketzin/Havel im Landkreis Havelland	7./8.8.1869	A17, A15 [16./17.8.1869]
Petzow	Ortsteil der Stadt Werder (Havel) im Landkreis Potsdam-Mittelmark	vor dem 13.7.1869	A15

Erstdruck in einem Journal	Erstveröffentlichung in den Wanderungen	Zuordnung (Teil) in der letzten Fontane-Auflage Havelland von 1896	Zuordnung (Teil) in Fontanes Havelland 2023
Friedrichsfelde [I]; in: Wochenblatt der Johanniter-Ordens-Balley Brandenburg, Nr. 8, 22.2.1871, Nr. 9, 1.3.1871 und Nr. 10, 8.3.1871 und Friedrichsfelde II; in: Wochenblatt der Johanniter-Ordens-Balley Brandenburg, Nr. 24, 12.6.1872	Ost-Havelland, 1. Auflage 1873	[später: Spreeland, 1. Auflage 1882]	-
Alt-Geltow; in: Wochenblatt der Johanniter-Ordens-Balley Brandenburg, Nr. 8, 21.2.1872 und Neu-Geltow; in: Wochenblatt der Johanniter-Ordens-Balley Brandenburg, Nr. 9, 28.2.1872	Ost-Havelland, 1. Auflage 1873	Der Schwielow und seine Umgebungen	-
Glindow; in: Vossische Zeitung, Sonntagsbeilage, Nr. 29, 16.7.1871	Ost-Havelland, 1. Auflage 1873	Der Schwielow und seine Umgebungen	Am Schwielowsee
Gütergotz; in: Wochenblatt der Johanniter-Ordens-Balley Brandenburg, Nr. 30, 26.7.1871	Ost-Havelland, 1. Auflage 1873	[nicht übernommen]	-
Groß Glienicke; in: Wochenblatt der Johanniter-Ordens-Balley Brandenburg, Nr. 21, 22.5.1872	Ost-Havelland, 1. Auflage 1873	Potsdam und Umgebung	-
Kloster Chorin; in: Wochenblatt der Johanniter-Ordens-Balley Brandenburg, Nr. 37–39, 11, 17. und 25.9. 1867	Havelland, 2. Auflage 1880	Die Wenden und die Kolonisation der Mark durch die Zisterzienser	Im Kloster
Kloster Lehnin; in: Wochenblatt der Johanniter-Ordens-Balley Brandenburg, Nr. 19–23, 11.5., 18.5., 25.5., 1.6. und 8.6.1864	Ost-Havelland, 1. Auflage 1873	Die Wenden und die Kolonisation der Mark durch die Zisterzienser	Im Kloster
Marquardt; in: Wochenblatt der Johanniter-Ordens-Balley Brandenburg, Nr. 27; 6.7.1870, Nr. 28, 13.7.1870 und Nr. 29, 20.7.1870	Ost-Havelland, 1. Auflage 1873	Potsdam und-Umgebung	Im Havelbogen
Schloß Oranienburg; in: Heinrich Pröhle (Hrsg.): Unser Vaterland. Bilder aus der Deutschen Geschichte, Cultur und Heimathkunde. Berlin, Bd. 1 (1861)	Wanderungen durch die Mark Brandenburg [später: Grafschaft Ruppin], 1. Auflage, 1862; dann: Havelland, 2. Auflage 1880	Spandau und Umgebung	-
Havel und Haveldörfer: Paretz I.–II.; in: Über Land und Meer, Bd. 26, Nr. 39 [Juli 1871] und Nr. 45 [August 1871]	Ost-Havelland, 1. Auflage 1873	Potsdam und Umgebung	Im Havelbogen
Der Schwi[e]low und seine Umgebungen. 3. Petzow; in: Neue Preußische [Kreuz-]Zeitung, Nr. 107, 8.5.1870	Ost-Havelland, 1. Auflage 1873	Der Schwielow und seine Umgebungen	Am Schwielowsee

Ort	Gemeinde / Ortsteil (heute)	Erster Besuch	Notizbuchaufzeichnung
Pfaueninsel	Ortsteil (im Bezirk Wannsee) von Berlin	23.7.1861 oder 22.6.1862	A3, C3 [29.6.1870]
Saarmund	Ortsteil der Gemeinde Nuthetal im Landkreis Potsdam-Mittelmark	Ende Juni 1869	A15
Sacrow	Ortsteil der Stadt Potsdam	[Kein Besuch für die *Wanderungen* nachweisbar]	-
Schönhausen (Elbe)	Gemeinde im Landkreis Stendal in Sachsen-Anhalt	17.8.1867	A18
Spandau	Berliner Bezirk	Anfang Dezember 1869	-
Tegel	Ortsteil im Berliner Bezirk Reinickendorf	21.4.1860	-
Trebbin	Stadt im Landkreis Teltow-Fläming	vermutlich Ende Juni 1869	A15
Uetz	Uetz-Paaren, Ortsteil der Stadt Potsdam	7.8.1869 16.8.1869 [Quelle: Brief an Otto Friedrich Gruppe, 18.8.1869, S. 568 f.]	A17 A15 (16.8.1869)
Werder (Havel)	Stadt im Landkreis Potsdam-Mittelmark	vor dem 13.7.1869	A15
Wust	Wust-Fischbeck im Landkreis Stendal in Sachsen-Anhalt	16.8.1867	A18

Erstdruck in einem Journal	Erstveröffentlichung in den Wanderungen	Zuordnung (Teil) in der letzten Fontane-Auflage Havelland von 1896	Zuordnung (Teil) in Fontanes Havelland 2023
Pfaueninsel. 1. Die Pfaueninsel bis 1685. – 2. Die Pfaueninsel von 1685–93. Johann Kunkel. – 3. Die Pfaueninsel unter Friedrich Wilhelm III. 1797–1840. – 4. Die Pfaueninsel 15. Juli 1852. – 5. Frau Friedrich; in: Vossische Zeitung, Sonntagsbeilage, Nr. 25, 23.6.1872 und Nr. 26, 30.6.1872	Ost-Havelland, 1. Auflage 1873	Potsdam und Umgebung	Bei Potsdam
Saarmund und die Nutheburgen; in: Wochenblatt der Johanniter-Ordens-Balley Brandenburg, Nr. 36, 6.9.1871	Ost-Havelland, 1. Auflage 1873	[später: Spreeland, 1. Auflage 1882]	-
Aus dem Tagebuch eines havelländischen Landgeistlichen [Sakrow 1774–1791]; in: Vossische Zeitung, Sonntagsbeilage, Nr. 52, 25.12.1875	Havelland, 2. Auflage 1880	Potsdam und Umgebung	-
[kein Druck nachgewiesen]	[in keinen Band aufgenommen]	-	-
Sanct Nikolai zu Spandau; in: Wochenblatt der Johanniter Ordens-Balley-Brandenburg, Nr. 1, 4.1.1871	Ost-Havelland, 1. Auflage 1873	Spandau und Umgebung	-
Bilder und Geschichten aus der Mark Brandenburg – [1.] Tegel; in: Morgenblatt für gebildete Leser, Nr. 33, 12.8.1860	Wanderungen durch die Mark Brandenburg [später: Grafschaft Ruppin], 1. Auflage, 1862; dann: Havelland, 2. Auflage 1880	Spandau und Umgebung	-
Trebbin und Wilhelm Hensel; in: Vossische Zeitung, Sonntagsbeilage, Nr. 22, 2.7.1872, Nr. 23, 9.6.1872 und Nr. 25, 23.6.1872	Ost-Havelland, 1. Auflage 1873	[später: Spreeland, 1. Auflage 1882]	-
Havel und Haveldörfer. 2. Uetz. Ein havelländisches Idyll; in: Über Land und Meer, Bd. 26, Nr. 47 [August 1871]	Ost-Havelland, 1. Auflage 1873	Potsdam und Umgebung	Im Havelbogen
Werder und die »Werderschen«. 1. Die Insel und ihre Bevölkerung. Stadt und Kirche. »Christus als Apotheker«. – 2. »Die Werderschen«. – »Die Werdersche«. Ein Intermezzo; in: Vossische Zeitung, Sonntagsbeilage, Nr. 26, 25.6.1871 und Nr. 27, 2.7.1871	Ost-Havelland, 1. Auflage 1873	Der Schwielow und seine Umgebungen	Am Schwielowsee
Wust. Das Geburtsdorf des Hans Herrmann v. Katte. I.–II.; in: Vossische Zeitung, Sonntagsbeilage, Nr. 14, 2.4.1871 und Nr. 15, 9.4.1871	Havelland, 2. Auflage 1880	Potsdam und Umgebung	Jenseits der Havel

ANMERKUNGEN

Im Havelbogen

1 Fontane an Wilhelm Hertz, 9.5.1872; in: F–HBW, S. 144.
2 E. Hoh, Wo ist die Blaue Grotte?; in: Potsdamer Neueste Nachrichten, 13.3.2006.
3 »Der ursprüngliche Standort der Blauen Grotte ist heute nicht mehr genau feststellbar.« Marquardt. Schlösser und Gärten der Mark (Heft 88), hrsg. vom Freundeskreis Schlösser und Gärten der Mark in der Deutschen Gesellschaft e. V., Berlin 2012, S. 13 (künftig: Marquardt).
4 Bis 1704 hieß der Ort zunächst Skoryn (später Schorin). Vgl. Wolfgang Grittner, Illustrierte Zeittafel zur Ortsgeschichte 1313–2016, S. 7 (künftig: Grittner, Ortsgeschichte).
5 Vgl. Harald Lamprecht, Neue Rosenkreuzer. Ein Handbuch, Vandenhoeck & Ruprecht, Göttingen 2004, S. 249 f.
6 Leonhard Horowski, Das Europa der Könige. Macht und Spiel an den Höfen des 17. und 18. Jahrhunderts, Rowohlt Taschenbuch, Reinbek 2018, S. 957.
7 Vgl. ebd., S. 3 f.
8 Laut Eintrag im Kirchenbuch von Marquardt 1795 fungierten neben dem König »zwei königl. Gen. Adjutanten v. Rohlich und v. Reder« als Paten; zit. nach: Wolfgang Grittner, Mit Theodor Fontane durch die Geschichte von Marquardt, Heimatbuchverlag Brandenburg, Potsdam [2010], S. 36 (künftig: Grittner, Fontane).
9 Grittner, Fontane, S. 12.
10 Roland Edighoffer, Die Rosenkreuzer, C.H. Beck Verlag, München 1995, S. 108 f.
11 Fontane an Werner von Meding, 19.1.1870; zit. nach: Gisela Heller, Unterwegs mit Fontane in Berlin und der Mark Brandenburg. Nicolai Verlag, Berlin 1992, S. 364 (künftig: Heller, Fontane).
12 Fontane besuchte Marquardt am 16.8.1869; vgl. F–NB, A15, Inhaltsübersicht.
13 Carl Gustav Eduard Müller, Zur Notiz, 12.1.1862; zit. nach: Marquardt, S. 6.
14 Friedrich Reifenrath an Caroline Reifenrath, 5.6.1867; in: Chronik Reifenrath. Das Leben einer Pfarrersfamilie im späten 19. Jahrhundert. 1861–1904/08 [Archiv Grittner].
15 Fontane an Gustav Theodor Paul Tholuck, 6.2.1870; in: HBV 70/8.
16 Ebd.
17 F–Ost-Havelland 1873, S. 437.
18 F–GBA, Gedichte, Bd. 3, S. 220.
19 F–NB, A15, Bl. 70r.
20 Interview mit Wolfgang Grittner in Marquardt am 22. April 2022.
21 Vgl. Grittner, Fontane.
22 Ebd., S. 40.
23 Plan des Marquardter Schlossparks, Bleistiftskizze von Peter Joseph Lenné, 1823; in: Plankammer der Stiftung Preußische Schlösser und Gärten Berlin-Brandenburg, Inv.-Nr. 3537.
24 Nach der Beisetzung von Hans Rudolf von Bischoffwerder 1803 wurde die Gruft 1820 und 1832 für zwei seiner Enkel (Hans Wiegand und Georg von Bischoffwerder), 1833 für seine Frau (Wilhelmine Catherine von Bischoffwerder) und 1842 für seine Tochter aus erster Ehe (Caroline Erdmuthe Christiane von Bischoffwerder) geöffnet.
25 Marquardt, S. 14.
26 Marie Helwing-Pinto, Marquardt als Herrensitz der Familie von Bischoffwerder; in: Der Bär, Illustrierte Wochenschrift für vaterländische Geschichte, Jg. XIX, 1893.
27 Protokoll des Gemeindekirchenrates Marquardt vom 4.9.1900; zit. nach: Wolfgang Grittner, Zur Wiederentdeckung der »Herrschaftlichen Gruft«, 6.7.2020 [Archiv Grittner].

28 Das Zitat stammt aus den Erinnerungen von Robert Freiherr Lucius von Ballhausen; zit. nach: Gabriele Radecke, Vom Schreiben zum Erzählen, Würzburg, Königshausen & Neumann 2002, S. 46.
29 Marquardt, S. 7f.
30 Grittner, Ortsgeschichte, S. 42.
31 Marquardter Schulchronik; zit. nach: Ebd., S. 43f.
32 Wolfgang Grittner, Kempinski. Hotel Schloss Marquardt am Schlänitzsee. Eine illustrierte Rückschau, Heimatbuchverlag Brandenburg, Potsdam 2020 (künftig: Grittner, Kempinski).
33 Ebd., S. 16.
34 Ebd., S. 18.
35 Ebd.
36 Prospekt der Firma Kempinski [1932]; zit. nach: Marquardt. Eine Spurensuche, hrsg. von Angelika und Bernd Erhard Fischer, arani-Verlag Berlin 1992, S. 58.
37 Grittner, Kempinski, S. 7.
38 Das Gästebuch wurde 2015 bei einer Versteigerung vom Förderverein des Potsdam-Museums erworben. Ebd., S. 31–35.
39 Zit. nach: Ebd., S. 8.
40 Ebd.
41 Kaufvertrag vom 24.3.1942; zit. nach: Ebd., S. 51.
42 Zit. nach: Ebd., S. 35.
43 Zit. nach: Ebd., S. 48.
44 Ebd., S. 50.
45 Der Rundgang durch Schloss Marquardt fand am 8. März 2022 statt.
46 Versuchsstation für Agrobiologie (1950/51), Zentralforschungsinstitut für Obstbau und Obstzüchtung der Deutschen Akademie für Landwirtschaftswissenschaften (1952–1957) sowie Institut für Obstbau der Humboldt-Universität zu Berlin (1957–1992), Marquardt, S. 9.
47 Grittner, Ortschronik, S. 71f.
48 Ebd., S. 75.
49 H. Helwig, Vom Traumschloss zum Luftschloss; in: Märkische Allgemeine Zeitung, 1.12.1993.
50 Vgl. Kapitel Meseberg; in: Robert Rauh: Fontanes Ruppiner Land. Neue Wanderungen durch die Mark Brandenburg. be.bra verlag, Berlin 2019, S. 342–352 (künftig: Rauh, Fontanes Ruppiner Land).
51 TLG hat Schloss Marquardt an einen Bayern verkauft; in: Potsdamer Neueste Nachrichten, 28.7.1998.
52 Streit um Immobilie: »Volksaufstand« gegen Schlossherren; in: Der Tagesspiegel, 17.5.2001.
53 Ebd.
54 Grittner, Ortschronik, S. 85.
55 Ebd.
56 Streit um Immobilie: »Volksaufstand« gegen Schlossherren; in: Der Tagesspiegel, 17.5.2001.
57 Jan Brunzlow, Parkgebäude vor dem Verkauf; in: Potsdamer Neueste Nachrichten, 5.10.2006.
58 Mario Steder ist 2022 verstorben.
59 Karl Friedrich Zelter an Johann Wolfgang Goethe, 1821; in: Briefwechsel zwischen Goethe und Zelter, hrsg. von Ludwig Geiger, Bd. 1. 1799–1818, Philipp Reclam jun., Leipzig 1902, S. 665. Zu Zelter vgl. auch Kapitel *Petzow* in diesem Buch.
60 Friedrich Schmidt, Der Sonntag im Dorfe Uetz; zit. nach: F. W. A. Schmidt, Almanach der Musen und Grazien für das Jahr 1802, Verlag Oehmigke Der Jüngere, Berlin 1802, S. 103–107, hier: S. 106.
61 Allgemeine Literaturzeitung, Jena, 5. Dezember 1797; zit. nach: Günter de Bruyn, Als Poesie gut. Schicksale aus Berlins Kunstepoche 1786 bis 1807, Fischer Taschenbuch Verlag, Frankfurt am Main 2009, S. 249 (künftig: de Bruyn, Poesie).
62 Zit. nach: Ebd., S. 250.
63 Ebd., S. 250f.
64 Johann Wolfgang Goethe, Maximen und Reflexionen aus dem Nachlass, Propyläen-Ausgabe, Propyläen Verlag, Berlin 1932, S. 61.
65 Vgl. F–GBA, Vor dem Sturm, Bd. 1, S. 126–134.
66 F–GBA, Spreeland, S. 228.
67 Vgl. bspw. Alina Boie/Christin Iffert,

Für Fontane der schönste Platz im Havelland; in: Märkische Allgemeine, 26.1.2018.

68 Auf dem Weg nach Paretz machte Fontane sowohl am 7. August 1869 (F–NB, A17, Bl. 1r–9r) als auch am 16. August 1869 (F–NB, A 15, Bl. 70v–72r) in Uetz Station und fertigte Notizbuchaufzeichnungen an.

69 Vgl. hierzu das Kapitel *Paretz* in diesem Buch.

70 E-Mail von Henry Sawade vom 10.2.2022.

71 Friedrich Eduard Keller, Hip Hip Hurra! Straube's Führer für Wasser-Wanderer. 1. Teil: Brandenburg und Oder, Geographisches Institut und Landkarten-Verlag Jul. Straube, Berlin 1929, S. 25.

72 Hans-Christian Klenner, Ein »Schwedenhäuschen« für Friedrich Wilhelm III. von Preußen; in: Jahrbuch Stiftung Preußische Schlösser und Gärten Berlin-Brandenburg, Bd. 5, Potsdam 2003 (künftig: Klenner, Schwedenhäuschen).

73 Vgl. Nachtrag vom 3. Januar 1831 zum Kaufvertrag vom 29. November und 16. Dezember 1830 [für die Gutsstelle »Ütz«]; in: LA Schleswig-Holstein, Abt. 395, Nr. 653, fol. 46; zit. nach: Ebd., S. 60.

74 Brief vom Zimmermeister Seyring, 13.3.1837: »Anschlag von den Kosten, zur Abbrechung des königl. Fähr-Hauses zu Uetz, selbiges Haus ist 50 Fuß lang, 34 Fuß tief, [15,7 m × 10,7 m].«; in: LA Schleswig-Holstein Abt. 395 Nr. 774, fol. 78; zit. nach: Ebd., S. 70.

75 Brief von Persius an von Massow, 11.8.1836; in: LA Schleswig-Holstein Abt. 395 Nr. 460 I, fol. 145; zit. nach: Ebd., S. 65.

76 Zit. nach: https://www.denkmalschutz.de/denkmal/Faehr-und-Fischerhaus-Uetzer-Dorfstr-31.html (Zugriff: 31.8.2022).

77 Vgl. Kapitel *Gentzrode*; in: F–GBA, Die Grafschaft Ruppin, S. 521–562, und in: Rauh, Fontanes Ruppiner Land, S. 82–103.

78 Johann Henrich Lehnert, Das Leben Friedrich Wilhelm III. König von Preußen in Paretz [1845], Märkischer Verlag Wilhelmshorst, Wilhelmshorst 2001, S. 9 (künftig: Lehnert, Leben).

79 Ebd. Der Herausgeber der Neuauflage, Matthias Marr, korrigiert hier Lehnert, der die Summe von 80.000 Talern angibt.

80 Das Kronprinzenpaar hatte Steinhöfel 1794 anlässlich eines Sommerfestes besucht. Claus-Dieter Steyer, Paretz. Eine königliche Sommerfrische, be.bra verlag, Berlin 2013, S. 12 ff. (künftig: Steyer, Paretz).

81 F–GBA, Das Oderland, S. 444, S. 440.

82 Lehnert, Paretz, S .10; Matthias Marr, Schloss Paretz mit Dorf und Kirche, hrsg. von der Stiftung Preußische Schlösser und Gärten Berlin-Brandenburg, Deutscher Kunstverlag, Berlin, München 2018, S. 2 (künftig: Marr, Schloss Paretz).

83 Hella Reelfs, Schlosspark Paretz; in: Vom Schönen und Nützlichen. David Gilly (1748–1808), hrsg. von der Fachhochschule Potsdam und der Stiftung Preußische Schlösser und Gärten Berlin-Brandenburg, Druckerei Andreas Arnold, Stahnsdorf 1998, S. 49–60, hier: S. 49 (künftig: Reelfs, Paretz).

84 Paretzer Skizzenbuch, hrsg. von der Stiftung Preußische Schlösser und Gärten Berlin-Brandenburg, Deutscher Kunstverlag, Berlin 2010.

85 Reelfs, Paretz, S. 49–51.

86 F–GBA, Das Oderland, S. 446.

87 Reelfs, Paretz, S. 49.

88 Friedrich Gilly starb 1800 mit 28 Jahren im böhmischen Karlsbad, wo sich der an Tuberkulose Erkrankte zu einer Genesungskur aufhielt. Erst ein Jahr zuvor hatte er eine Professur an der Königlichen Bauakademie in Berlin erhalten.

89 Friedrich Gillys Zeichnung für das Denkmal befindet sich im Berliner Kupferstichkabinett.

90 Gräfin von Voß, Neunundsechzig Jahre am Preußischen Hofe, 11. Aufl., Berlin 1935, S. 76.

91 Matthias Marr, Nachwort zur Neuausgabe 2001; in: Lehnert, Leben, S. 71–76, hier: S. 73.

92 Luise an ihren Bruder Georg, 28.8.1801; in: Königin Luise von Preußen. Briefe und

Aufzeichnungen 1786–1810, hrsg. von Malve Gräfin Rothkirch, Deutscher Kunstverlag, München 1985, S. 178 (künftig: Luise, Briefe).

93 Die Königsfamilie blieb in der Regel bis zum Geburtstag des Kronprinzen Friedrich Wilhelm (IV.) am 15. Oktober.

94 Vgl. bspw. Lehnert, Leben, S. 21.

95 Vgl. bspw. Marr, Schloss Paretz, S. 11.

96 Im August 1801 verbrachte sie beispielsweise ein paar Tage allein in Paretz. Luise an ihren Bruder Georg, 28./29.8.1801; in: Luise, Briefe, S. 178.

97 Luise an ihre Kinder Friedrich, Wilhelm und Charlotte, 9.9.1801; in: Ebd., S. 178f.

98 Luise an Gräfin von Voß, 19.10.1805; in: Ebd., S. 252.

99 Zit. nach: Steyr, Paretz, S. 20.

100 Carl Hölzel, Schloss Still im Land. Paretz 1910 in Wort und Bild (Neuausgabe 2010), Stapp Verlag, Berlin 2010, S. 25f. (künftig: Hölzel, Schloss).

101 Luisenpforte, Beitrag des Vereins Historisches Paretz e. V., in: https://www.paretz-verein.de/seite/365822/luisenpforte.html (Zugriff am 30.3.2022).

102 F–NB, A17, Bl. 16r.

103 Ebd.

104 Zit. nach: Heinrich von Kleist, Sämtliche Werke und Briefe, Band 1, dtv, München 1977, S. 35.

105 Zitate zit. nach: Günter de Bruyn, Preußens Luise. Vom Entstehen und Vergehen einer Legende, Siedler Verlag, Berlin 2001, S. 53f.

106 Vgl. Fontane an Emilie Fontane, 6.5.1870; in: F–GBA, EBW 2, S. 469.

107 Gabriele Radecke und Robert Rauh, Weit mehr als Geliebte und Ehefrauen berühmter Männer – ein Nachwort; in: Theodor Fontane, Wundersame Frauen, Weibliche Lebensbilder aus den »Wanderungen durch die Mark Brandenburg«, hrsg. von Gabriele Radecke und Robert Rauh, Manesse Verlag 2019, S. 163–169 (künftig: Radecke/Rauh, Weibliche Lebensbilder).

108 Vgl. Kapitel *Pfaueninsel* in diesem Buch.

109 Radecke/Rauh, Weibliche Lebensbilder, S. 163.

110 Vgl. Kapitel *Gransee*; in: Rauh, Ruppiner Land, S. 326–341.

111 F–GBA, Die Grafschaft Ruppin, S. 517.

112 »Morgen früh [31.3.1861] will ich nach Nauen, von da nach Ketzin und Etzin (zu Fuß) dann nach Paretz und über Potsdam zurück; Montag Mittag [1.4.1861] hoff' ich wieder hier zu sein.« Fontane an Wilhelm Hertz, 30. März 1861; in: FHBW, S. 31.

113 Fontane war sich jedoch bewusst, dass nicht nur der Hauptabschnitt Havelland, sondern auch Barnim und Teltow »Bruchstücke« bleiben würden; »vielleicht komm ich in einem andrem Bande meinem Ideal näher«, Fontane an Wilhelm Hertz, [29.6.1861]; in: FHBW, S. 37f.

114 Christoph Stollowsky, Auf Fontanes Fährte (2): Unterwegs in Paretz und Ketzin; in: Der Tagesspiegel, 21.5.2019.

115 Hölzel, Schloss, S. 96.

116 Zit. nach: Matthias Marr, Vorwort zur Neuausgabe 2010; in: Hölzel, Schloss, S. 7.

117 Vgl. F–NB, A17 (7./8.8.1869). Zudem existieren Notizbuchaufzeichnungen von einem weiteren Besuch Mitte August 1869 in Paretz, der vermutlich kurz darauf stattfand. Vgl. F–NB, A15.

118 Sulpiz Wilken an Fontane, 6.8.1869; TFA, DA 902. Von dem Brief liegt nur eine Abschrift vor.

119 Vgl. Kapitel *Uetz* in diesem Buch.

120 Die Reiseroute und die Tageszeit ergeben sich aus der Reihenfolge der Notizbuchaufzeichnungen. Vgl. F–NB, A17.

121 Die Geschichte des Alten Gasthofes; in: https://www.landhaus-luise.de/index.php?id=11 (Zugriff: 27.3.2022).

122 Interview mit Wolfgang Stich, o.J.; in: http://www.liebling-brandenburg.de/landhaus-luise/ (Zugriff: 27.3.2022).

123 Biographien in den Festschriften

der Gärtnerlehranstalt am Wildpark bei Potsdam 1899, 1913 und 1924; in: http://gartentexte-digital.ub.tu-berlin.de/gaertnerbiographien/gaertnerbiographien.pdf (Zugriff: 15.3.2022).

124 Nachweis für 1865 in: Königlich Preußischer Staats-Kalender für 1865, Verlag der Königlichen Geheimen Ober-Hofdruckerei (Rudolf von Decker), Berlin o.J., S. 42.

125 F–Ost-Havelland 1873, S. 444.

126 Sulpiz Wilken an Fontane, 16.8.1869; TFA, DA 902. Von dem Brief liegt nur eine Abschrift vor.

127 Vgl. Werner Schochow, Friedrich Wilken (1777–1840); in: Mitteilungen. Staatsbibliothek zu Berlin, Preußischer Kulturbesitz. Band 22, 2, Berlin 1990, S. 165–168.

128 Sulpiz Wilken an Fontane, 16.8.1869; TFA, DA 902.

129 Fontane an Emilie Fontane, 6.5.1870; F–GBA, EBW 2, S. 463–469, hier: S. 469.

130 Mail von Matthias Marr, 7. März 2022. Das Interview fand am Nachmittag desselben Tages statt.

131 Marr, Schloss Paretz, S. 12.

132 Nachfolgerin des Klavierbauers Johannes Zumpe, Schüler von Silbermann.

133 Schloss Paretz. Die königlichen Wohnräume. Das Inventar von 1810 und 2002, 2. Aufl., Ketzin 2008; Marr, Schloss Paretz, S. 29; Vgl. auch https://brandenburg.museum-digital.de/object/7519 (Zugriff: 1.5.2022).

134 F–NB, A15, Bl. 75r.

135 Vgl. zur Geschichte der beiden Manufakturen: Arnulf Siebeneicker, Offizianten und Ouvriers. Sozialgeschichte der Königlichen Porzellan-Manufaktur und der Königlichen Gesundheitsgeschirr-Manufaktur in Berlin 1763–1880, Verlag De Gruyter, Berlin/New York 2002.

136 Die Tapeten waren vorwiegend in Berliner Manufakturen, u.a. von Isaak Joe, Aaron Wessely und Johann Christian, hergestellt worden.

137 Vgl. Kapitel *Pfaueninsel* in diesem Buch.

138 Marr, Schloss Paretz, S. 27f.

139 Es gelang Willy Kurth, dem Direktor der Staatlichen Schlösser und Gärten Potsdam-Sanssouci. Matthias Marr, Paretz, hrsg. vom Freundeskreis Schlösser und Gärten der Mark (in der Deutschen Gesellschaft e.V.), 2. verb. Aufl., Berlin o.J., S. 13.

140 Bundespräsident ehrt den Bewahrer von Schloss Paretz – Bundesverdienstkreuz für Matthias Marr; in: http://www.stk.brandenburg.de/cms/detail.php?id=50231&_siteid=15 (Zugriff: 28.12.2022).

141 Das Gespräch fand am 22. April 2022 im Schloss Paretz statt.

142 Lehnert, Paretz, S. 18f.

143 Vgl. Dauerausstellung Schloss Paretz, Ausstellungstafel »Das Belvedère bei Knoblauch«; Besuch am 6. März 2022 (künftig: Schlossausstellung Paretz, Belvedère).

144 Lehnert, Paretz, S. 19.

145 F–Ost-Havelland 1873, S. 444.

146 Vgl. Kapitel *Petzow* in diesem Buch.

147 Vgl. F–NB, A17, Bl. 18r–23v.

148 Im Notizbuch schreibt Fontane korrekt: »Lehnert«, F–NB-A17, Bl. A18, 18r; im gedruckten Text (1. Auflage) dann unter den Anmerkungen: »Lehnerdt«, F–Ost-Havelland 1873, S. 444.

149 Vgl. F–Ost-Havelland 1873, S. 444f.

150 F–NB, A17, Bl. 18r.

151 F–Ost-Havelland 1873, S. 444.

152 Ebd.

153 F–NB, A17, Bl. 19r.

154 Ebd., Bl. 19r–23v.

155 Vgl. https://huch.berlin/kalendarium-friedrich-wilhelm-iii/ (Zugriff: 1.10.2022).

156 F–NB, A17, Bl. 21v.

157 Hölzel, Schloss, S. 63.

158 Schlossausstellung Paretz, Belvedère.

159 Hölzel, Schloss, S. 63.

160 Helmut Augustiniak, Wo einst der Aussichtsturm für Luise stand; in: Märkische Oderzeitung vom 23.6.2019.

Bei Potsdam

1 Radecke/Rauh, Weibliche Lebensbilder, S. 5 f.
2 Michael Stoffregen-Büller, Uferblicke. Geschichten rund um den Wannsee, Dittrich Verlag, Weilerswist-Metternich 2019, S. 158.
3 Heller, Fontane, S. 105.
4 Vgl. Anmerkungen »Die Pfaueninsel«; in: F–Ost-Havelland 1873, S. 436.
5 Gabriele Radecke, Theodor Fontanes Notizbücher. Überlegungen zu einer notwendigen Edition; in: Ursula Amrein/Regina Dieterle (Hrsg.), Gottfried Keller und Theodor Fontane. Vom Realismus zur Moderne, Verlag De Gruyter, Berlin/Boston 2008, S. 211–233, hier: S. 219 (künftig: Radecke, Notizbücher, 2008).
6 F–NB, C3, Bl. 26r–28r.
7 »Neunzigste Versammlung. Mittwoch den 29. Juni 1870. Wanderversammlung auf der Pfauen-Insel«; in: Mitteilungen des Vereins für die Geschichte Potsdams. 5. Teil (1872), S. 14 (künftig: Mitteilungen, Potsdam, 1872). Auf dieser 90. Versammlung »behandelte [Louis Schneider] den Gegenstand ausführlicher, als in der 35sten Versammlung im Jahre 1865«; in: Ebd.; vgl. auch: Radecke, Notizbücher, 2008.
8 Ebd.
9 Louis Schneider, Aus meinem Leben, 2. Bd., Verlag Ernst Siegfried Mittler und Sohn, Berlin 1879, S. 367–390 (künftig: Schneider, Leben).
10 Mitteilungen, Potsdam, 1872, S. 14.
11 Fontane an Emilie Fontane, 20.7.1850; in: F–GBA, EBW, Bd. 1, S. 100.
12 Vgl. Eduard Schmidt-Weissenfels, Rachel; in: Eduard Schmidt-Weissenfels, Biographische Skizzen und Charakternovellen. Erster Band, Verlag von Otto Janke, Berlin 1862, S. 127–139 (künftig: Schmidt-Weissenfels, Rachel).
13 Schneider, Leben, S. 377–380.
14 F–NB, C3, Bl. 27r.
15 Schneider, Leben, S. 380 f.
16 Ebd., S. 377.
17 Schneider leitete den Verein für die Geschichte Berlins von 1868 bis 1878. Vgl. Martin Mende, 150 Jahre Verein für die Geschichte Berlins (Vereinschronik), Berlin 2015; in: https://www.diegeschichteberlins.de/verein/150-jahre.html (Zugriff: 1.10.2022).
18 F–GBA, Von Zwanzig bis Dreißig, S. 275. So vermittelte Schneider Fontane 1849 einen Verlag für die Publikation von »Männer und Helden. Acht Preußenlieder«, vgl. hierzu: Joachim Krueger, Zu den Beziehungen zwischen Theodor Fontane und Fanny Lewald. Mit unbekannten Dokumenten; in: Fontane Blätter 31 (1980), S. 615–627.
19 Schneider, Leben, S. 367.
20 Ebd., S. 367.
21 Ebd., S. 374.
22 Ebd., S. 377.
23 F–NB, C3, Bl. 26r.
24 Schneider, Leben, S. 383.
25 Ebd., S. 385.
26 F–NB, C3, Bl. 27r, 28r.
27 Schneider, Leben, S. 385.
28 F–NB, C3, Bl. 28r.
29 Schneider, Leben, S. 386.
30 Vgl. Schmidt-Weissenfels, Rachel, S. 138 f.
31 Vgl. Michael Seiler, Landschaftsgarten Pfaueninsel. Geschichte seiner Gestaltung und Erhaltung, VDG, Weimar 2020, S. 101 ff. (künftig: Seiler, Pfaueninsel).
32 Hofmarschall Friedrich Freiherr von Maltzahn an König Friedrich Wilhelm III., 20.10.1824; zit. nach: Ebd., S. 102.
33 Dienstinstruktion für den Maschinen-Meister auf der Pfauen-Insel, 20.11.1824; zit. nach: Ebd., S. 118.
34 Caesar von der Ahé, Das Maschinenhaus auf der Pfaueninsel und seine Bewohner; in: Mitteilungen des Vereins für die Geschichte Berlins, 50. Jg., Berlin 1933, S. 8–11, hier: S. 9 f. (künftig: Ahé, Maschinenhaus).
35 F–NB, A3, Bl. 59v.

36 Hofmarschall Ludwig von Massow an Joseph Friedrich, 4.11.1837; zit. nach: Seiler, Pfaueninsel, S. 186.
37 F–NB, A3, Bl. 59v.
38 Vgl. F–NB, A3 und C3.
39 Dienstinstruktion für den Maschinen-Meister auf der Pfauen-Insel, 20.11.1824; zit. nach: Seiler, Pfaueninsel, S. 118.
40 Ebd., S. 185.
41 Vgl. F–NB, A3 und C3.
42 F–NB, A3.
43 F–NB, A3, Bl. 59v.
44 Seiler, Pfaueninsel, S. 118.
45 F–NB, A3, Bl. 60v.
46 Johann Heinrich Seidel an König Friedrich Wilhelm III., 1.8.1935; zit. nach: Seiler, Pfaueninsel, S. 187f.
47 Elisabeth Friedrich an Hofmarschall Friedrich Freiherr von Maltzahn, 3.9.1835; zit. nach: Ebd., S. 188.
48 Ahé, Maschinenhaus, S. 11
49 Hofmarschall Friedrich Freiherr von Maltzahn an Joseph Friedrich, 5.9.1835; zit. nach: Seiler, Pfaueninsel, S. 188.
50 Ahé, Maschinenhaus, S. 11.
51 Ebd.
52 Seiler, Pfaueninsel, S. 186.
53 F–NB, A3, Bl. 60v, 61r.
54 F–NB, A3, Bl. 61r.
55 Werner Hahn, Erinnerungen von der Pfaueninsel; in: Der Bär, Illustrirte Wochenschrift, Berlin 1886, S. 108.
56 Oberst a. D. Noël, Mutter Friedrich. Eine Erinnerung von der Pfaueninsel; in: Mitteilungen des Vereins zur Geschichte Berlins, 43 Jg., Berlin 1926, S. 51.
57 Ebd.
58 Seiler, Pfaueninsel, S. 190.
59 Ahé, Maschinenhaus, S. 11.
60 F–GBA, Havelland, S. 5.
61 F–NB, A3, Bl. 62v.
62 Interview mit Hannelore Graffunder auf der Pfaueninsel am 13. April 2022.
63 Interview mit Michael Seiler auf der Pfaueninsel am 13. April 2022.
64 Diese Akten befinden sich heute im Archiv der SPSG.
65 SPSG, Hist. Akten, Nr. 593, Bd. 3, 31.5.1852 bis 29.7.1864; zit. nach: Seiler, Pfaueninsel, S. 318.

Am Schwielowsee

1 Besuch in Werder am 23. Mai 2022.
2 Karl Hagemeister, Kleine Selbstbiografie 1928; zit. nach: Margit Bröhan, Karl Hagemeister (1848–1933), Gemälde – Pastelle – Zeichnungen, Nicolaische Verlagsbuchhandlung, Berlin 1998, S. 25.
3 Vgl. Theodor Fontane und die märkische Landschaftsmalerei, Katalog zur Ausstellung vom 27. Juli bis 27. Oktober 2019 anlässlich des 200. Geburtstages von Theodor Fontane, hrsg. vom Förderverein Havelländische Malerkolonie e. V., 2019.
4 Ihren ersten öffentlichen Auftritt als Kanzlerin a. D. hatte Angela Merkel am 7.6.2022 bei einem Interview im Berliner Ensemble.
5 Die erste Kirche wurde im Spätmittelalter – vermutlich von Lehniner Mönchen – errichtet. Vgl. Andreas Kitschke, Die Heilig-Geist-Kirche zu Werder (Havel), Kunstverlag Peda, Passau 2008, S. 4ff (künftig: Kitschke, Kirche).
6 Vgl. Kapitel *Petzow* in diesem Buch.
7 Das Bibelzitat lautet in den *Wanderungen* vollständig: *»Die Starken bedürfen des Arztes nicht, sondern die Kranken. Ich bin kommen, die Sünder zur Buße zu rufen und nicht die Frommen (Matthäi 9, Vers 12).«*
8 Kitschke, Kirche, S. 20.
9 Vgl. z. B. Fritz Krafft, Arzneien »umb sonst und on gelt« aus Christi Himmelsapotheke; in: Pharmazeutische Zeitung, Ausgabe 51(2001) (künftig: Krafft, Christi).
10 Ferdinand Ludewig Schönemann, Diplomatische und Topografische Geschichts-Beschreibung der Churmärkschen Mediat-Stadt Werder [1784]; zit. nach: … ernsthafte Beyträge zur Geschichte der Stadt Werder, hrsg. von Hartmut Röhn,

Lukas Verlag, Berlin 2012, S. 71 (künftig: Schönemann, Werder).

11 Die älteste eindeutig datierbare Darstellung von Christus als Apotheker (apothecarius coelestis, himmlischer Apotheker) stellt ein Ölgemälde des Nürnberger Genremalers und Bibelillustrators Michael Herr (1591–1661) von 1619 dar. Vgl. Krafft, Christi [keine Seitenangabe].

12 Ebd.

13 Schönemann, Werder, S. 71.

14 Vgl. Krafft, Christi [keine Seitenangabe].

15 Vgl. ebd.

16 Schönemann, Werder, S. 71.

17 Schmidt datiert das Bild in das 17. Jahrhundert. Klaus Schmidt, Gedanken über ein historisches Ölgemälde in Werder; in: Heimatgeschichtliche Beiträge, 1986, S. 29–31, hier: S. 30.

18 Vgl. Fritz Ferchl, Christus als Apotheker. Doppelgänger und Bildgruppen; in: Süddeutsche Apothekerzeitung 1949, Nr. 13, S, 209–216, hier: S. 209 f. (künftig: Ferchl, Christus).

19 Fritz Krafft, Christus als Apotheker: Ursprung, Aussage und Geschichte eines christlichen Sinnbildes. (Schriften der Universitätsbibliothek Marburg, 104.), Marburg 2001, S. 18 (künftig: Krafft, Christus).

20 Schönemann, Werder, S. 71.

21 Krafft, Christi [keine Seitenangabe].

22 Zur »Wiederentdeckung« des Bildes in der Dorfkirche Plötzin vgl. Krafft, Christus, S. 19.

23 Krafft, Christi [keine Seitenangabe].

24 Fritz Krafft, Der Heiland als Apotheker in der Himmelsapotheke; in: Cistercienser Chronik, Nr. 109 (2002), S. 7.

25 Ferchl, Christus, S. 209.

26 Krafft, Christus, S. 17.

27 Ebd., S. 17 f.

28 Ebd.

29 Ebd.

30 Zitat aus: Goethe, Faust I, V. 454 (»Welche Schauspiel! aber ach! ein Schauspiel nur!«).

31 Theodor Fontane, Was mir gefällt; in: F–GBA, Gedichte, Bd. 1, S. 44.

32 Vgl. Forschungsschwerpunkte am Institut für Hydrologie und Meteorologie an der TU Dresden; in: https://tu-dresden.de/bu/umwelt/hydro/ihm/hydrologie/forschung; Aussagen von Franz Lennartz zit. nach: Susanne Dübber, Kampf um die Kirsche; in: Berliner Zeitung, 29.9.2022.

33 Angaben zu Rebflächen zit. nach: Statistisches Bundesamt (Destatis), Land- und Forstwirtschaft, Fischerei (2021), S. 5 ff.

34 Interview mit Manfred Lindicke auf dem Wachtelberg am 10. Juni 2022.

35 Werdersche Registratur; zit. nach: Informationstafel »Unter der Herrschaft des Klosters kam der Weinstock nach Werder« in der Weintiene auf dem Wachtelberg.

36 Vgl. Kapitel *Kloster Lehnin* in diesem Buch.

37 Zit. nach: Informationstafel »Zeitgeschichte der Weinberge in Werder« in der Weintiene auf dem Wachtelberg.

38 Aussagen von Marian Malinowski, zit. nach: Annika Jensen, Jungwinzer des Jahres; in: Märkische Allgemeine Zeitung, 5.11.2022.

39 Die Stele wurde im Auftrag des Heimatvereins Geltow und des cultura-Vereins von der Firma Schlaegel Naturstein GmbH geschaffen, von Kulturland Brandenburg finanziert und 2019 enthüllt.

40 Die 2019 aufgestellte Tafel ist eine von etwa 60 Tafeln auf der FONTANE.RAD-Tour, ein LEADER-Kooperationsprojekt der Lokalen Aktionsgruppe Havelland e. V. und Regionalentwicklung Ostprignitz-Ruppin e. V.

41 Die 2021 aufgestellte Tafel gehört zum Projekt Frauenorte, eine Initiative des Frauenpolitischen Rates Land Brandenburg e. V.

42 Diese ältere Tafel wird verantwortet von der Gemeinde Schwielowsee.

43 Alle Zitate aus den 503 Google-Bewertungen von 2022 (Note 4,6 von 5), Stand: 1.11.2022.

44 Interview mit Frank Herrmann in Baumgartenbrück am 19. April 2022.
45 Fontane schrieb am Sonntag (11. Juli) an seinen Sohn: Weil er am Mittwoch nicht könne, hätte er »den Dienstag ausersehn. Wir wollen dann von Station Werder nach Glindow gehen, von dort nach Baumgartenbrück und über Alt-Geltow nach Potsdam zurück«. Zudem solle Theodor »Herrn Scheffler« [Theodors Lehrer in der Kadettenschule Potsdam] fragen, ob er die beiden wieder begleiten wolle. Fontane an Theodor Fontane, 11.7.1869; TFA, Sign. B702 (unveröffentlicht).
46 F–NB, A15, Bl. 63r.
47 F–NB, A15, Bl. 63v.
48 Ebd.
49 F–GBA, Irrungen, Wirrungen, S. 70.
50 https://baumgartenbrueck.de/geschichte/ (Zugriff: 1.11.2022).
51 Vgl. Hamburger Adressbuch (1936): https://agora.sub.uni-hamburg.de/subhhadress/digbib/view?did=c1:869559&p=346&z=125 (Zugriff: 5.5.2022). Diesen Hinweis verdanken wir Regina Dieterle.
52 Vgl. Albrecht Herrmann, Die Sammlung der Gastwirtin und Heimatforscherin Liselotte Herrmann (1908–1981); in: Privates und öffentliches Sammeln in Potsdam. 100 Jahre »Kunst ohne König«, hrsg. von Jutta Götzmann, Lukas Verlag, Berlin 2009, S. 87–91, hier: S. 87 (künftig: Herrmann, Sammlung).
53 F–NB, A15, Bl. 63r.
54 F–NB, A15, Bl. 63r, 63v.
55 F–NB, A15, Bl. 64r.
56 Thomas Lähns, Abgebaut und fortgeschafft; in: Der Tagesspiegel, 4.1.2011.
57 Abtransportiert wurden auch die beiden Tierskulpturen des Bildhauers Stephan Walter, die ein halbes Jahrhundert auf der Baumgartenbrücke gestanden und die Sprengung überlebt hatten.
58 Die Kuratorinnen der Sonderausstellung, Anna Ogdowski und Claudia Krahnert, wollten die Sonderausstellung im Brandenburg-Preußen Museum in Wustrau zunächst «Marie Goslich – Wanderin durch die Mark Brandenburg« nennen. Vgl. Brigitte Menge, Die Spur der Fotografin; in: top. Magazin Brandenburg, 18.10.2019.
59 Gästebuch Baumgartenbrück, Archiv Familie Herrmann.
60 Marie Goslich, Die Frau auf dem Lande; in: Die Woche, Nr. 14, 1906, S. 743–747.
61 Zit. nach: Marie Goslich (1859–1936) – eine frühe »Arbeiterfotografin«? [Ausstellungsbericht]; in: Unsere Zeit, 17.9.2010.
62 Gästebuch Baumgartenbrück, Archiv Familie Herrmann.
63 Beide Fotografien sind veröffentlicht in: Krystyna Kauffmann u. a., Marie Goslich. Die Grande Dame des Fotojournalismus. 1859–1938, E.A. Seemann Verlag, Leipzig 2013, S. 59, 67 (künftig: Kauffmann, Goslich, 2013).
64 Marie Goslich heiratete 1910 den Schriftsteller und Journalisten Karl Kuhls. Vgl. Kauffmann, Goslich, 2013, S. 30. Ein Dokument über ihre Scheidung existiert nicht.
65 Vgl. http://www.heimatverein-geltow.de/dies.html (Zugriff: 1.11.2022).
66 Vgl. https://www.gedenkort-t4.eu/de/historische-orte/q4bdb-landesheilanstalt-meseritz-obrawalde#karte (Zugriff: 25.12.2022).
67 Kauffmann, Goslich, 2013, S. 37.
68 Ebd., S. 12
69 Herrmann, Sammlung, S. 87.
70 E-Mail von Frank Herrmann, 4.12.2022.
71 Kauffmann, Goslich, 2013, S. 244.
72 Inzwischen sind die Fotografien in weiteren Ausstellungen gezeigt worden und Kauffmann hat über Marie Goslichs Leben und Werk publiziert. Darüber hinaus hat sie in Geltow einen Stolperstein für sie verlegen lassen. Vgl. Kirsten Graulich, Eine Frau mit kritischem Blick; in: Der Tagesspiegel/Potsdamer Neueste Nachrichten, 2.4.2013.
73 Das zweite Interview mit Frank Herrmann in Baumgartenbrück fand statt am 15. Juni 2022.

74 Herrmann, Sammlung, S. 87.
75 Heller, Fontane, S. 401 f.
76 Gästebuch Baumgartenbrück (1909), Archiv Familie Herrmann.
77 Herrmann, Sammlung, S. 89.
78 Ebd., S. 88.
79 Vgl. Kapitel *Glindow* in diesem Buch.
80 Vgl. Epilog in diesem Buch.
81 Karl-Heinz Friedrich, Petzow. Relativ absolut, BoD, Werder (Havel), OT Petzow 2017, S. 79 (künftig: Friedrich, Petzow). Vgl. auch Pia Kühn von Kähne, Kirche zu Petzow, hrsg. vom Landratsamt Potsdam Mittelmark, Potsdam 1997.
82 GStA, Rep. 89 Nr. 21953, B. 141 ff.; zit. nach: Friedrich, Petzow, S. 79.
83 Ebd.
84 Vgl. https://www.rathenow-kirchen.de/seite/342115/geschichte-des-turms.html (Zugriff: 1.11.2022).
85 Friedrich, Petzow, S. 80.
86 Ebd.
87 Ebd.
88 F–NB, C3, Bl. 75r.
89 Vgl. Georg Dehio, Handbuch der deutschen Kunstdenkmäler. Band I. Mitteldeutschland, Verlag Ernst Wasmuth, Berlin 1905.
90 Bereits 1951 wurde die Gemeinde Petzow dem Pfarrsprengel Werder zugeordnet. Friedrich, Petzow, S. 83 f.
91 Interview mit Doris Patzer in der Petzower Kirche am 21. April 2022.
92 Vgl. Kapitel *Glindow* in diesem Buch. Das Original steht im Museum der Havelländischen Malerkolonie in Ferch.
93 Vgl. https://www.johanniter.de/johanniter-kliniken/johanniter-krankenhaus-treuenbrietzen/presse-und-oeffentlichkeitsarbeit/meldungen/meldung/28102020-vernissage-das-erste-mal-vom-experiment-ins-sanfte-licht/ (Zugriff: 30.10.2022).
94 Friedrich, Petzow, S. 55.
95 Ebd., S. 56.
96 Ebd., S. 60.
97 Vgl. Literaturverzeichnis.
98 Stand Mai 2022.
99 Interview mit Karl-Heinz Friedrich im Petzower Waschhaus am 6. Mai 2022.
100 Vgl. Petzow. Villa der Worte. Das Schriftstellerheim in Erinnerungen und Gedichten, hrsg. von Margrid Bircken u. a., vbb, Berlin 2016.
101 Zit. aus: Ralph Grüneberger, Petzow (Gedicht), 2014/15; in: Ebd., S. 143.
102 Die Villa Berglas wird heute wieder privat genutzt. Zur Geschichte des Hauses vgl. Karl-Heinz Friedrich, Villa Berglas, Haus Solm oder das Schriftstellerheim; in: Friedrich, Petzow, S. 151–170.
103 Zit. nach: Volker Braun, Die Zickzackbrücke. Ein Abrisskalender, Mitteldeutscher Verlag, Halle (Saale) 1992, S. 18.
104 Karl-Heinz Friedrich, Die Kaehnes in Petzow. Ein Ausnahmefall im preußischen Landadel, BoD, Werder (Havel), OT Petzow 2019, S. 68 (künftig: Friedrich, Kaehne).
105 Vgl. Hans Hyan, Die Annalen derer von Kaehne; in: Berliner Volkszeitung, [4.].4.1922; zit. nach: Friedrich, Kaehne, S. 69 f.
106 Ebd., S. 69.
107 Theobald Tiger, Kähne; in: Die Weltbühne, 9.3.1922, Nr. 10, S. 248.
108 Carl von Kaehne an das Landgericht Potsdam, 5.9.1943; zit. nach: Friedrich, Kaehne, S. 80.
109 Urteil des Landgerichts Potsdam vom 16.10.1943; zit. nach: Ebd., S. 86 f.
110 Ebd., S. 87.
111 Der Text, der in vier Teilen im Mai/Juni 2003 in der Märkischen Allgemeinen erschien, ist leicht gekürzt abgedruckt in: Ebd., S. 81–90.
112 Ebd., S. 90 f.
113 Friedrich, Petzow, S. 119.
114 Ebd., S. 123.
115 Zit. nach: Johann Peter Eckermann, Gespräche mit Goethe in den letzten Jahren seines Lebens, hrsg. von Fritz Bergemann. 9. Auflage. Insel Verlag, Frankfurt am Main 2006, S. 25.
116 Friedrich, Petzow, S. 123.

117 Zit. nach: Ebd., S. 125.
118 Ziegeleigeschichte der Region Glindow, Werder, Petzow in sechs Jahrhunderten, hrsg. vom Förderverein Historische Ziegelei Glindow e. V., Wir machen Druck GmbH, Potsdam 2020, S. 9 (künftig: Ziegeleigeschichte 2020).
119 Vgl. Ziegelei-MAP Liste von Horst Hartwig; in: https://www.zglmap.de/#id=490 (Zugriff: 1.11.2022).
120 Ziegeleigeschichte 2020, S. 37 f.
121 Ebd., S. 37 f.
122 Stand 2022. Der Verein betreibt das Museum seit März 2001.
123 Ziegeleigeschichte 2020, S. 39.
124 Siehe Ziegeleigeschichte 2020.
125 »Wir wollen dann von Station Werder nach Glindow gehen, von dort nach Baumgartenbrück und über Alt-Geltow nach Potsdam zurück.« Zudem solle Theodor »Herrn Scheffler« [Theodors Lehrer in der Kadettenschule Potsdam] fragen, ob er die beiden wieder begleiten wolle. Fontane an Theodor Fontane, 11.7.1869; TFA, Sign. B702 (unveröffentlicht).
126 Er besaß sie bis zu seinem Tod 1872. Vgl. Ziegeleigeschichte 2020, S. 37.
127 Fontane an Emilie Fontane, 1.9.1869; in: F–GBA, EBW, Bd. 2, S. 395.
128 Vgl. Rauh, Fontanes Ruppiner Land, S. 286–296.
129 Das Haus wurde mit Wirkung vom September 1872 verkauft. Hans-Werner Klünner, Theodor Fontanes Wohnstätten in Berlin; in: Fontane Blätter 26 (1977), S. 107–134, hier: S. 129.
130 Fontane an Mathilde von Rohr, 30.3.1872; zit. nach: Ebd.
131 Fontane an Mathilde von Rohr, 25.9.1872; zit. nach: Ebd.
132 Vgl. Ziegeleigeschichte 2020, S. 21.
133 Ebd., S. 22.
134 Gotthard Erler, Einleitung; in: Theodor Fontane, Wanderungen durch die Mark Brandenburg. Erster Teil. Die Grafschaft Ruppin, Aufbau-Verlag, Berlin 1976, S. V–XXX, hier: S. XXVII–XXX.
135 F–NB, A15, Bl. 61v, 62r.
136 Wilhelm Felsch, Familienchronik, Zeit von 1830 bis 1870; zit. nach: Ziegeleigeschichte 2020, S. 20.
137 Nikolas Dörr, 165 Jahre Einschränkung der Kinderarbeit in Preußen. Ein Beitrag zum Beginn der Sozialgesetzgebung in Deutschland, Universität Potsdam 2004; in: https://publishup.uni-potsdam.de/opus4-ubp/frontdoor/deliver/index/docId/3800/file/seite_141_151.pdf (Zugriff: 1.11.2022).
138 Ziegeleigeschichte 2020, S. 37, 40 f.
139 Ebd., S. 24 f.
140 Zit. nach: https://www.chrishinze.de/about/ (Zugriff: 1.11.2022).
141 Interview mit Harald Dieckmann in Glindow am 7. Juni 2022.
142 Ziegeleigeschichte 2020, S. 39.
143 Zit. nach: Andreas Trunschke, Fontane-Büste von Carmen Stahlschmidt verließ fertig gebrannt die Glindower Ziegelei; in: Zauche. Die Bürgerzeitung, 26.6.2019.
144 Vgl. Kapitel *Petzow* in diesem Buch.
145 E-Mail von Harald Dieckmann, 22.12.2022.

Im Kloster

1 Flyer Zentrum Kloster Lehnin, hrsg. vom Evangelischen Diakonissenhaus Berlin Teltow Lehnin, 2021.
2 Interview mit Stefan Beier im Kloster Lehnin am 19. April 2022.
3 Vgl. Webseite von Klosterland, https://klosterland.de/experten/stefan-beier/ (Zugriff: 1.10.2022).
4 Ernst Ullmann, Kloster Lehnin, 6. Auflage, Verlag Schnell & Steiner, Regensburg 2007, S. 2ff (künftig: Ullmann, Lehnin).
5 Vgl. Kapitel *Chorin* in diesem Buch.
6 Vgl. Stephan Warnatsch, Geschichte des Klosters Lehnin 1180–1542. Studien zur Geschichte, Kunst und Kultur der Zisterzienser. Band 12.1, Lukas Verlag, Berlin 2000.
7 Vgl. Udo Geiseler/Klaus Heß (Hrsg.), Brandenburg an der Havel. Lexikon zur

Stadtgeschichte (= Einzelveröffentlichungen der Brandenburgischen Historischen Kommission e. V. Band XIII), Lukas Verlag, Berlin 2008.

8 F–NB, A14, Bl. 26r–31r.

9 Darüber hinaus zitiert Fontane in den *Wanderungen* eine zweite lateinische, längere Inschrift in deutscher Übersetzung: *Im Jahre 1098 begann, unter dem Pater Robert, der Zisterzienserorden. Als das Jahr Christi 1180 war, bist du, Lehnin, gegründet worden unter dem Pater Siboldus, welches der Markgraf Otto von Brandenburg dotiert hat, es war auch der Monat April. Hier ruhet jener gute Markgraf Otto, der Schützer dieser Kirche. Er möge in Frieden schlafen. Hier ruht auch der erste gemordete Abt, dem das Paradies mit Recht offensteht, den das feindselig gesinnte Slawenvolk ermordet hat.*

10 F–NB, A14, Bl. 26r.

11 F–NB, A14, Bl. 31r.

12 Die Restaurierungsphasen fanden 2015 und 2017/18 statt (Information: Stefan Beier).

13 Vgl. Ullmann, Lehnin, S. 6.

14 Fontane besuchte das Kloster Lehnin im Oktober 1863 (vor dem 23.10.): »In Lehnin war ich neulich […]«, Fontane an Alexander von Pfuel, 23.10.1863; in: Paul Irving Anderson (Hrsg.), Theodor Fontanes Briefe an Alexander von Pfuel; in: Fontane Blätter 60 (1995), S. 27–46, hier: S. 38. Einen zweiten Besuch unternahm er am 26.11.1863 zusammen mit Bernhard von Lepel und dem Architekten Richard Lucae, vgl. Kurt Schreinert, Allerlei Ungedrucktes über und von Theodor Fontane, in: Jahrbuch der deutschen Schillergesellschaft 4 (1960), S. 385.

15 Vgl. Ullmann, Lehnin, S. 6; Heinz-Dieter Heimann / Klaus Neitmann / Winfried Schich (Hrsg.), Brandenburgisches Klosterbuch. Handbuch der Klöster, Stifte und Kommenden bis zur Mitte des 16. Jahrhunderts, be.bra verlag, Berlin 2007, S. 764–803.

16 Stand 2022.

17 Zit. nach: Ebd., S. 1.

18 Vgl. Siegmar Döpp, Vaticinium Lehninense – Die Lehninsche Weissagung. Zur Rezeption einer wirkungsmächtigen lateinischen Dichtung vom 18. bis zum 20. Jahrhundert, Olms Verlag, Hildesheim 2015, S. 23 (künftig: Döpp, Lehninense).

19 Vgl. Übersicht; in: Ebd., S. 89–128.

20 Ebd., S. 22 ff.

21 Ebd., S. 24.

22 F–GBA, Vor dem Sturm, Bd. 2, S. 204 f.

23 Vgl. André Großmann, Vor den Lehninschen Weissagungen fürchtete sich sogar Preußens König; in: Märkische Allgemeine Zeitung, 23.6.2022.

24 Vgl. bspw. Hamburger Abendblatt, 13.1.2011.

25 F–GBA, Die Grafschaft Ruppin, S. 104.

26 Fontane an Wilhelm Hertz, 29.10.1863; in: FHBW, S. 102. Ursprünglich plante Fontane seinen Chorin-Ausflug am 25. Oktober 1863, vgl. Fontane an Hertz, [24.10.1863]; in: FHBW, S. 100 f.

27 Lepel an Fontane, 31.10.1863; in: FLBW, S. 573.

28 Siehe Kapitel *Lehnin* in diesem Buch.

29 Siehe Kapitel *Paretz* in diesem Buch.

30 David Gilly, Darstellung der vorzüglichsten Gegenstände der Land- und Wasserbaukunst in Pommern, Preußen und einem Theile der Kur- und Neumark [1797]; zit. nach: Franziska Siedler, Schinkels Einsatz für die Bauten des ehemaligen Klosters; in: Schinkel in Chorin. Die Mark Brandenburg. Zeitschrift für die Mark und das Land Brandenburg, Die Mark Brandenburg – Verlag für Regional- und Zeitgeschichte, Berlin 2019, S. 24–29, hier: S. 25 (künftig: Siedler, Schinkel).

31 Wochenblatt der Johanniter-Ordens-Balley Brandenburg, Nr. 39, 25.9.1867, S. 234.

32 Schinkel an die sechste Generalverwaltung des königl[ichen] Finanzministeriums [Entwurf], 8.12.1816; zit. nach: Siedler, Schinkel, S. 26.

33 Schinkel an die sechste Generalverwal-

tung des königl[ichen] Finanzministeriums, 8.1.1817; zit. nach: Ebd., S. 27.
34 Königliche Regierung an Königliche Ober-Bau-Deputation, 8.3.1817; zit. nach: Ebd., S. 28.
35 Ebd., S. 27.
36 Ebd., S. 28.
37 Ebd., S. 29.
38 F–GBA, Die Grafschaft Ruppin, S. 48.
39 Stefanie Wagner, Karl Friedrich Schinkel – ein Wegbereiter; in: Schinkel in Chorin. Die Mark Brandenburg. Zeitschrift für die Mark und das Land Brandenburg, Die Mark Brandenburg – Verlag für Regional- und Zeitgeschichte, Berlin 2019, S. 30–39, hier: S. 34 (künftig: Wagner, Schinkel).
40 Zit. nach: Ebd., S. 36.
41 Zitiert wird aus den Monatsblättern des Touristenklubs; in: Ausstellungstafel »Chorin als Ausflugsziel« (Stand 10.7.2022).
42 Vgl. https://www.kloster-chorin.org/750jahre/ (Zugriff. 25.11.2022).
43 Zit. nach: Ausstellungstafel (Medienstation) »Architektur als Motiv« (Stand 10.7.2022).
44 Zahlen zit. nach: Markus Pettelkau, Kultur im Barnim. Kloster Chorin mit Verlusten; in: Märkische Oderzeitung, 30.8.2022.
45 Telefoninterview mit Franziska Siedler, Leiterin des Eigenbetriebs Kloster Chorin, am 21.11.2022.
46 Zit. nach: Ulrich Thiesen, Streit um die Finanzierung von Kloster Chorin – drückt sich das Land vor seiner Verantwortung?; in: Märkische Oderzeitung, 2.8.2021.
47 Ebd.
48 Ebd.
49 Zit. nach: Markus Pettelkau, Tourismus im Barnim. Kloster-Zukunft in Chorin ungewiss – warum Brandenburgs Unterstützung nicht reicht; in: Märkische Oderzeitung, 28.9.2022.
50 Zit. nach: Pressemitteilung der Brandenburgischen Staatskanzlei vom 18.6.2022; in: https://www.brandenburg.de/cms/detail.php/bb1.c.739798.de (Stand: 22.11.2022).
51 Gabriele Radecke/Robert Rauh, Schweinerei im Kloster; in: Märkische Oderzeitung, 11./12.6.2022.
52 Ulrich Thiessen, Vertrag mit dem Land gekündigt – steht der Musiksommer vor dem Aus?; in: Märkische Oderzeitung, 29.9.2022.
53 Ebd.
54 Ebd.
55 Telefoninterview mit Franziska Siedler, Leiterin des Eigenbetriebes Kloster Chorin, am 21.11.2022.
56 Stephan Backert, Überaschende Entwicklung – Mitarbeiter weiter beschäftigt, Märkische Oderzeitung, 9.1.2023.

Jenseits der Havel

1 *Köpenick* erschien 1862 zunächst in der Erstausgabe der *Wanderungen*; das Kapitel wanderte 1882 (geografisch korrekt) in den vierten *Wanderungen*-Band *Spreeland*.
2 *Küstrin* erschien 1862 zunächst auch in der Erstausgabe der *Wanderungen*; das Kapitel wanderte 1880 (geografisch korrekt) in die dritte Auflage von *Das Oderland*, den zweiten Band der *Wanderungen*.
3 Siehe das *Küstrin*-Kapitel in der Erstausgabe der *Wanderungen*, 1861. Vgl. hierzu: Mayumi Kikawa, Von Küstrin zur Katte-Tragödie; in: Fontane Blätter 63 (1997), S. 102–120 (künftig: Kikawa, Katte).
4 Siehe das *Küstrin*-Kapitel in der dritten Auflage von *Das Oderland*, 1880.
5 F–GBA, Das Oderland, S. 299.
6 Wust war die zweite Station seiner Arbeits- und Urlaubsreise nach Thüringen vom 14.8. bis zum 2.9.1867. Nach Wust brach Fontane von Scharteuke bei Jerichow auf, vgl. Fontane an Emilie Fontane, 15./16. August 1867; in: F–GBA, EBW 2, S. 315–317, hier: S. 316 (Zitat).
7 GuM = Geschichtskreis und Marionettenbühne im Kirchspiel Wulkow–Wust.
8 Besuch in Wust am 5. November 2022.
9 Maria von Katte, Wust, hrsg. v. der Deut-

schen Gesellschaft in Sachsen-Anhalt e. V., 2. überarb. und erw. Auflage 2010, S. 14f. (künftig: Maria von Katte, Wust).

10 F–NB, A18, Bl. 1v.

11 Ebd., Bl. 1r.

12 Der Katte-Gedenktag wird von GuM organsiert.

13 F–NB, A18, Bl. 1r.

14 Besuch in Wust und Briest am 20. April 2022.

15 Thomas Skiba, Kirchengemeinde Wulkow würdigt verstorbenen Pfarrer Karlheinz Stephan; in: Volksstimme, 14.3.2022.

16 Maria von Katte, Lieber Meister Stephan; in: Offene Türen. Beiträge zur Geschichte, Religion & Kultur im Elb-Havel-Winkel, Nr. 2 (2022), S. 7.

17 Holger Stephan, Die Rettung der Kirche und der Gruft in Wust von 1976 bis 1986; zit. nach: Offene Türen. Beiträge zur Geschichte, Religion & Kultur im Elb-Havel-Winkel, Nr. 2 (2019), S. 9–11, hier: S. 9 (künftig: Holger Stephan, Kirche).

18 Die Aufnahmen stammen aus dem Fotoalbum von Katharina Brauer, die zusammen mit Günter de Bruyn seit den 1960er Jahren mehrere »märkische Fahrten« unternommen hat. Vgl. Epilog [Rückkehr der Löwen nach Hoppenrade]; in: Erik Lorenz / Robert Rauh, Fontanes Fünf Schlösser, be.bra verlag, Berlin 2017, S. 268–275.

19 Holger Stephan, Kirche, S. 10. Über das Engagement der Kirchengemeinde berichteten im Fontane-Kontext auch: Franz Fabian, Die Katte-Gruft heute; in: Fontane Blätter 33 (1982), S. 25–27; Peter Schmidt, Noch einmal zur Katte-Gruft; in: Fontane Blätter 34 (1982), S. 164–167.

20 1979 hörte Schüttler auf; stattdessen kam der Elektriker Burghard Meier ins Team. Die drei jungen Männer wurden ab 1979 von der Kirchengemeinde in ein festes Arbeitsverhältnis übernommen und erhielten ein Gehalt von monatlich 600 Mark. Ebd.

21 Ebd.

22 Ebd., S. 11.

23 Ebd.

24 Neben Wust die Kirchen in Kleinwulkow, Melkow, Großwulkow und später in Sydow.

25 Informationen entnommen der Website von GuM: http://gum.tips/ (Zugriff: 1.11.2022).

26 Besuch in der Marionettenbühne in der Kirche Briest am 20. April 2022.

27 Zollchow kam 1380 in Besitz der Familie von Katte. Vgl. Almut Andreae / Udo Geiseler, Die Herrenhäuser des Havellandes: Eine Dokumentation ihrer Geschichte bis in die Gegenwart. Lukas Verlag, Berlin 2001, S. 325.

28 Ebd.

29 Vgl. http://diglib.hab.de/edoc/ed000007/startx.htm (Zugriff: 1.11.22).

30 Interview mit Maria von Katte im ehemaligen Herrenhaus Wust am 27. Mai 2022. Hartwin Ebel, ein Mitarbeiter der »Sommerschule«, hat uns die Türen geöffnet.

31 Maria von Katte, Wust, S. 8.

32 Vgl. den bereits zitierten Brief: Fontane an Emilie Fontane, 15./16. August 1867; in: F–GBA, EBW 2, S. 315–317, hier: S. 316.

33 F–NB, A18, Bl. 10r.

34 F–NB, A18, Bl. 23r (Lageplan).

35 F–NB, A 18, 10r.

36 F–NB, A18, Bl. 24r-26r.

37 Marie von Katte, geb. von Klützow, war mit Hans Aemilis von Katte (1819–1889) verheiratet.

38 F–NB, A18, Bl. 68v. Das titellose Gedicht muss unmittelbar nach Fontanes Reise entstanden sein. Es thematisiert den dreitätigen Ausflug (von Scharteuke) nach Wust (16.8.), Schönhauen (17.8.) und Redekin (18.8.). Die Ausfertigung sandte Fontane Marie von Katte nach Wust; sie befindet sich in Familienbesitz.

39 Theodor Fontane, [Dankgedicht an Marie von Katte]; in: F–GBA, Gedichte, Bd. 3, S. 189.

40 Fontane an Marie von Katte, 9.3.1879; in: HFA IV, Bd. 3, S. 16f.

41 Maria von Katte, Wust, S. 12.
42 Ebd., S. 8.
43 Vgl. Anke Scheusner-Reinfeldt, Wuster verabschieden sich; in: Volksstimme, 22.6.2018.
44 Ebd. Unser Begleiter und Türöffner Hartwin Ebel hat hier 1973 mit der 10. Klasse seine Schulzeit abgeschlossen.
45 Maria von Katte, Wust, S. 8f.
46 Ein Aushang im ersten Stock informiert über die »denkmalgerechte Sanierung des Foyers im ehemaligen Herrenhaus in Wust« im Jahr 2010, unter anderem mit europäischen Fördergeldern.
47 Sieglinde Geisel, »The Spirit of Wust«; in: Neue Zürcher Zeitung, 9.10.2007.
48 Florian Fuchs, Wenn die große Welt ins kleine Dorf kommt; in: Süddeutsche Zeitung, 16.8.2011.
49 Maria von Katte, »Einleitung für Lesung in Wust am 5. November 2022«, S. 1–3, hier: S. 1 (künftig: Maria von Katte, Einleitung, 2022). Das Manuskript hat uns die Referentin freundlicherweise zur Verfügung gestellt.
50 Ebd., S. 2.
51 Maria von Katte, Einleitung, 2022, S. 3. Der Bitte Maria von Katte folgend, zitieren wir nicht aus dem bisher unveröffentlichten Manuskript ihres Vaters, sondern – wenn erforderlich – aus dessen bereits publizierter »biografischer Skizze«, vgl. Martin von Katte, Hans Hermann von Katte. Eine biografische Skizze aus dem späten Barock; in: Geschichtskreis und Marionettenbühne im Kirchspiel Wulkow-Wust (Hrsg.), Offene Türen. Heft 1, 4. verbesserte Auflage, Wulkow/Wust 2007, S. 65–70 (künftig: Martin von Katte, Skizze), bzw. aus der Literatur.
52 Zit. nach: Jürgen Kloosterhuis, Katte, Ordre und Kriegsartikel. Aktenanalytische und militärhistorische Aspekte einer »facheusen« Geschichte, Verlag Duncker & Humblot, 2. erw. Aufl., Berlin 2011, S. 34 (künftig: Kloosterhuis, Katte).
53 Maria von Katte, Einleitung, 2022, S. 3.
54 Getauft wurde er vom Probst der Nikolaikirche. Kloosterhuis, Katte, S. 29.
55 Seine Mutter, Dorothea Sophie von Katte (geb. von Wartensleben), starb 1706, einen Monat nach der Geburt ihrer Tochter.
56 Maria von Katte schreibt z. B., dass Hans Hermann ab dem vierten oder fünften Lebensjahr »bei einer namentlich unbekannten Großtante« in Wust lebte. Maria von Katte, Einleitung, 2022, S. 1. In anderen Publikationen findet man den Hinweis, er habe bei Verwandten im nahen Schönhausen gelebt und sich nur in den Sommermonaten in Wust aufgehalten. Vgl. z. B. Martin von Katte, Katte, S. 65.
57 Kloosterhuis, Katte, S. 35.
58 Ebd., S. 48–55. Katte hatte Bildungsreisen nach England, Frankreich und Venedig unternommen. Vgl. Maria von Katte, Wust, S. 5.
59 Genauer siehe die Zeittafel in: Jürgen Kloosterhuis/Lothar Lambacher, Kriegsgericht in Köpenick!, Geheimes Staatsarchiv Preußischer Kulturbesitz und Kunstgewerbemuseum der Staatlichen Museen zu Berlin, Cottbus 2012, S. 126 (künftig: Kloosterhuis/Lambacher, Kriegsgericht).
60 Zur Verhaftung Kattes vgl. Carl Hinrichs, Der Kronprinzenprozess. Friedrich und Katte [Teil-Edition], Hamburg 1936, Nr. 6.
61 Kloosterhuis, Katte, S. 66f.
62 Marginal-Dekret König Friedrich Wilhelm I. an das Kriegsgericht zu Köpenick, 1.11.1730; zit. nach: Ebd., S. 67.
63 Kabinetts-Ordre König Friedrich Wilhelm I. an das Kriegsgericht zu Köpenick, 1.11.1730; zit. nach: Ebd., S. 96–98, hier: S. 98.
64 König Friedrich Wilhelm I. an Generalleutnant Hans Heinrich von Katte, 3.11.1730; zit. nach: Ebd., S. 101.
65 So habe sich der Richtplatz wohl hundert Meter entfernt von der Zelle des Kronprinzen befunden und war von deren Fenster gar nicht einzusehen. Vgl. Ebd.

66 König Friedrich Wilhelm I. an den Gouverneur von Küstrin, Generalmajor Otto Gustav von Lepel, und den Festungskommandanten Oberst Gottfried von Reichmann, 3.11.2022; zit. nach: Kloosterhuis/Lambacher, Kriegsgericht, S. 194.
67 Ebd., S. 194.
68 Hans Heinrich von Katte an König Friedrich Wilhelm I., 14.11.1739; zit. nach: Kloosterhuis, Katte.
69 Ebd., S. 94.
70 Vgl. Henner Bubslaff, Generalfeldmarschall Graf Hans Heinrich von Katte, Offene Türen, Heft 14, hrsg. vom Geschichtskreis und der Marionettenbühne GuM im Kirchspiel Wulkow – Wust, Briest 2009, S. 39.
71 Zitat und Skizze in: F–NB, A18, Bl. 2r. Im Notizbuch erwähnt Fontane darüber hinaus die zweite Ruhestätte der Katte-Familie, »[d]ie ältere Gruft, die sich im Thurm [befindet]«; in: Ebd., Bl. 16r. 1671 angelegt, wird sie heute als »Turmgruft« bezeichnet. Vgl. Karlheinz Stephan, Die Ruhestätten der Familie von Katte; in: Offene Türen. Heft 1, 4. verbesserte Auflage, Wulkow/Wust 2007, S. 53–58, hier: S. 53 (künftig: Stephan, Ruhestätten).
72 F–NB, 18, Bl. 17r.
73 F–NB, A18, Bl. 18r, 19r, 20r.
74 Ebd., Bl. 21r, 22r.
75 Auskunft Maria von Katte, E-Mails vom 31.5.2022 und 12.12. 2022.
76 F–NB, A 18, Bl.22r, 21v.
77 Dubslaff, Katte, S. 46f.
78 Offene Türen, S. 64.
79 Es ist der Sarg von Friedrich Wilhelm Ludwig Graf von Katte (1721–1748).
80 Vgl. Kloosterhuis/Lambacher, Kriegsgericht, S. 195.
81 Herbert Ullrich, Schädel-Schicksale historischer Persönlichkeiten, Verlag Dr. Friedrich Pfeil, München 2004, S. 208–214, hier: S. 212 (künftig: Ullrich, Schädel-Schicksale, 2004).
82 Z.B. Karin Hauf, Kein Zweifel: Es ist Katte; in: NBI, 28 (1988), S. 18f.
83 D. Weirauch/H. Zickert, Katte – ein später Fall; in: Wochenpost, [Juli] 1988.
84 E-Mails von Gabriele Senft, 29./30.12.2022.
85 Die Aufnahmen der zehn geöffneten Särge werden auf einer Ausstellungstafel in der Wuster Kirche gezeigt. Der Kontext wird nicht erklärt.
86 Ullrich, Schädel-Schicksale, 2004, S. 212ff.
87 Herbert Ullrich, Schädel-Schicksale: Katte und Mozart; in: Mitteilungen der Berliner Gesellschaft für Anthropologie, Ethnologie und Urgeschichte, Bd. 26, 2005, S. 103–110, hier: S. 106 (künftig: Ullrich, Schädel-Schicksale, 2005).
88 Ebd., S. 214. Vgl. auch Kloosterhuis/Lambacher, Kriegsgericht, S. 195.
89 Der Gipsabguss lagert im Brandenburgischen Landesinstitut für Rechtsmedizin und wurde zuletzt 2019 in der Fontane-Ausstellung »fontane.200/Brandenburg – Bilder und Geschichten« im Haus der Brandenburgisch-Preußischen Geschichte (HBPG) gezeigt.
90 Ullrich, Schädel-Schicksale, 2005, S. 106.
91 Ebd.
92 Ullrich hat alle fehlenden Knochen aufgelistet. Vgl. Ullrich, Schädel-Schicksale, 2004, S. 213.
93 Vgl. F–NB, A18, Bl. 21r.
94 Vgl. Übersicht »Fontanes Orte im Havelland« im Anhang.
95 Vossische Zeitung, 2. und 9.4.1871 (Sonntagsbeilage Nr. 14 und 15).

Epilog

1 https://www.dein-havelland.de/entdecken-erleben/radzeit/fontanerad-route (Zugriff: 1.12.2022).
2 Interview mit Friedrich-Carl von Ribbeck in der Alten Brennerei Ribbeck am 22. Juni 2022.

LITERATURVERZEICHNIS

Archive

Archiv Familie Herrmann, Baumgartenbrück
Archiv Wolfgang Grittner, Marquardt
Plankammer der Stiftung Preußische Schlösser und Gärten Berlin-Brandenburg
Sächsisches Staatsarchiv
Theodor-Fontane-Archiv (Universität Potsdam)

Fontanes Werke und Korrespondenz

Anderson, Paul Irving (Hrsg.): Theodor Fontanes Briefe an Alexander von Pfuel; in: Fontane Blätter 60 (1995), S. 27–46.

F–GBA, Das Oderland
Fontane, Theodor: Wanderungen durch die Mark Brandenburg, Bd. 2: Das Oderland, Barnim, Lebus, hrsg. von Gotthard Erler und Rudolf Mingau, Große Brandenburger Ausgabe. 2. Aufl., Aufbau-Verlag, Berlin 1994.

F–GBA, Die Grafschaft Ruppin
Fontane, Theodor: Wanderungen durch die Mark Brandenburg, Bd. 1: Die Grafschaft Ruppin, hrsg. von Gotthard Erler und Rudolf Mingau, Große Brandenburger Ausgabe. 2. Aufl., Aufbau-Verlag, Berlin 1994.

F–GBA, EBW
Fontane, Emilie und Theodor: Der Ehebriefwechsel. 3 Bde., hrsg. von Gotthard Erler unter Mitarbeit von Therese Erler, Große Brandenburger Ausgabe. Aufbau-Verlag, Berlin 1998.

F–GBA, Gedichte
Fontane, Theodor: Gedichte. 3 Bde., hrsg. von Joachim Krueger und Anita Golz, Große Brandenburger Ausgabe. 2., durchges. u. erw. Aufl., Aufbau-Verlag, Berlin 1995.

F–GBA, Havelland
Fontane, Theodor: Wanderungen durch die Mark Brandenburg, Bd. 3: Havelland. Die Landschaft um Spandau, Potsdam, Brandenburg, hrsg. von Gotthard Erler und Rudolf Mingau, Große Brandenburger Ausgabe. 2. Aufl., Aufbau-Verlag, Berlin 1994.

F–GBA, Irrungen, Wirrungen
Fontane, Theodor: Irrungen, Wirrungen, bearb. von Karen Bauer, Große Brandenburger Ausgabe. Aufbau-Verlag, Berlin 1997.

F–GBA, Spreeland
Fontane, Theodor: Wanderungen durch die Mark Brandenburg, Bd. 3: Spreeland. Beeskow-Storkow und Barnim-Teltow, hrsg. von Gotthard Erler und Rudolf Mingau, Große Brandenburger Ausgabe. 2. Aufl., Aufbau-Verlag, Berlin 1994.

F–GBA, Von Zwanzig bis Dreißig
Fontane, Theodor: Von Zwanzig bis Dreißig. Autobiographisches, hrsg. von der Theodor-Fontane-Arbeitsstelle, Universität Göttingen; kommentiert von Wolfgang Rasch, Große Brandenburger Ausgabe. Aufbau-Verlag, Berlin 2014.

F–GBA, Vor dem Sturm
Fontane, Theodor: Vor dem Sturm. Roman aus dem Winter 1812 auf 13, hrsg. von Christine Hehle, Große Brandenburger Ausgabe. Aufbau Verlag, Berlin 2011.

F–NB
Fontane, Theodor: Notizbücher. Digitale Edition, hrsg. von Gabriele Radecke. Göttingen 2015–2020 (https://fontane-nb.dariah.eu/index.html).

F–Ost-Havelland
Fontane, Theodor: Ost-Havelland. Die Landschaft um Spandau, Potsdam, Brandenburg. Verlag Wilhelm Hertz (Bessersche Buchhandlung), Berlin 1873.

FHBW
Fontane, Theodor: Briefe an Wilhelm und Hans Hertz. 1859–1898, hrsg. von Kurt Schreinert, vollendet und mit einer Einführung versehen von Gerhard Hay. Klett Verlag, Stuttgart 1972.
FLBW
Theodor Fontane – Bernhard von Lepel. Der Briefwechsel. Kritische Ausgabe. 2 Bde, hrsg. von Gabriele Radecke. Verlag De Gruyter, Berlin/New York 2006.
HFA IV, Bd. 3
Fontane, Theodor: Briefe. Dritter Bd. 1879–1889, hrsg. von Otto Drude, Manfred Hellge und Helmuth Nürnberger. Hanser Verlag, München 1980 (Theodor Fontane: Werke, Schriften und Briefe, Abteilung 4).

Verwendete Literatur (Auswahl)

Ahé, Caesar von der: Das Maschinenhaus auf der Pfaueninsel und seine Bewohner; in: Mitteilungen des Vereins für die Geschichte Berlins, 50. Jg., Berlin 1933, S. 8–11.

Andreae, Almut/Geiseler, Udo: Die Herrenhäuser des Havellandes: Eine Dokumentation ihrer Geschichte bis in die Gegenwart. Lukas Verlag, Berlin 2001.

Briefwechsel zwischen Goethe und Zelter, hrsg. von Ludwig Geiger, Bd. 1. 1799–1818. Philipp Reclam jun., Leipzig 1902.

Bröhan, Margit: Karl Hagemeister (1848–1933), Gemälde – Pastelle – Zeichnungen. Nicolaische Verlagsbuchhandlung, Berlin 1998.

Bruyn, Günter de: Als Poesie gut. Schicksale aus Berlins Kunstepoche 1786 bis 1807. Fischer Taschenbuch Verlag, Frankfurt am Main 2009.

Dehio, Georg: Handbuch der deutschen Kunstdenkmäler. Bd. I. Mitteldeutschland. Ernst Wasmuth Verlag, Berlin 1905.

Dieterle, Regina: Theodor Fontane. Biografie. Hanser Verlag, München 2018.

Döpp, Siegmar: Vaticinium Lehninense – Die Lehninsche Weissagung. Zur Rezeption einer wirkungsmächtigen lateinischen Dichtung vom 18. bis zum 20. Jahrhundert. Georg Olms Verlag, Hildesheim 2015.

Eckermann, Johann Peter: Gespräche mit Goethe in den letzten Jahren seines Lebens, hrsg. von Fritz Bergemann. 9. Aufl., Insel Verlag, Frankfurt am Main 2000.

Edighoffer, Roland: Die Rosenkreuzer. C.H. Beck Verlag, München 1995.

Fabian, Franz: Die Katte-Gruft heute; in: Fontane Blätter 33 (1982), S. 25–27.

Ferchl, Fritz: Christus als Apotheker. Doppelgänger und Bildgruppen; in: Süddeutsche Apothekerzeitung 1949, Nr. 13, S. 209–216.

Fischer, Angelika und Bernd (Hrsg.): Marquardt. Eine Spurensuche. arani-Verlag, Berlin 1992.

Geiseler, Udo/Heß, Klaus (Hrsg.): Brandenburg an der Havel. Lexikon zur Stadtgeschichte (Einzelveröffentlichungen der Brandenburgischen Historischen Kommission e.V., Bd. XIII). Lukas Verlag, Berlin 2008.

Goethe, Johann Wolfgang: Maximen und Reflexionen aus dem Nachlass, Propyläen-Ausgabe. Propyläen-Verlag, Berlin 1932.

Goslich, Marie: Die Frau auf dem Lande; in: Die Woche, Nr. 14 (1906), S. 743–747.

Grittner, Wolfgang: Kempinski. Hotel Schloss Marquardt am Schlänitzsee. Eine illustrierte Rückschau. Heimatbuchverlag Brandenburg UG, Potsdam 2020.

Grittner, Wolfgang: Marquardt. Schlösser und Gärten der Mark (Heft 88), hrsg. vom Freundeskreis Schlösser und Gärten der Mark in der Deutschen Gesellschaft e.V., Berlin 2012.

Grittner, Wolfgang: Mit Theodor Fontane durch die Geschichte von Marquardt. Heimatbuchverlag Brandenburg, Potsdam [2010].

Heimann, Heinz-Dieter/Neitmann, Klaus/

Schich, Winfried (Hrsg.): Brandenburgisches Klosterbuch. Handbuch der Klöster, Stifte und Kommenden bis zur Mitte des 16. Jahrhunderts. be.bra verlag, Berlin 2007.

Heller, Gisela: Unterwegs mit Fontane in Berlin und der Mark Brandenburg. Nicolai Verlag, Berlin 1992.

Helwing-Pinto, Marie: Marquardt als Herrensitz der Familie von Bischoffwerder; in: Der Bär, Illustrierte Wochenschrift für vaterländische Geschichte, Jg. XIX (1893).

Herrmann, Albrecht: Die Sammlung der Gastwirtin und Heimatforscherin Liselotte Herrmann (1908–1981); in: Privates und öffentliches Sammeln in Potsdam. 100 Jahre »Kunst ohne König«, hrsg. von Jutta Götzmann. Lukas Verlag, Berlin 2009, S. 87–91.

Hinrichs, Carl: Der Kronprinzenprozess. Friedrich und Katte [Teil-Edition], Hamburg 1936, Nr. 6.

Hölzel, Carl: Schloss Still im Land. Paretz 1910 in Wort und Bild (Neuausgabe 2010). Stapp Verlag, Berlin 2010.

Horowski, Leonhard: Das Europa der Könige. Macht und Spiel an den Höfen des 17. und 18. Jahrhunderts. Rowohlt Taschenbuch Verlag, Reinbek 2018.

Katte, Maria von: Wust. Schlösser und Gärten in Sachsen-Anhalt, hrsg. von der Deutschen Gesellschaft in Sachsen-Anhalt e.V., 2. überarb. und erw. Aufl. 2010.

Kauffmann, Krystyna u.a.: Marie Goslich. Die Grande Dame des Fotojournalismus. 1859–1938. Autoren und E.A. Seemann Verlag, Leipzig 2013.

Keller, Friedrich Eduard: Hip Hip Hurra! Straube's Führer für Wasser-Wanderer. 1. Teil: Brandenburg und Oder. Geographisches Institut und Landkarten-Verlag Jul. Straube, Berlin 1929.

Kikawa, Mayumi: Von Küstrin zur Katte-Tragödie; in: Fontane Blätter 63 (1997), S. 102–120.

Kitschke, Andreas: Die Heilig-Geist-Kirche zu Werder (Havel). Kunstverlag Peda, Passau 2008.

Klenner, Hans-Christian: Ein »Schwedenhäuschen« für Friedrich Wilhelm III. von Preußen; in: Jahrbuch Stiftung Preußische Schlösser und Gärten Berlin-Brandenburg, Bd. 5, Potsdam 2003.

Kloosterhuis, Jürgen: Katte, Ordre und Kriegsartikel. Aktenanalytische und militärhistorische Aspekte einer »facheusen« Geschichte. 2. erw. Aufl., Verlag Duncker & Humblot, Berlin 2011.

Kloosterhuis, Jürgen / Lambacher, Lothar: Kriegsgericht in Köpenick! Geheimes Staatsarchiv Preußischer Kulturbesitz und Kunstgewerbemuseum der Staatlichen Museen zu Berlin, Cottbus 2012.

Klünner, Hans Werner: Theodor Fontanes Wohnstätten in Berlin; in: Fontane Blätter 26 (1977), S. 107–134.

Königin Luise von Preußen. Briefe und Aufzeichnungen 1786–1810, hrsg. von Malve Gräfin Rothkirch. Deutscher Kunstverlag, München 1985.

Krafft, Fritz: Arzneien »umb sonst und on gelt« aus Christi Himmelsapotheke; in: Pharmazeutische Zeitung, Ausgabe 51 (2001).

Krafft, Fritz: Christus als Apotheker: Ursprung, Aussage und Geschichte eines christlichen Sinnbildes (Schriften der Universitätsbibliothek Marburg, Bd. 104). Marburg 2001.

Krafft, Fritz: Der Heiland als Apotheker in der Himmelsapotheke; in: Cistercienser Chronik, Nr. 109 (2002), S. 1–15.

Krueger, Joachim: Zu den Beziehungen zwischen Theodor Fontane und Fanny Lewald. Mit unbekannten Dokumenten; in: Fontane Blätter 31 (1980), S. 615–627.

Kühn von Kähne, Pia: Kirche zu Petzow, hrsg. vom Landratsamt Potsdam Mittelmark. Potsdam 1997.

Lamprecht, Harald: Neue Rosenkreuzer. Ein Handbuch. Verlag Vandenhoeck & Ruprecht, Göttingen 2004.

Lehnert, Johann Heinrich: Das Leben

Friedrich Wilhelm III. König von Preußen in Paretz [1845]. Märkischer Verlag Wilhelmshorst, Wilhelmshorst 2001.
Lorenz, Erik/Rauh, Robert: Fontanes Fünf Schlösser. be.bra verlag, Berlin 2017.
Marr, Matthias: Paretz, hrsg. vom Freundeskreis Schlösser und Gärten der Mark (in der Deutschen Gesellschaft e.V.), 2. verb. Aufl., Berlin o.J.
Marr, Matthias: Schloss Paretz mit Dorf und Kirche, hrsg. von der Stiftung Preußische Schlösser und Gärten Berlin-Brandenburg. Deutscher Kunstverlag, Berlin, München 2018.
Noël, Oberst a.D.: Mutter Friedrich. Eine Erinnerung von der Pfaueninsel; in: Mitteilungen des Vereins zur Geschichte Berlins, 43. Jg., Berlin 1926.
Paretzer Skizzenbuch, hrsg. von der Stiftung Preußische Schlösser und Gärten Berlin-Brandenburg. Deutscher Kunstverlag, Berlin 2010.
Petzow. Villa der Worte. Das Schriftstellerheim in Erinnerungen und Gedichten, hrsg. von Margrid Bircken u.a. verlag für berlin brandenburg, Berlin 2016.
Radecke, Gabriele: Theodor Fontanes Notizbücher. Überlegungen zu einer notwendigen Edition; in: Ursula Amrein/Regina Dieterle (Hrsg.): Gottfried Keller und Theodor Fontane. Vom Realismus zur Moderne. Verlag De Gruyter, Berlin/Boston 2008, S. 211–233.
Radecke, Gabriele: Vom Schreiben und Erzählen. Eine textgenetische Studie zu Theodor Fontanes Roman »L'Adultera«. Verlag Königshausen & Neumann, Würzburg 2002.
Radecke, Gabriele/Rauh, Robert: Schweinerei im Kloster; in: Märkische Oderzeitung, 11./12.6.2022.
Radecke, Gabriele/Rauh, Robert (Hrsg.): Theodor Fontane: Wundersame Frauen. Weibliche Lebensbilder aus den »Wanderungen durch die Mark Brandenburg«. Manesse Verlag, München 2019.
Rauh, Robert: Fontanes Ruppiner Land. Neue Wanderungen durch die Mark Brandenburg. be.bra verlag, Berlin 2019.
Reelfs, Hella: Schlosspark Paretz; in: Vom Schönen und Nützlichen. David Gilly (1748–1808), hrsg. von der Fachhochschule Potsdam und der Stiftung Preußische Schlösser und Gärten Berlin-Brandenburg. Druckerei Andreas Arnold, Stahnsdorf 1998.
Schinkel in Chorin. Die Mark Brandenburg. Zeitschrift für die Mark und das Land Brandenburg. Die Mark Brandenburg – Verlag für Regional- und Zeitgeschichte, Berlin 2019.
Schloss Paretz. Die königlichen Wohnräume. Das Inventar von 1810 und 2002. 2. Aufl., Ketzin 2008.
Schmidt, Friedrich Wilhelm August: Almanach der Musen und Grazien für das Jahr 1802. Verlag Oehmigke Der Jüngere, Berlin 1802.
Schmidt, Klaus: Gedanken über ein historisches Ölgemälde in Werder; in: Heimatgeschichtliche Beiträge (1986), S. 29–31.
Schmidt, Peter: Noch einmal zur Katte-Gruft; in: Fontane Blätter 34 (1982), S. 164–167.
Schmidt-Weissenfels, Eduard: Rachel; in: Ders.: Biographische Skizzen und Charakternovellen. Erster Bd. Verlag von Otto Janke, Berlin 1862, S. 127–139.
Schneider, Louis: Aus meinem Leben, 2. Bd. Verlag Ernst Siegfried Mittler und Sohn, Berlin 1879.
Schochow, Werner: Friedrich Wilken (1777–1840); in: Mitteilungen. Staatsbibliothek zu Berlin, Preußischer Kulturbesitz. Bd. 22. Berlin 1990, S. 165–168.
Seiler, Michael: Landschaftsgarten Pfaueninsel. Geschichte seiner Gestaltung und Erhaltung. VDG Weimar, Weimar 2020.
Siebeneicker, Arnulf: Offizianten und Ouvriers. Sozialgeschichte der Königlichen Porzellan-Manufaktur und der Königlichen Gesundheitsgeschirr-Manufaktur in Berlin 1763–1880. Verlag De Gruyter, Berlin/New York 2002.

Steyer, Claus-Dieter: Paretz. Eine königliche Sommerfrische. be.bra verlag, Berlin 2013.
Stoffregen-Büller, Michel: Uferblicke. Geschichten rund um den Wannsee. Dittrich Verlag, Weilerswist-Metternich 2019.
Theobald Tiger [d.i. Tucholsky, Kurt]: Kaehne; in: Die Weltbühne, 9.3.1922, Nr. 10.
Theodor Fontane und die märkische Landschaftsmalerei. Katalog zur Ausstellung vom 27. Juli bis 27. Oktober 2019 anlässlich des 200. Geburtstages von Theodor Fontane, hrsg. vom Förderverein Havelländische Malerkolonie e.V., 2019.
Ullmann, Ernst: Kloster Lehnin. 6. Aufl., Verlag Schnell & Steiner, Regensburg 2007.
Ullrich, Herbert: Schädel-Schicksale historischer Persönlichkeiten. Verlag Dr. Friedrich Pfeil, München 2004.
Ullrich, Herbert: Schädel-Schicksale: Katte und Mozart; in: Mitteilungen der Berliner Gesellschaft für Anthropologie, Ethnologie und Urgeschichte, Bd. 26 (2005), S. 103–110.
Voß, Gräfin von: Neunundsechzig Jahre am Preußischen Hofe. 11. Aufl., Berlin 1935.
Warnatsch, Stephan: Geschichte des Klosters Lehnin 1180–1542 (Studien zur Geschichte, Kunst und Kultur der Zisterzienser. Bd. 12.1). Lukas Verlag, Berlin 2000.
Ziegeleigeschichte der Region Glindow, Werder, Petzow in sechs Jahrhunderten, hrsg. vom Förderverein Historische Ziegelei Glindow e.V. Wir machen Druck GmbH, Potsdam 2020.

ABBILDUNGSNACHWEIS

Architekturmuseum TU Berlin/Leopold Ahrendts: 208
Archiv Familie Herrmann: 148
Archiv Grittner: 27
Archiv Rauh: 30, 43, 70, 84, 94, 107, 111, 119, 120, 123, 130, 141, 149, 159, 161, 163, 168, 181, 190, 193, 199, 201, 206, 209, 214, 227, 241, 252
Archiv Sawade: 47
Archiv Wehle: 142
Bildarchiv/HVP: 59, 67, 73, 79
BSB München: 211
Doris Patzer: 185
Geschichtskreis im Kirchspiel Wulkow/Wust: 246
Jonas Becker: 14, 51, 151, 171
Kloster Lehnin/Stefan Beier: 197
Maria von Katte: 243
Österreichische Nationalbibliothek: 78
Sammlung Alexander Duncker: 233
Schloss Marquardt / Mario Steder: 31
SPSG / GK II (17) NL Dr. Hans-Herbert Möller: 155
SPSG / R. Rossner: 55
Theodor Fontane: Notizbücher. Digitale Edition, hrsg. von Gabriele Radecke, Göttingen 2015 ff.: 9, 21, 39, 45, 58, 92, 106, 122, 240
Wikimedia Commons: 87
Wolfgang Lorenz: 8, 22, 137, 257
Ziegeleimuseum Glindow: 175
Karten: © GeoBasis-DE / BKG 2016 (bearb.)

DANK

Für die konstruktive und unkomplizierte Zusammenarbeit danken wir Robert Zagolla, Dirk Palm und dem Team des BeBra Verlags sowie vor allem unserer Lektorin Gabriele Dietz für ihre erneut besonnene und kritische Korrektur des Manuskripts.

Darüber hinaus danken wir den Experten vor Ort, die uns bei der Recherche hilfreich unterstützt haben – für **Marquardt**: Wolfgang Grittner, Mario Steder, Dieter Weirauch; für **Uetz**: Henry Sawade, Sabine Swientek; für **Paretz**: Torsten Augustiniak, Evelyn Friedrich, Matthias Marr, Gert Schurig, Familie Stich; für die **Pfaueninsel**: Hannelore Graffunder, Michael Seiler; für **Werder**: Jonas Börsel, Jutta Enke, Manfred Lindicke, Baldur Martin; für **Baumgartenbrück**: Regina Dieterle, Frank Herrmann und Familie; für **Petzow**: Karl-Heinz Friedrich, Doris Patzer; für **Glindow**: Barbara Czycholl, Harald Dieckmann, Chris Hinze, Sabrina Reinke, Sabine Schultze, Jens Zwiezscher; für **Kloster Chorin**: Franziska Siedler; für **Kloster Lehnin**: Stefan Beier; für **Wust**: Hartwin Ebel, Gabriele Senft, Maria von Katte, Sabine Schönfeld, Hans Schulz, Dieter Weirauch; für **Ribbeck**: Friedrich-Carl von Ribbeck.

Für wertvolle Anregungen und Unterstützung, insbesondere bei der Bildrecherche, danken wir den Vereinen Geschichtskreis und Marionettenbühne (GuM) im Kirchspiel Wulkow/Wust, Chorin-Verein e.V., Förderverein Historische Ziegelei Glindow e.V., Kultur- und Heimatverein Wublitztal e.V., Heimatverein Ketzin/Havel und dem Verein Historisches Paretz e.V. sowie den Institutionen Brandenburgisches Landeshauptarchiv, Sächsisches Staatsarchiv, Plankammer der Stiftung Preußische Schlösser und Gärten Berlin-Brandenburg und Theodor-Fontane-Archiv, Universität Potsdam.

DIE AUTOREN

Gabriele Radecke ist Literaturwissenschaftlerin und Herausgeberin zahlreicher Fontane-Ausgaben sowie der digitalen Fontane-Notizbuch-Edition. Für ihre Vermittlung zwischen Wissenschaft und Öffentlichkeit wurde sie 2017 mit dem Stiftungspreis der Universität Göttingen ausgezeichnet. Seit 2020 leitet Radecke das Literaturarchiv der Akademie der Künste in Berlin.

Robert Rauh ist Historiker, Lehrer und Seminarleiter für Geschichte. Für sein pädagogisches Engagement wurde er 2013 mit dem Deutschen Lehrerpreis ausgezeichnet. Zuletzt erschienen von ihm im BeBra Verlag *Fontanes Frauen* und *Fontanes Ruppiner Land*.

Gemeinsam publizierten Radecke und Rauh im BeBra Verlag das Buch *Fontanes Kriegsgefangenschaft* sowie Artikelserien zu Fontanes Werk in der Tagespresse. Sie betreiben die Webseiten »Die Neuen Wanderungen« (https://fontanes-wanderungen.de) und »FONTANE ONLINE« (https://fontane-online.de).